교회의 사회봉사 실천:
왜, 어떻게, 무엇을 해야 하는가?

교회의 사회봉사 실천:
왜, 어떻게, 무엇을 해야 하는가?

발행   2021년 9월 10일

지은이   노영상
발행인   윤상문
디자인   박진경, 이보람
발행처   킹덤북스
등록   제2009-29호(2009년 10월 19일)
주소   경기도 용인시 기흥구 동백동 622- 2
문의   전화 031-275-0196 팩스 031-275-0296

ISBN 979-11-5886-219-0   (03230)

Copyright ⓒ 2021 노영상
이 책은 저작권법에 따라 보호받는 저작물이므로 무단전재와 복제를 금지하며,
이 책의 내용의 전부 또는 일부를 이용하려면 반드시 저작권자와 킹덤북스의
서면 동의를 받아야 합니다.

※ 잘못된 책은 구입한 곳에서 교환하여 드립니다.
※ 책 가격은 표지 뒷면에 있습니다.

킹덤북스(Kingdom Books)는 문서 사역을 통해 하나님의 나라를 확장하고,
한국 교회와 세계 교회를 섬기고자 설립된 출판사입니다.

교회의 사회봉사 실천:
왜, 어떻게, 무엇을 해야 하는가?

노영상 지음

킹덤북스

목차

추천의 글 김삼환 목사(명성교회 원로목사) • 10
머리글 • 12

1장 마을목회와 NGO를 통한 교회의 사회봉사 • 19

1. 최근 '마을목회'로부터 촉발된 교회의 사회봉사 실천에 대한 강조 • 20
    1) '지역 사회목회'보다 '마을목회'란 용어 사용을 추천 • 20
    2) 마을목회의 정의 • 22
    3) 마을을 교회 삼아, 주민을 교인 삼아 • 23
    4) 공동체성을 강조하는 마을목회 • 23
    5) 정행의 신학으로서의 마을목회 • 26
    6) 세 가지 실천에 대한 제안 • 28
2. 사회봉사 실천을 전문적으로 하는 NGO의 설립 • 29
3. 마을목회의 핵심 전략 • 42
4. NGO와 NPO • 46
5. 기독교 NGO들의 활동과 공공신학 • 50
6. 공공신학으로서의 마을목회와 복음 전도 • 53
7. '사랑마을 만들기'로서의 '마을목회' • 57

2장 기독교 사회봉사 실천, 왜 해야 하는가? • 59

1. 사회적 목회와 사회적 선교 • 60
2. 개인 구원과 사회 참여에 대한 사이더(Ronald Sider)의 견해 • 64
3. 교회가 하는 사회봉사의 당위성 문제를 다시 생각하여 봄 • 75

4. 사회적 목회들(social ministries)과 사회적 목회(social ministry) • 82
5. 사회 선교와 복음 전도의 연계 • 87

3장 기독교 사회봉사 실천의 기반이 되는 삼박자 선교 • 91

1. 문화적 구원의 개념 • 92
    1) 복음서에 나타난 다양한 구원의 모습 • 92
    2) 총체적 구원으로서의 문화적 구원 • 93
    3) 문화적 구원으로서의 샬롬 • 95
2. 순복음교회의 삼박자 구원 • 96
3. 삼박자 선교 • 99
4. 삼박자 선교의 관점에서 본 호남권 선교 • 101
5. 21세기 한국교회의 국내외 선교 전략 • 106
6. '삼박자 선교'와 NGO의 활동 • 112

4장 기독교 사회봉사 실천, 어떻게 해야 하는가? • 115
: 기독교 사회봉사 실천방법론에 대한 해석학적 접근

1. 해석학에 기반한 교회의 사회봉사 실천방법론 • 116
2. 해석학이 우리의 실천적 행동에 주는 의미 • 119
3. 해석학의 명제에 따른 그룹(Thomas H. Groome)의 실천방법론 • 128
4. 교회의 사회봉사 실천방법론의 또 다른 기초로서의 근본적 실천신학(fundamental practical theology) • 138
    1) 실천신학의 대두 • 138
    2) 근본적 실천신학의 방법론 • 145

> 목차

    3) 실천신학의 방법론과 교회의 사회봉사 실천방법론 사이의 연관성 • 148
5. 헤셀(Dieter T. Hessel)의 사회적 목회(social ministry) 방법론 • 151
    1) 사회적 분석 • 154
    2) 성경적, 신학적, 윤리적 반성 • 157
    3) 목회적, 사회적 실천 • 159
    4) 피드백(feedback) • 160
6. 기독교 사회 윤리의 제3의 길: 해석학적 접근 • 161
7. 사회봉사 실천방법론에 대한 정리 • 165
8. 사회봉사 방법론 적용의 한 사례: IMF시대의 사회봉사 실천 • 168
    1) IMF의 실상에 대한 분석 • 168
    2) 성경적, 신학적, 윤리적 반성 • 171
    3) 교회의 목회적, 사회적 실천 • 172
    4) 새로운 대안적 경제 체제 모색 • 179

5장 전략 기획 방법 • 187

1. 전략 기획의 틀거리 • 188
2. 사례: 지역 내 자원봉사가 필요한 기관이나 복지 기관 등의 리스트를 만들어 지역 청소년들이 안전하고 보람되게 자원봉사를 할 수 있도록 체계를 만들어 운영하는 일을 위한 전략 기획 • 191
    1) 지역 사회를 위한 봉사는 과연 필요한가? • 192
    2) 교회 청소년들의 자원봉사 활동을 위한 전략 기획팀 선발 • 193
    3) 전략 기획팀 회의 • 193
    4) 교동협의회의 발족 • 193
    5) 기획 과정 계획 • 195
    6) 의견 수렴 과정 • 196
    7) 핵심 가치 정하기 • 196

    8) 사명에 대한 진술 • 197
    9) 목적 세우기 • 198
    10) 환경 분석 • 198
    11) 비전의 수립 • 199
    12) 발전 목표의 설정 • 200
    13) 발전 전략 • 201
    14) 세부 발전 전략 • 201
    15) 상세한 사업 계획 • 202
    16) 재정 소요와 재정 확보 계획 • 203
    17) 발전 계획 달성 후의 미래상 • 203
    18) 돌발 사태에 대한 대비 • 205
    19) 이행 • 205
    20) 평가와 그 결과를 차기 기획에 사용하는 일 • 205
3. 마치는 글 • 206

6장 대한예수교장로회 총회(PCK) 2030 정책 과제 분석 • 209

1. 서언 • 211
2. 2030 정책 문서 작성 목적과 경위 • 216
    1) 후기정보화 사회의 사회 환경 • 216
    2) 21세기의 한국교회 • 216
    3) 지난 반세기 동안 총회의 중장기 정책 개발과 기구 개혁의 경과 • 217
    4) 총회 혁신의 방향과 과제 • 220
    5) 미래를 향한 비전 • 221
3. 본 교단 총회의 사명(mission)과 핵심 가치(core value) • 223
    1) 본 교단 총회의 사명 • 223
    2) 기독교의 핵심 가치 • 224

목차

4. 환경 분석(environmental analysis): 교회 내부 환경과 교회 외부 환경에 대한 분석 • 224
   1) 교회 내부 환경과 교회 외부 환경에 대한 분석 • 224
   2) SWOT분석 • 229
5. 미래 비전(vision) • 230
6. 비전을 실현하기 위한 정책 과제(strategic tasks)와 세부 정책 과제 • 237
   정책 과제 1) 신학 영성 예배 • 237
   정책 과제 2) 4차 산업 혁명 시대의 교회와 목회 • 243
   정책 과제 3) 지역 사회와 목회 • 246
   정책 과제 4) 교회 학교 교육과 세대별 교육의 강화 • 248
   정책 과제 5) 교육과 지도력 개발 • 250
   정책 과제 6) 교회 체제 개혁과 교단 행정의 효율화 • 255
   정책 과제 7) 선교와 전도 그리고 성도의 교제 강화 • 262
   정책 과제 8) 에큐메니칼 운동과 세계화 • 268
   정책 과제 9) 대사회 전략 • 272
   정책 과제 10) 평화와 통일 • 276
7. 기본 전략(strategy) • 279
   1) 기본 전략 • 279
   2) 핵심 정책 과제 • 280
8. 본 교단의 노회나 시찰들이 향후 10년간 시행하여야 할 구체적 실천 내용 • 282
9. 2030년의 미래 교회상 • 283
10. 구체적 시행 계획을 세움 • 284

7장 기독교 사회봉사 실천, 무엇을 해야 하는가? • 287

1. 앞의 내용에 대한 간단한 요약 • 288
   1) 해석학적 과제를 갖는 교회의 사회봉사 실천 • 288
   2) 상황 분석(situation analysis)의 중요성 • 289

    3) 반성(reflection)의 과정 • **291**
    4) 실천신학적 과제 • **292**
2. 전략 기획 방법 • **292**
3. 상황 분석을 기초로 우리가 할 일을 찾음 • **294**
    1) 총회의 실천 과제들 • **298**
    2) 노회의 실천 과제들 • **299**
    3) 지역 교회의 실천 과제들 • **300**
4. 사역을 연구하고 기획하는 초교파적인 팀을 마련하여 운영 • **301**
5. 사회봉사 과제 결정과 이행의 과정 • **304**
6. 하나님의 사랑을 나타내어 주님의 복음을 전파하는 일에 재정을 효율적으로 사용하기 • **305**
7. 과연 우리는 무엇을 해야 하는가? • **310**

추천의 글

김삼환 목사(명성교회 원로 목사)

　노영상 원장의 『교회의 사회봉사 실천: 왜, 어떻게, 무엇을 해야 하는가?』 출간을 축하합니다. 본서는 교회의 사회봉사 실천방법론을 다룬 책입니다. 교회가 사회봉사를 왜 하여야 하며, 어떻게 하여야 하고, 무엇을 하여야 하는지에 대해 설명하고 있습니다. 한국교회와 같이 사회봉사를 많이 하는 교회도 없지만, 그 사회봉사를 하는 방법론에 대해 탐구하는 책들은 많지 않았다고 생각합니다.

　그동안 한국교회는 사회봉사를 하면서도, 그것을 왜 하는지, 어떻게 하는 것이 바른 방식인지, 그리고 무엇을 실천해야 하는지에 대한, 다각적 질문들에 대해서는 심도 깊은 논의를 하지 못했던 것 같습니다. 이에 있어 이 책은 평소 우리가 질문하지 않는 것들에 대해 질문합니다. 우리 한국교회의 분위기에서 본다면 조금 생소한 책이라고도 할 수 있겠습니다.

이 책은 사회봉사의 실천방법론으로서 해석학적 방법을 채택합니다. 해석학은 20세기에 꽃피운 철학의 주요 이론으로 현대 신학에 많이 활용되기도 했습니다. 사회경제적이며 문화언어적인 컨텍스트를 파악하고 그에 대해 성경의 텍스트를 통한 반성을 거친 후 목회적이며 사회적인 실천의 내용을 찾아내는 이 방법론은 단순하지만 우리에게 시사하는 바가 적지 않습니다.

하지만 아무리 숙고한다고 하여도 인간의 한계 때문에 사회봉사를 위한 적절한 결단과 행동을 하는 것은 언제나 쉽지 않습니다. 그러므로 우리는 교회의 실천 방향을 정하기에 앞서 먼저 기도하는 일을 잊어서는 안 됩니다. 열심히 기도하며 우리가 하여야 할 일들을 찾는다면 더 효과적으로 이런 일들을 할 수 있을 것입니다. 다시 한번 이 같은 소중한 책을 출간한 노 원장의 노고를 치하하며, 이 책이 많이 보급되어 여러 사회봉사 현장들에서 요긴하게 활용되길 기대하면서 추천의 글에 갈음합니다.

머리글

『교회의 사회봉사 실천: 왜, 어떻게, 무엇을 해야 하는가?』를 탈고하게 된 것을 기쁘게 생각한다. 이 책은 우리 한국교회에 NGO로서의 포괄적인 기독교 사회봉사 단체가 생길 것을 희망하며 쓴 것이다. 국가 내의 교회들이 연합하여 디아코니아 사역을 추진하는 하나의 국가적 기구를 만든다면, 사회봉사 정책의 일관성을 유지할 수 있고 인적 재정적 자원이 낭비되지 않으므로, 더 효율적으로 이 일을 수행할 수 있을 것이라 사료된다.

그래서 필자는 이 책을 쓰며 세 가지의 문제에 골몰하였다. 기독교 NGO들이 사회봉사의 일을 왜 하여야 하며, 어떻게 하여야 하고, 무엇을 하여야 하는가의 문제다. 이 세 가지의 질문에 답하기 위해 필자는 7장으로 구성된 책을 만들었다.

제1장은 "마을목회와 NGO를 통한 교회의 사회봉사"에 대해 다뤘다.

필자는 총회한국교회연구원 원장으로 일하며 '마을목회'(maul ministry)에 대한 20권의 책을 출간한 바 있다. 그 책들은 크게 두 가지 종류로 구성되어 있는데, 마을목회의 이론에 대한 책들과 마을목회의 사례들을 모아놓은 책들이다. 특히 이 시리즈의 열네 번째의 책의 제목은 『마을목회 개론』인데 앞의 마을목회에 대한 책들의 내용을 요약정리하고 있어, 마을목회 전체를 그리기에 유용한 책이라 생각하여 먼저 추천하고 싶다. 마을목회는 가톨릭에서 '지역 사회 친화적 사목'으로도 불린다. 마을목회는 지역 사회 밀착형의 목회로서, 주민을 교인으로 생각하며 마을을 교회로 생각하는 목회다. 우리는 마을목회를 연구하기 위해 먼저 오늘의 한국교회의 상황에서 건실히 스스로를 지켜나가는 교회들의 수백 가지 사례들을 모았으며, 그에 대한 분석을 바탕으로 마을목회의 이론을 재구성하였다. 그런 각도에서 마을목회는 정론의 신학이라기보다 정행의 신학(ortho-praxis theology)으로, 행동의 실천을 바탕으로 하여 이론을 정립한 것이다. 제1장에서 필자는 이러한 오늘의 한국교회 정황에서의 마을목회의 의미를 재조명함과 동시에 그것을 전체적으로 이끌어나갈 NGO의 역할에 대해 기술하였다. 오늘날 우리 신학계에 공공신학(public theology)이란 용어가 자주 등장하곤 한다. 본 교단도 2022년도 총회 주제를 "복음으로, 교회를 새롭게 세상을 이롭게"라고 정했는데, 공적 복음에 포커스를 둔 주제다. 한국교회는 100년이 넘은 교회가 되면서 자기 논리로 무장하여 세상에 등지고 앉아 자기만의 세계를 만들어 가고 있는 중이다. 이런 자신이 튼 또아리에서 벗어나 세상 속의 교회가 되기 위해서는 세상을 바라보는 시각을 길러야 하며, 세상을 향해 사랑의 실천을 하는 교회가 되어야 할 것이다.

　제2장에서 필자는 "기독교 사회봉사 실천, 왜 해야 하는가?"의 문제

를 다뤘다. 기독교의 복음 전파가 말씀을 전함으로 회개하고 복음을 믿어 천국 가는 것만으로 완결된다면, 우리는 사회 참여나 사회봉사를 할 필요가 없게 된다. 이 세상은 어차피 사라질 것이므로 저 천국으로 도피하는 것만이 우리의 유일한 출구라고 한다면, 이 세상을 보다 아름답게 하기 위한 사회적 실천은 무의미하게 된다. 우리는 오직 이 악한 세상을 인내하며 사는 것만이 유일한 길이며, 이 세상을 변혁하여 새로운 세상을 만들겠다는 의지는 필요 없게 되는 것이다. 그러나 성경은 인간과 역사를 그렇게 비관적으로만 말하진 않는다. 믿음으로 의롭게 된 인간에겐 선행의 가능성이 주어지게 되며, 이를 통해 이 세상을 변혁할 수 있는 길이 열리게 된다. 그 온전한 세상의 모습은 종말에서나 성취되는 것이지만, 우리는 그 종말의 하나님의 나라를 오늘의 이 땅에서 맛볼 수 있다. 그러므로 우리는 영혼 구원과 종말의 천국을 기대하는 복음 전도와 함께, 이 땅에 하나님의 나라를 선취하는 것으로서의 사회적 실천이 동시에 소중한 것임을 깨닫게 된다.

제3장의 제목은 "기독교 사회봉사 실천의 기반이 되는 삼박자 선교"다. 기독교의 선교는 복음을 전파하고, 치유하며, 교육하는 선교로 구성되는데, 이를 실현하기 위한 수단으로 교회의 설립, 병원의 설립, 학교의 설립이 요청된다. 이 삼박자 선교는 한국 초기 선교사들의 선교의 전형이기도 했다. 특히 초기 한국 선교에 있어 병원은 병을 치료함과 동시 빈민을 구제하는 곳이기도 했다. 필자는 이 장에서 삼박자 선교로서의 NGO를 통한 사회봉사의 중요성을 강조하였다.

이어 제4장에선 "기독교 사회봉사 실천, 어떻게 해야 하는가?: 기독교 사회봉사 실천 방법론에 대한 해석학적 접근"에 대해 설명하였다. 한국의 교회들이 사회봉사 기관들을 설립하여 많은 봉사를 하였지만, 그 기관들이 하는 일에 대한 실천 방법을 체계화하는 일엔 노력을 많이 하지 않았다. 이에 필자는 기독교 사회봉사의 실천 방법론을 최근의 철학과 신학적 해석학을 통해 전개하였다. 해석학은 텍스트를 이해하는 방법을 우리에게 설명한다. 텍스트(text)의 이해는 그것을 감싸고 있는 컨텍스트(context)의 이해를 배제하고 수행되어서는 안 된다. 텍스트는 당시의 컨텍스트의 산물이며 우리는 그러한 텍스트를 오늘의 컨텍스트에 비추어서 해석할 필요가 있는 것이다. 이에 우리는 성경의 텍스트를 이해할 때, 이러한 주변의 상황에 대한 이해가 필요한 것으로, 오늘 우리의 상황과 환경에 대한 이해를 배제하고 그 텍스트를 통해 실천의 내용을 직접 끌어내는 것은 불가능할 것이라 생각한다. 그러므로 우리는 기독교의 바른 실천을 위해선 텍스트에 대한 이해와 상황에 대한 바른 분석이 선행되어야 함을 상기하여야 할 것이다. 아울러 제4장에서 필자는 이러한 방법론을 기반으로 한, 구체적 사례 하나를 덧붙였다. 앞의 이론적인 글만으론 그 방법론이 잘 이해되지 않을 것 같아, 실례를 들어 그 방법론의 구체적 적용을 설명한 것이다. 우리나라는 지난 1997년 IMF 경제 위기의 큰 고통을 겪었는데, 이런 위기에 교회가 과연 무슨 일을 하는 것이 좋을 것인가에 대한 탐구를 위의 해석학적 방법을 통해 살핀 것으로, 오늘에 있어 우리가 사회적 실천을 할 때에도 동일한 방법을 채용할 수 있을 것이라 생각한다.

이어 제5장에선 "전략 기획 방법"에 대해 언급하였다. 전략 기획은 경영학에서 많이 언급되는 방법이다. 어떤 일을 하기 위한 기획의 단계를 말하는데, 그 내용은 계획, 시행, 평가의 세 단계로 구성된다. 이 같은 전략 기획을 위해서는 교회가 무슨 일을 왜 하여야 하며, 어떻게 하여야 하고 그 일을 하기 위해 어떤 자원이 투여되어야 하는지에 대한 검토가 필요하다. 이에 있어 NGO가 일하는 방식에 있어서도 이같은 전략 기획의 방법은 중요할 것이다. 이러한 전략 기획을 위해선, 그 기관의 미션, 핵심 가치, 비전 등에 대한 수립이 있어야 하는데, 이에 대해서는 구성원들의 합의가 필요할 것이라 생각한다.

제6장에선 "대한예수교장로회 총회(PCK) 2030 정책적 과제 분석"을 하였다. 이 내용은 2030년까지 대한예수교장로회 총회가 하여야 할 일들을 정리한 것으로, 총회 직원들과의 많은 교감을 통해 생각해보았던 내용들이다. 향후 10년 동안의 기간에 교단이 하여야 할 일들과 갱신의 내용들을 담은 것으로, 우리는 이런 한국의 교회들이 추구하는 바의 내용을 바탕으로 사회봉사의 실천 내용을 정리할 수 있을 것이라 생각한다. 한국교회의 사회봉사는 교회들과 교단들이 추진하는 일들과 깊이 연관되어 있는 바, 교단들이 추구하는 방향이 잘 그려질수록 그 일에 대한 추진 목표는 더 명확해질 것이라 생각한다.

마지막 제7장에서 필자는 앞의 내용들을 다시 상기하고 이 시대에 교회가 할 구체적인 일들이 무엇인가를 찾고자 하였다. 우리는 지금 코로나19의 위기와 제4차 산업 혁명이라는 대전환기 속에 서 있다. 한국교회는 이런 전환기를 맞아 여러 가지로 대비하고 있지만, 앞날에 대한 전망은 어두운 상황이다. 이런 시기에 우리에게 가장 필요한 것은 대중들이 교회에 요구하는 바를 잘 읽는 것이라 생각한다. 백성들의 이생에서와 내생에서의 삶이 어둡지 않도록 잘 이끌어주는 교회가 될 때, 그들은 교회를 더욱 신뢰하게 될 것이며 그에 따라 우리 교회도 더 전진할 수 있을 것이라 생각한다.

가장 강력한 전도는 사람들로 하여금 하나님의 사랑을 경험케 하는 것이다. 타락하여 멸망할 수밖에 없었던 사람들에게 하나님의 독생자이신 예수 그리스도께서 찾아오셔서 십자가의 사랑을 보여주셨기 때문에 우리는 그를 분명하게 믿고 의지하는 것이다. 그러한 사랑이 없었더라도 우리는 그 하나님의 사랑을 성경을 통해 느낄 수 있었겠지만, 그 성육신 하신 예수 그리스도의 사랑으로 말미암아 우리는 얼굴과 얼굴을 대하여 보듯 주님의 사랑을 체득할 수 있게 되었다. 사회로부터 신뢰받는 교회가 되기 위해선 교회가 그 하나님의 사랑을 진정되게 보여주는 것이 필요하다. 그 사랑이 진정되고 진실할수록 사람들은 교회와 하나님을 신뢰하게 될 것이며, 그 사랑의 복음은 온 세상을 덮게 될 것이다. 전도를 한다 해도 사랑이 없으면 소리 나는 구리와 울리는 꽹과리가 된다.

이 책을 쓰면서 이전 장로회신학대학교의 대학원생들과 '기독교 사회 윤리 방법론'에 대해 함께 탐구하던 시절이 마음에 다가왔다. 40년 가까이 신학대학의 학생들을 가르치면서 부족했던 부분들을 떠올리게 된다. 그때 함께 하였던 모든 목회자들에게 주님의 크신 인도하심이 있길 소망해본다.

이 책의 글 중 3장과 5장은 글의 전개상 필요하여 이전 책들에서 가져왔으며, 4장은 장로회신학대학교에서 옮기게 되어 학교 출판사에서 더 출간하지 않는 책, 『기독교 사회 윤리 방법론에 대한 해석학적 접근』(2006)의 내용 중 일부를 재편집한 것이다. 1, 2, 6, 7장을 포함 이 책의 분량 중 4분의 3 이상은 이번 새로 실은 글들로서, 사회봉사의 일을 하는 기관들이 참고하면 좋을 것이라 생각한다. 마지막으로 추천사를 써 주신 김삼환 원로 목사님과 항상 정성껏 책들을 만들어 주시면서 이번 책의 출판도 기꺼이 맡아준 킹덤북스(Kingdom Books) 대표 윤상문 목사님께 감사의 말을 전한다. 교회의 사회적 실천에 헌신하시는 많은 분들께 작은 참고가 되길 바라며 머리글을 접는다.

1장

마을목회와 NGO를 통한 교회의 사회봉사

1장 마을목회와 NGO를 통한 교회의 사회봉사

1. 최근 '마을목회'로부터 촉발된 교회의 사회봉사 실천에 대한 강조

1) '지역 사회목회'보다 '마을목회'란 용어 사용을 추천

'마을목회'가 한국교회의 화두가 된 것은 대략 10년 전쯤 된 것 같다. 필자도 2012년 호남신학대학교의 총장으로 부임하여 호신대의 주 연구 과제를 '마을목회'로 하였으면 좋겠다고 생각하며, 교수들과 지역의 목회자들이 함께 마을목회 프로젝트를 추진하려는 기획하에 여러 번에 걸쳐 모임을 가진 적도 있었다.

이 같은 마을목회는 마을 만들기 운동과도 연결되는데, '마을 만들기'란 용어는 1950년대부터 일본에서 나온 개념으로 우리나라에선 이 운동이 21세기에 들어 정치권에서 채용되어 서울을 비롯한 여러 지방자치 단체들로 확산되기도 했다. 또한 서구에서는 이런 마을 만들기 운동이 '지역 사회 개발'(community development)이란 개념으로 많이 다루어졌었다.

몇 년 전 '마을목회'를 남인도교회에서 온 대표들에게 강의하며 영어로 표현하는 문제에 대해 고민한 적이 있었다. 보통 영어로는 'community ministry'(지역 사회목회)나 'small town ministry'(소도시목회) 정도로 표현할 수 있을 것 같다. 하지만 필자는 이러한 표현이 뭔가 부족하다고 생각하여 영어로 'village ministry'라는 표현을 채택하기도 하였지만 그 말로도 충분한 것 같지는 않았다. 이런 고민을 하던 차에 총회의 변창배 사무총장이 한글 그대로 'maul ministry'로 하는 것이 적합한 것 같다는 말을 나누면서 영어로는 그렇게 표현키로 하였다.

'마을목회'는 서구의 선교적 교회론이나 지역 사회목회와는 다른 보다 폭넓은 의미를 갖는 목회개념으로, 한국교회가 창안한 오늘의 시대의 새로운 목회 방안으로 보면 좋을 것이다. 커뮤니티 또는 지역 사회란 말은 행정상의 단위에 보다 연관된 반면, 마을이란 사람이 손을 뻗으면 닿을 수 있는 인간의 정감과 연결되어 있는 단위로서, 물적인 개념이라기보다는 사람을 중심으로 하는 삶과 연관된 개념이다. 아무리 물리적으로 가까운 곳에 사는 사람들이라고 할지라도 정신적인 공동체성과 하나 됨이 형성되어 있지 않는 곳은 마을로 보기 어려울 것 같다. 이런 견지에서 필자는 지역 사회목회라는 개념보다는 마을목회라는 개념을 선호한다.

필자가 원장으로 있는 총회한국교회연구원은 총회의 정책과 미래 전략에 대해 연구하는 기관으로 102회 총회로부터 총회 정책으로서의 '마을목회'에 대한 연구를 수임하여 지난 4년여간 마을목회에 관한 책 20권을 편찬하였는데, 그중 14권의 책은 『마을목회개론』으로서 마을목회를 전체적으로 쉽게 이해할 수 있도록 만든 책이다.

2) 마을목회의 정의

　마을목회는 한국교회가 함께 추구하여 온 자생적인 목회 전략으로, 우리는 보통 그 마을목회를 "하나님의 진정한 사랑으로 마을을 품고 세상을 살리는 목회"로 정의한다. 요한복음 3장 16절은 하나님께서 이 세상을 사랑하셔서 독생자를 주셨다고 말한다. 하나님께서는 예수를 믿는 사람만 사랑하시는 분이 아니시며, 온 세상을 사랑하시는 분으로 회개하고 주를 믿기만 하면 모든 사람이 구원받을 수 있음을 말씀하셨다.

　마을목회는 우리 안에 있는 99마리의 양을 놔두시고, 우리 밖의 길 잃은 한 마리 양을 찾아 나서시는 목자 되시는 예수 그리스도의 모습을 부각한다(눅 15:4). 하나님께서는 믿는 신자를 사랑하시는 분이시만, 길을 잃고 헤매는 교회 밖의 사람들에게 더 관심이 많으시다. 이와 같이 마을목회나 선교적 교회론은 교회 밖의 사람들이 회개하고 예수를 믿게 되면 교회 공동체의 일원으로 초대하는 것이 아니라, 먼저 그들을 교회 공동체의 일원으로 초대하여 교제를 나누는 중 그들이 점차 예수님을 믿어 하나님의 진정한 백성이 되어나가는 순서를 강조한다.

　로마서 3장 29절은 "하나님은 다만 유대인의 하나님이시냐 또한 이방인의 하나님은 아니시냐 진실로 이방인의 하나님도 되시느니라."고 말하는데, 마을목회의 신학적 기반이 되는 말씀 중 하나다. 당시 유대인들은 야웨 하나님을 일종의 민족신으로 생각했다. 그러나 바울은 그 하나님이 이스라엘의 하나님이실 뿐 아니라, 모든 민족의 하나님이 되심을 깨닫고 선교의 일에 진력하였다.

　우리는 기독교의 복음을 교회 안에 있는 사람들에게만 제한하려 해서는 안 된다. 교회 밖에 있는 사람들도 믿기만 하면 구원을 얻을 것이라는 포용적 생각을 하는 것이 필요하다. 2천여 년 전 사도 바울이 유대인의 벽을 넘어 기독교를 세계를 위해 열어 놓았듯, 오늘의 우리도 교회 밖의 사람들을 사랑으로 포용하는 '마을목회'의 방안에 주목해야 할 것이라 생각하며, 이러한 마을목회를 더욱 진작시켜 우리 교회들을 활성화해 나가야 할 것이다.

3) 마을을 교회 삼아, 주민을 교인 삼아

이에 우리는 마을목회의 모토를 "마을을 교회로, 주민을 교인으로"로 정했다. 이와 같은 모토를 말하니 이를 잘못 이해하는 분들도 있었다. 주민을 교인으로 다 만들자는 것은 성장주의적 교회 모습을 주장하는 것이 아니냐는 말이었다. 그러나 이 모토는 그런 취지에서 만들어진 것이 아니다. 주민을 교인으로 품어 그들도 하나님의 사랑하는 사람들로 생각하자는 취지에서 그런 모토를 만든 것이다. 교회 안으로만 응축된 게토화 된 공동체가 아니라, 온 마을을 향해 나아가 마을심방을 하며 마을 전체를 돌보는 교회가 되자는 것이다. 우리의 목회는 교회 내의 목회로서만 머물러서는 안 된다. 지역 사회 속으로 나아가 교회 밖을 포괄하는 목회가 될 때 구원을 향한 더 나은 접촉점이 생길 것이다. 그런 입장에서 "마을을 교회로, 주민을 교인으로"라는 모토는 "마을을 교회 삼아, 주민을 교인 삼아"란 명제로 바꾸면 더 명확해지는 것이 아닌가 싶다.

4) 공동체성을 강조하는 마을목회

마을목회는 개인적 행복과 함께 공동체적 행복에 관심을 갖는다. 이런 견지에서 마을목회는 지역 사회를 공동체적 가치를 통해 구성해 나 갈 것을 강조한다(요 17:21-23). 마을목회는 오늘 우리 사회의 위기가 지 나친 개인주의적 삶의 방식에 기인한 것으로 분석하여, 경제, 교육, 복 지, 환경, 문화 등 사회 각 분야에 기독교가 강조하는 사랑의 하나 됨과 공동체성 및 공동성을 불어넣을 것을 주장한다.

이윤을 내기 위해 혈안이 된 구조들이 아니라 서로의 행복을 위해 함 께 일구어 나가는 적극적인 구성 주체들을 만들어 보려는 것이 마을목 회의 주요 관심이기도 한 것이다. 마을교회, 마을학교, 마을기업, 마을 은행, 마을병원, 마을복지, 마을협동조합, 마을은행, 청년들을 위한 마 을 공유주택, 마을환경 지킴이 등 우리의 조직들을 공동의 유익을 위해 조율하려는 것이 마을목회의 의중이기도 한 것이다.

이 같은 마을목회 사역은 상호 간 하나 됨과 네트워크를 중시한다(고 전 12:12). 마을 속의 주민들과의 연대, 지역 교회들의 연대, 교인과 마을 주민 사이의 네트워킹, 관청과 다양한 거버넌스들 및 마을의 학교와 기 업 등과의 폭넓은 사귐과 관계적 통전성이 마을목회에 활력을 더하게 하는 것이다. 마을목회는 교회의 봉사를 통해 교회 밖의 사람들과의 관 계망을 확장하여 그들이 주님의 자녀가 되는 것을 쉽게 하는 목회 전략 이다.

고린도전서 12장을 특히 우리가 그리스도를 머리로 하는 몸임을 강 조한다. 서로 나뉘어 각 지체로서 사역하고 있지만, 전체적으로 한 몸을 이루는 모습을 이 본문은 강조한다. 셋이라는 개별성이 있지만 전체적 으로 하나인 삼위일체 하나님의 모습과 같이, 우리의 나눠진 지체들이 하나 될 때 그 안에 성령의 역사하는 생명력이 있음을 마을목회는 강조 한다.

오늘 우리는 너무 개인주의적인 파편화된 삶을 살고 있다. 이웃과의 하나 됨과 친교가 우리 행복에 큰 비중을 차지하는 것을 잊은 채 서로 분리된 삶을 영위하고 있는 것이다. 자기에게 밀려오는 모든 아픔과 불행들을 자기 혼자 감당하려 하니 그 짐들이 우리를 너무 짓누르게 된다. 이에 마을목회는 서로의 짐을 져주는 공동적 삶의 방식을 제시한다. 너의 기쁨이 나의 기쁨이고 너의 아픔이 나의 아픔이 되는 공감의 삶을 마을목회는 강조하는 것이다.

기실 우리는 이런 불행에 대해 공동으로 대처하는 많은 방안들을 만든 바 있다. 보험 제도, 신용협동조합, 사회복지 수당, 은행, 주식회사 등 많은 제도들이 이런 공동적 삶의 방식을 포섭하는 것이다. 그러나 우리는 이런 부분적인 공동적 대응 방식을 보다 폭넓은 영역으로 확대할 필요가 있다. 내가 먼저 저축한 돈을 나중에 받게 되는 단순한 형식에서 나아가, 대책 없는 남들의 고통들에 상관하여 이를 덜어주고자 하는 사회 제도들을 더 강화해나가는 것이 필요하다.

필자는 이미 출간된 책들에서 마을목회가 다른 여러 개념들과 연관되는 것임을 강조했다. 공동체 정신, 마을 만들기, 주민 자치, 협동조합 운동, 지역 사회 복지, 사회적 목회(social ministry), 사회적 기업, 평신도 사역, 네트워크 사역, 공공신학, 선교적 교회, 커먼즈, 공공 디자인, 거주 공동체, NGO, 희년 사상, 건강 도시 운동, 프런티어 목회, 카페 미니스트리 등이다. 본 연구원은 동료 교수 및 목회자들과 함께 지난 4년여 동안 마을목회의 지평을 확장하는 중 이런 다양한 주제들을 섭렵하며 각 주제별로 책들을 편찬해오고 있다.

'마을'이란 사전적으로는 시골 지역에서 여러 집이 모여 사는 곳을 말한다. 그러나 '마을목회'는 농어촌 지역의 목회 전략을 말하는 것이 아니다. 마을이 하나의 공동체를 이뤄 그곳의 주민들이 서로 도우며 살 듯 도시에서도 이런 공동체를 이루며 사는 것이 필요한 바, 지역 공동체로서의 하나님 나라를 동네 속에 세우기 위한 목회가 마을목회다. 그러므로 마을목회는 농어촌에만 해당하는 목회가 아니다. 오늘날엔 도시가 공동체성이 더 무너진 곳으로, 오히려 도시에서의 마을목회 운동이 더 필요하다. 도시에서는 동 정도의 테두리를 마을로 생각하면 좋을 것 같으며, 농촌에서는 면 정도의 단위를 마을로 보면 어떨까 생각한다. 그 정도 크기의 지역을 하나의 생명 공동체로 만들어 보고자 하는 목회가 마을목회다.

오늘 우리 사회는 도시건 농촌이건 공동체성이 상실된 곳들이 되었다. 서로 자기 살기 바빠 남에게는 눈길 한 번 주기 어려운 각박한 삶이 된 것이다. 마을목회는 공동체성이 상실된 오늘의 삶을 전환하여 우리의 동네들을 정이 있고 살가운 공동체로 만들고자 한다. 도움이 필요할 때 서로 도움을 주고 마을의 일들을 함께 의논하며, 공동으로 가지고 있는 이야기와 문화가 있는 마을을 만들고자 하는 것이 마을목회다.

5) 정행의 신학으로서의 마을목회

21세기 들어 한국교회는 상당히 위축되는 중에 있다. 코로나19 팬데믹 이후 이러한 위기는 더 심각해졌다. 이런 어려운 상황에서 우리 교회들은 생존을 위한 노력들을 하였으며, 그러한 노력들 중 유의미한 수백의 사례들을 모아 신학자들이 분석하였고, 그 결과 찾아낸 개념이 '마을목회'다. 우리는 그 같은 사례들을 신학화하고 매뉴얼화 하여 오늘의 시대를 향한 새로운 목회 틀거리로 제시하려고 하였으며, 그런 취지에서 처음 만들어진 책은 『마을목회 매뉴얼』(2017)이었다.

이와 같이 마을목회는 이론에 앞서 실천을 중시하는 목회다. 마을목회는 예장 통합 교단의 교회들이 전개한 현실 목회에서의 노력들을 살펴 만들어낸 이론으로 실천성을 강조하는 운동이다. 이에 마을목회는 신학을 위한 신학이 아니라 교회를 위한 신학을 강조한다. 이전 해외에서 한국을 대표하던 신학으로 민중 신학이 있었다. 사회 현실과는 밀착된 신학이었지만 목회 현장에 보편적으로 적용하기엔 좀 거리가 있는 신학이었다. 이에 비해 마을목회는 목회와 선교 현장에 충실한 사회봉사 신학으로, 사랑의 실천을 구체화하는 목회 방안인 것이다. 일종의 정론(orthodox)의 신학이라기보다 실천과 행동을 강조하는 정행(orthopraxis)의 신학으로서, 이론을 먼저 만들고 실천한 것이 아니라 실천을 살펴 이론을 세운 신학이다.

이런 각도에서 마을목회는 이론적 신학의 전개와 함께 실천적 사례들을 중시한다. 이에 본 연구원은 도시의 마을목회의 사례, 농촌의 사례, 선교지의 사례, 기독교 기관들의 사례 등을 모아 꾸준히 책으로 출간하였다. 이론에 관한 책들을 반, 사례에 대한 책들을 반 정도의 비례로 편찬하려는 계획을 본 연구원은 갖고 있다. 마을목회는 신학자들이나 이론가들이 먼저 만든 신학이 아니며 일선의 목회자들이 먼저 찾아낸 목회 방안이다. 그들이 먼저 전진해 나간 길을 후방에서 정리하고 다지는 역할을 신학자들이 하였다고 볼 수 있다. '마을목회'란 이름도 목회 현장에서 먼저 나온 것으로, 우리의 이 같은 신학적 작업이 하나님 나라를 위해 노력하시는 모든 목회자들에게 응원이 되었으면 한다.

6) 세 가지 실천에 대한 제안

여기서 필자는 마을목회에 대한 새로운 상상을 하며 세 가지 정도의 제안을 내놓고 싶다. 먼저는 '마을 심방'을 제안하려 한다. 교회들은 심방할 때 교인들만 심방하곤 하는데, 교회 밖의 어려운 사람도 심방하자는 것이다. 주민 모두를 교인으로 생각하며, 마을 전체를 교회로 보는 것이 마을목회다. 마을 심방을 하며 장학금을 교회 밖의 학생들에게도 주며, 김장을 담가 교인뿐 아니라 교회 밖의 연로한 분들과도 나누는 그런 포용적이며 선교적 교회가 되어야 할 것이다.

다음으로 생각해볼 수 있는 공동적 대처 방안 중 하나는 동네에서의 '공동육아'라 생각한다. 맞벌이 부부가 있고 외벌이 부부가 있다. 맞벌이 부부는 아이들을 양육할 충분한 시간이 없으며, 외벌이 부부는 어느 정도 육아를 위해 남는 시간들이 있다. 이럴 경우 서로가 힘을 합해 협업하자는 것이다. 시간이 남는 부모들이 어린이집에 나와 자기의 아이들과 함께 이웃의 아이들을 키우며 가르치는 역할을 맡는 것이며, 이럴 경우 어느 정도의 보수를 맞벌이하는 부분들이 내놓는 것이다. 사실 아이들을 안심하고 맡길 수 있는 곳을 찾기가 쉽지 않은 오늘의 상황에서, 이웃의 다정한 육아의 손길은 서로에게 큰 힘이 될 수 있다. 아이들을 혼자 키우는 것이 아니라 마을의 모두가 힘을 합쳐 키우는 어린이집과 학교를 만드는 것, 곧 기숙형 마을학교를 세우는 것이 필자의 작은 꿈이기도 하다.

또 하나의 공동체적 대응 방안 가운데 하나로 필자는 마을 전체가 운영하는 '호스피스 센터'를 만들자는 제안을 하고 싶다. 요즈음 젊은이들은 먹고 살기가 바빠 집에 몸져눕는 사람이 생길 경우엔 정말 대책이 없게 된다. 병이 들어 치료를 할 필요가 있을 경우엔 큰 돈을 들여 병원에 입원하여야 하지만, 그렇지 않고 노환으로 생명이 다해가는 어르신들을 살피는 일은 병원에서도 수지가 맞지 않으므로 입원시켜 돌보고자 하지 않는 경우가 많다. 이럴 경우 우린 지역 사회 공동의 케어에 대한 생각을 해보게 된다. 자기의 삶을 다 살고 죽음이 가까워진 어르신들이나 가망이 없는 말기 암 환자들을 지역 사회가 호스피스 센터를 만들어 같이 돌보자는 제안이다. 은퇴하신 60대 분들에게 이런 일을 맡길 수도 있고, 사회봉사 학점이 필요한 학생들을 이런 일들에 앞장서게 할 수도 있다. 학생들이 이런 어르신들을 찾아가 노래도 불러 드리고, 같이 이야기도 나누며, 어르신들이 정리하실 일들을 거들어 드리기도 하면서, 그분들이 삶의 마지막을 평안히 보내실 수 있도록 한다면, 그러한 봉사는 우리의 삶에 큰 위로가 될 수 있을 것이라 생각한다. 교회나 행정 기관들이 이런 호스피스 센터 건물을 마련하여 어느 정도 운영비를 내고, 자원봉사자들로 하여금 봉사케 하는 등, 교회들이나 공공 기관들이 이런 일에 관심을 갖는다면 우리 모두의 마지막은 더 행복할 수 있을 것이다. 이런 호스피스 센터는 동네의 시끄럽지 않은 언덕 위에 있으면 더 좋을 것 같다. 너른 이층 주택을 구입하여 생의 마지막을 함께 하며 그곳에서 동네 사람들이 모여 장례식도 하는 장면을 떠올려 본다.

2. 사회봉사 실천을 전문적으로 하는 NGO의 설립

채영남 전 총회장이 이사장으로 그리고 필자가 원장으로 있는 총회 한국교회연구원은 102회 총회로부터 '마을목회'에 대한 연구를 수임하여, 지난 4년여간 20권의 책을 편찬하였는데 그 책의 목록은 다음과 같다.

1. 총회한국교회연구원. 『제102회기 총회 정책 자료집/ 마을목회 매뉴얼』 (2017).

2. 조용훈. 『총회한국교회연구원 '마을목회' 개인저작 시리즈 1/ 마을 공동체와 교회 공동체』(2017).

3. 김도일. 『총회한국교회연구원 '마을목회' 개인저작 시리즈 2/ 더불어 행복한 가정 교회 마을 교육공동체』(2018).

4. 성석환. 『총회한국교회연구원 '마을목회' 개인저작 시리즈 3/ 지역 공동체와 함께 하는 교회의 새로운 도전들』(2018).

5. 노영상 편. 『총회한국교회연구원 '마을목회' 시리즈 1/ 마을교회와 마을목회(이론편)』(2018).

6. 노영상 편. 『총회한국교회연구원 '마을목회' 시리즈 2/ 마을교회와 마을목회(실천편)』(2018).

7. 총회한국교회연구원 편. 『총회한국교회연구원 '마을목회' 시리즈 7/ 성경 공부 교재: 마을과 함께 주님과 더불어, 제1권 - 하나님 나라를 구현하는 마을목회』(2018).

8. 총회한국교회연구원 편. 『총회한국교회연구원 '마을목회' 시리즈 8/ 성경 공부 교재: 마을과 함께 주님과 더불어, 제2권 - 마을과 함께하는 교회』(2018).

9. 총회한국교회연구원 편. 『총회한국교회연구원 '마을목회' 시리즈 9/ 성경 공부 교재: 마을과 함께 주님과 더불어, 제3권 - 주민과 더불어 마을목회 실천하기』(2018).

10. 총회한국교회연구원 편.『총회한국교회연구원 '마을목회' 시리즈 10/ 성경 공부 교재: 마을과 함께 주님과 더불어 4권 - 세상을 살리는 마을 목회』(2018).

11. 한경호 편,『총회한국교회연구원 '마을목회' 시리즈 11/ 협동조합운동 과 마을목회』(2018).

12. 한국기독교사회복지실천학회 편.『총회한국교회연구원 '마을목회' 시리즈 12/ 마을목회와 지역 사회 복지』(2019).

13. 한경호 엮음,『총회한국교회연구원 '마을목회' 시리즈 13/ 마을을 일구는 농촌 교회들』(2019).

14. 총회한국교회연구원 편.『총회한국교회연구원 '마을목회' 시리즈 14/ 마을목회개론』(2020).

15. 오상철 편.『총회한국교회연구원 '마을목회' 시리즈 15/ 사회적 봉사와 섬김을 중심으로 한 한국교회 통계조사』(2020).

16. 송민호.『총회한국교회연구원 '마을목회' 시리즈 16/ 선교적 교회로 가는 길: 전통적인 교회에서 미셔널 처치로』(2020).

17. 노영상 편.『총회한국교회연구원 '마을목회' 시리즈 17/ 온누리교회의 더멋진세상 만들기 선교』(2020).

18. 기독교환경교육센터 살림, 총회한국교회연구원편.『총회한국교회연구원 '마을목회' 시리즈 18/ 생명살림 마을교회』(2020).

19. 총회한국교회연구원편.『총회한국교회연구원 '마을목회' 시리즈 19/ 마을목회의 프런티어 교회들』(2021).

20. 노영상, 김도일 공동 책임편집.『총회한국교회연구원 '마을목회' 시리즈 20/ 새로운 목회의 프런티어들』(2021).

위의 책 중 시리즈 17번째의 책인 『온누리교회의 더멋진세상 만들기 선교』(2020)는 NGO를 통한 세계 선교의 가능성을 진단한 책으로, 오늘의 한국교회 선교에 대한 많은 생각을 하게 한다. 이 책의 마지막 부분에서 온누리교회의 해외 선교를 위한 NGO '더멋진세상'의 관련자는 그 선교의 의의를 다음과 같이 말하고 있다.

> '더멋진세상'은 지난 9년 동안 맡겨진 큰 그림 중, 밑 그림의 일부를 그렸을 뿐이라 생각한다. 물론 그 큰 그림을 '더멋진세상'이 모두 채워야 한다고 생각하지는 않지만, 적어도 맡겨진 부분을 충실하게 채워가기 위해서는 보다 정교한 작업들이 필요하다는 것을 배웠다.
> 하나님 나라와 세상 사이에서 영적 전쟁을 치르는 일이기에 지금보다 더 많은 기도지원이 필요하다는 것을 배웠고, 각 사람들이 똑같은 어려운 환경에 처해 있다 하더라도 그들의 문화는 각각 다른 방법으로 접근해야 소통할 수 있다는 것을 배우는 시간이 있었다.
> 또한, 선교는 어느 경우이든 재생산이 가능한 구조로 남겨져야 하기에, NGO사역이 가지고 있는 한계를 극복하기 위한 전략들도 개발되어야 할 필요가 있다. 결국 그 땅에 남아야 하는 것은 하나님의 말씀과 하나님의 선교적 비전을 품은 거듭난 사람들이어야 하기 때문이다. 이를 위해, '더멋진세상'과 함께 할 준비되고 훈련된 사람들이 얼마나 절실히 필요한가를 배우는 시간이기도 했다.
> 예수께서 승천하실 때, 여전히 준비되지 못한 제자들을 보시면서 걱정하지 않으셨던 것은, 성령을 통해 하나님께서 이 일을 완성하실 것을 아셨기 때문이라 믿는다. 예수님도 그들만을 홀로 남겨두시지 않고 세상 끝날까지 함께 하시겠다고 약속하셨고, 그 약속은 지금 '더멋진세상'

에게도 주셨다. 우리가 끝없이 주님께 순종하려고만 한다면, 우리는 결국 주님의 열매들을 보게 될 것을 믿는다. 그것은 우리에게 고갈되지 않는 자원을 주셨기 때문이 아니라, 예수 그리스도를 통한 하나님 나라의 임재의 약속이 영원하기 때문이다.

이상에서 우리는 온누리교회의 NGO '더멋진세상'이 전개한 선교가 '마을목회'(Maul Ministry)의 방법에 의거한 것임을 확인하게 된다. 그 같은 선교의 방식이 아니었더라면 그곳의 교회들이 오늘과 같이 성장하지 못하였을 것이다. 물론 우리의 사회봉사는 교인을 모으는 일을 목적으로 해서는 안 되지만, 그러한 봉사 사역이 교회를 발전시키는 데에 크게 공헌한다는 사실을 우리는 확인하게 되었던 것이다. 결국 복음의 전파는 하나님의 진정한 사랑을 전하는 것으로부터 동력을 얻는 것으로, 입으로만의 사랑을 가지고는 효과가 없음을 우리는 깨닫게 된다. 특히 '더멋진세상'의 선교는 마을목회의 전략 기획(strategic planning) 방법에 충실한 선교로서 한국교회 해외 선교의 중요한 모델이라고 말하지 않을 수 없다. 이에 우리는 이 선교 방안을 연구하고 발전시켜 한국교회의 새로운 선교 전략으로 정착시킬 필요가 있다. 피선교국 사람들의 영육 간의 구원을 위한 '더멋진세상'의 하나님의 선교는 그런 의미에서 오늘 우리에게 신선한 반향을 불러일으키는 것이다.

기독교 NGO '더멋진세상'은 온누리교회가 2010년 12월에 세운 세계선교기관이다. 이 기관은 이 땅의 모든 사람들이 행복하고 즐겁고 기쁜 삶을 살기를 원하는 마음에서 세워진 NGO로서, 인종과 이념, 종교의 벽을 넘어 가난과 질병, 재난 등으로 고통을 받고 있는 지구촌 이웃들에게 전문적이고 체계적인 도움을 제공하고 섬김과 나눔을 통해 더 멋진세상을 구현하려고 노력하는 중, 현재 아시아와 아프리카 대륙의 9개 국가에서 '더멋진마을'을 만드는 사역을 위해 헌신하고 있다. 해외 선교를 NGO 기관을 통해 수행한다는 것 자체가 멋있는 발상이며, 이를 통해 주님의 선교가 더욱 활발히 진행되는 것은 여러 면에서 감동이 된다.

온누리교회의 NGO 더멋진세상은 선교를 하며 먼저 교회를 세우지 않았다. 그 지역 사회에 들어가 마을사람들과 같이 마을의 복리에 대해 고민하였으며, 그 마을에 필요한 봉사를 실천하다 보니 선교가 자연히 되었다는 것이 그 사역에 참여한 사람들의 고백이다. 교회를 세우는 것과 함께 그들을 위한 헌신의 실천을 하는 것이 사람의 영혼을 구원하는 데에 효과적이었음을 그들은 말하고 있다. 이상과 같이 온누리교회는 하나의 선교적 실험을 하였다 볼 수 있다. 해외 선교를 함에 있어서도 마을목회 이론에 따른 NGO 선교가 힘 있다는 결론이다.

마을목회 차원에서 새롭게 하는 국내 선교의 예를 부천의 새롬교회나 후암동교동협의회가 잘 보여주었다면, 영등포 노회가 추진한 베트남 선교나 한아봉사회가 동남아 지역에서 펼친 선교 및 온누리교회의 더멋진세상을 펼치고 있는 사역들은 국외 선교로서의 마을목회의 모습을 잘 보여주고 있다. 영등포 노회는 그들이 파송한 선교사들을 통하여 복음을 전할 뿐 아니라, 그 지역을 아름답게 개발하는 일에 많은 노력을 하였다. 노회 차원에서 그 지역을 자주 방문하는 등, 지역의 많은 교회들이 합심하여 베트남 선교를 도왔던 것이다. 이렇게 단일 교회가 선교사를 파송하여 선교를 하는 것보다 교회들이 연합하여 선교의 일을 할 때, 보다 건실한 선교가 될 수 있음을 영등포 노회의 선교는 우리에게 잘 보여준다.

한아봉사회는 그 이름부터 남다르다. '선교회'란 이름으로 활동하기

보다는 NGO의 이름과 같은 '봉사회'란 이름으로 활동하고 있는 것이다. 한아봉사회는 그 기관을 다음과 같이 소개한다. "한아봉사회는 선교 대상 지역의 지도자 양성, 기술 교육, 빈곤퇴치 프로그램, 의료 지원 등 정의롭고 평화로운 사회 발전과 관련된 프로그램을 지원하고 있습니다. 아시아에 정의와 평화가 정착 되도록 하기 위하여 제1단계로 베트남, 라오스, 캄보디아, 미얀마, 제2단계로 중국과 북한, 그리고 제3단계로 근동 지역으로 활동 영역을 넓혀 가려 합니다."

한아봉사회는 그들의 봉사 활동이 복음 전도와 잘 연결되는 것임을 다음과 같이 설명한다. "이것은 단순히 인적 물적 자원을 나누는 차원을 넘어서 '지금' '여기'에서의 복음에 대한 구체적인 체험 자체를 나누는 것을 의미한다. 따라서 본 회는 우리 구주 예수님의 말씀과 사역에서 나타난 '섬김과 나눔'을 복음 선포의 본질적 차원으로 밝히며 선교 사역에 있어 인적 물적 차원뿐만 아니라 한반도에서 체득된 복음의 깊이와 신앙 체험의 차원에서의 섬김과 나눔을 실천하고자 한다." 이런 설립 취지에 대한 언급에서와 같이 한아봉사회는 선교의 사역과 사회봉사의 일을 통전적으로 잘 융합하고 있다.

한 지역에 교회와 병원과 학교 등등을 세워나가며 복합적 선교를 하는 것이 효율적인 것으로, 초기 한국 선교사들이 하였던 선교도 그와 같은 모델이었다. 이에 이 같은 해외 선교 사역을 위해선 선교사에게 생활비만 지원해선 충분치 않다. 그 선교지역을 살리는 마을목회적 선교를 하려면 선교 센터를 만들어 여러 명의 선교사들이 힘을 합해 선교를 해나갈 필요가 있는 것으로, 이 일을 위해선 많은 재정이 요청되는 바 여러 교회들이 힘을 합쳐 선교를 하는 것이 좋을 것이라 생각한다.

해외 선교에 있어 가장 중요한 점은 선택과 집중이다. 상당 기간 동안 선교할 지역을 물색하고 그 지역에 대한 리서치를 하며, 그 선교지에 합당한 맞춤 선교가 무엇인지 연구하고 이후 그에 적합한 선교사를 선발하여 훈련하며, 재정적 지원을 통해 선교지에서 마을목회를 수행하게 하는 등 일련의 일관성 있는 선교 전략이 요청되는데, 그것은 한 교회의 역량으로 감당할 수 있는 일은 아니다. 선교지에 대한 리서치를 위해선 신학교 교수들과 현지 선교사들의 조언이 필요하며, 피선교 지역의 목회자들과 함께 의논하는 등 선교를 위한 파트너십이 요청된다. 한국교회가 선교의 양을 자랑하던 시대는 지나가고 있다. 이젠 선교의 질을 강화하여야 하는데, 그러기 위해 가장 필요한 선교 구조는 선택과 집중이며, 이를 위해 교회들이 연합하여 선교 센터를 운영하는 방식이 유리할 것이라 생각한다. 마을목회는 오늘 우리의 해외 선교의 확실한 대안인 것이다.

세계적으로 가장 앞선 선교 신학으로 무장한 선교 단체 중 하나가 월드비전이라고 생각한다. 월드비전에 대해서는 모두 잘 알고 있는데, 그들의 선교에 바탕이 되는 선교 방법에 대해선 우리에게 잘 알려져 있지 않은 것 같다. 월드비전의 중요한 프로그램 가운데 ADP(Area Development Program)이 있는데, '지역 발전 프로그램'으로 번역할 수 있겠다. 지역을 돕는 마을목회의 사역을 언급하는 것이다. 월드비전은 마을을 개발하는 일을 하며 자신들이 기독교인들임을 자랑스럽게 오픈하여 말하지만, 그 일을 하며 종교나 인종을 구별하지는 않는다.

우리는 이상과 같이 선도적으로 해외 선교를 해온 여러 선교기관들의 사례들을 살피며, 마을목회의 가능성을 다시 타진해 보게 된다. 특히 이 책은 이러한 마을목회적 국내 사역과 해외 사역에 대한 이론과 실천의 내용을 담은 책으로서, 이 책을 통해 우리의 전도와 선교가 한 걸음 더 전진할 수 있다면 그것은 우리 모두에게 큰 기쁨이 될 것이라 생각한다.

작은 교회라 할지라도 마을을 위해 할 수 있는 사랑의 실천이 없는 것이 아니다. 우리가 모은 사례들 중 많은 것들이 작은 교회들이 실천한 마을사역이었다. 그들은 교회의 생존을 위한 마을목회를 실천하였고 그러한 그들의 노력들이 여기저기서 결실하고 있음을 우리는 확인할 수 있었던 것이다. 작은 한 교회가 한 사람이라도 제대로 도울 수 있고 불행한 한 사람을 행복하게 할 수 있다면 그것은 결코 작은 일이 아니다. 무엇보다 마을의 어려운 사람들을 끝까지 돕겠다는 정신이 중요하다. 지금 내가 가진 힘이 작은 것이지만, 어떻게든 나의 힘을 키워 남을 돕자고 생각하고 살면 그 안에 참 행복이 넘칠 것이 분명하다.

우리의 인생은 결코 순탄한 바다를 항해하는 것과 같지 않다. 인생 중에 우리는 많은 풍랑과 어려움들을 만나곤 한다. 그러나 이런 와중에서도 우리가 서로의 손을 잡아준다면 우리의 삶이 그렇게 험하지만은 않을 것이다. 예전 중세 시대의 마을을 보면 타운 중심에 관공서, 오페라 하우스, 교회가 있었다. 이런 세 주체들이 힘을 합하여 행복한 마을을 구성해 나갔던 것이다. 여러 해 전 스위스 다보스 근처의 한 마을을 간 적이 있었다. 저녁 무렵 시간이 있어 호텔을 나와 작은 그 마을을 산책하였다. 아기자기한 가게들이 중앙의 광장을 향해 있는 길들에 자리 잡고 있었다. 특별히 살 것도 없으면서 몇몇 가게를 들어가 구경도 하고 어떤 작은 물건을 하나 산 것으로 기억된다. 마을 중앙에 가니 예상대로 큰 교회당이 있었다. 그 속에 수도원도 자리하고 있었는데 독신의 수도승들이 마을의 행복을 위해 자기의 삶을 전력투구하여 연구도 하고 새로운 생산품도 개발하곤 하였을 것이다. 마을 가운데 교회당으로 들어가 이 건물 저 건물을 돌아보며 많은 생각을 하였다. 마을의 한 가운데 자리 잡은 교회, 마을의 일에 깊이 관여하고 있는 교회의 모습들을 그려 보았다. 물론 그러한 교회로의 권력 집중이 중세 교회를 부패하게 하기도 하였지만, 어차피 정치와 종교는 상호 연관을 맺고 견제할 수밖에 없는 속성을 가지고 있다. 오늘날 우리나라는 종교에 대한 상상력 고갈로 혼돈 중에 있는데, 이런 상황에서 우리 기독교는 새로운 꿈을 백성들에게 줄 수 있어야 할 것이다.

오늘날 NGO의 힘은 해가 갈수록 커지고 있다. 종교 기관에 헌금을 하던 적지 않은 사람들이 최근에는 비정부 기구들에 대한 후원으로 전향하고 있다. 교회로 들어간 헌금들이 교회 자체만을 위해 이기적으로 쓰이며 교회의 회계 내용들도 투명하지 않아, 그럴 바에는 이런 구호 기구들에 기부하는 것이 낫겠다는 생각들도 많아진 것 같다.

필자는 아래에 한국교회의 사회봉사 전반을 아우르는 국제적인 NGO 기관의 필요성을 말하는 2016년 사랑의교회 국제 회의실에서 열린 기독교사회복지엑스포 2016 '디아코니아엑스포 코리아' 국제컨퍼런스에서의 해외 교회 디아코니아 사례 발표에 대한 기사를 소개하고자 한다. 아래의 기사 중에서 가장 눈여겨볼 점은 국가 내 교회들이 하나의 기구를 중심으로 디아코니아 사역을 추진해감으로써 정책의 일관성을 유지할 수 있으며, 인적 재정적 자원이 낭비되지 않도록 관리를 잘 할 수 있다는 말에 유의하여야 할 것 같다.

> 초기 선교사들은 교회 건물보다 먼저 교육과 복지 사업으로 민초들을 돌봤고, 그것이 우리나라 근대화 역사의 중요한 초석이 됐다.
>
> 실제 우리나라 민간 영역 사회복지 분야에서 개신교가 감당하는 분량

은 60%가 넘는 것으로 추산된다. 나랏님(?)도 감당하지 못한다는 소외 계층 빈곤 문제에 교회와 성도들의 돕는 손길이 되고 있는 모습은 결코 가벼이 여겨져서는 안 될 일이다.

하지만, 한국교회 위상이 추락되면서 교회의 사회적 섬김조차도 비하 대상이 되고 있다. 또한 교회들 간 중복 투자, 지역 사회와 소통하지 못한 채 진행되는 일방적 복지 사역, 기독교 계통 복지 현장에서조차 발생하는 비리와 같이 부작용이 적지 않다. 한국교회 사회적 섬김, 이른바 '디아코니아' 사역의 패러다임이 바뀌어야 한다는 지적이 나오는 이유가 여기에 있다.

지난 17일 사랑의교회 국제 회의실에서 열린 기독교사회복지엑스포 2016 '디아코니아엑스포 코리아' 국제컨퍼런스에서는 해외 교회 디아코니아 사례들이 발표됐다. 컨퍼런스를 위해 방한한 디아코니아 사역 전문가들의 공통점은 네트워크와 파트너십을 바탕에 둔 섬김 사역이 주는 효과에 있었다.

현재 독일의 경우 교회가 펼치고 있는 디아코니아 사역 기관은 3만 1천 개에 달한다. 디아코니아 사역 시스템은 단연 앞장서 있는 곳이 독일교회다. 독일이 한해 100만 명이 넘는 해외 난민들을 받아들일 정도의 포용력을 가진 것도 디아코니아 사역과 무관치 않다.

독일 개신교선교연대(Evangelical Mission in Solidarity) 헨리 폰 보제 이사는 독일 남서부 뷔르템베르크주에서 전개되고 있는 개신교회 사회봉사 활동 사례를 한국교회에 소개했다. 그가 발표한 내용에 따르면 디아코니아 사역에서 네트워크 조직과 활성화가 얼마나 위력적인지를 알게 한다.

뷔르템베르크주에서는 4만 명 이상이 협력하여 2천 개 이상의 교회의 디아코니아 사역이 전개되고 있다. 지역 개신교 봉사 기관과 단체들이 연대하는 개신교사회봉사국(Social Welfare Service of the Protestant Churches)이 주축이 돼 교회와 성도들의 모든 봉사 활동을 지원한다. 교회의 정책을 정치계에 밝히고 정부의 공식 파트너로 복지 국가를 위한 요구 조건과 필요 사항을 조언하고 역할도 맡고 있다.

교회의 목소리를 하나로 모으고 불필요한 자원 낭비 없이 나눔 사역을 이뤄지도록 하는 것이다.

디아코니아 사역의 범위도 매우 넓다. 노숙자, 장애인, 노인, 실업자 문제뿐 아니라 약물 중독자, 이민자, 양심적 병역거부자, 청소년 진로 문제 등에 대해서도 폭넓게 다뤄지고 있다. 자원봉사자를 위한 공동 교육 프로그램까지 만들어 시민들이 자원봉사에 참여하도록 돕는다.

네덜란드에서는 1,600여 교회와 180만 교인들이 '행동하는 교회'(Kerk in Actie)라는 기구를 중심으로 디아코니아 사역을 전개하고 있다. 이 단체는 교회가 기독교적 가치를 구현하기 위해 정치, 경제, 재정, 사회 구조 문제 속에서 복지 사역을 감당하고 있다.

'행동하는 교회'의 에버트 잔 하젤레거 국장은 "디아코니아를 위한 네트워크 안에서 신앙 회중들은 다양한 프로젝트 안에서 협력하고 있다. 동역자 네트워크야말로 기독교 연합 운동의 가장 눈에 띄는 점이다. 우리는 지구촌 북반구부터 남반구까지 문제를 연결하고 있다."고 소개했다. 현재 '행동하는 교회'는 연 예산 2천4백만 유로(약 304억7천만 원)를 수립하고, 이 중 40%는 지역 교회, 40%는 개인 후원자, 20%는 민간 자본 재단에서 모금해 네덜란드 국내를 포함해 40개 지역에서 사역하고 있다.

루터교가 중심인 스웨덴 교회는 13개 감독 교구, 약 1,400개 지역 교구

안에 630만 교인들로 구성돼 있다. 그리고 디아코니아 사역은 '섬기는 사람들'(deacons)이라는 단체가 주축이 되고 있다. 전체 목회자 2만5천 명 중 3,000여 명, 일반 직원 1,200여 명이 '섬기는 사람들'에 속해 사역하고 있을 정도로 많은 사역자가 복지 활동에 참여하도록 지원하고 있다.

교회의 디아코니아 사역을 위한 재원은 정부와 지방 자치 단체가 서비스를 구매하면서 만들기까지 하고 있다.

중국 기독교인들 가운데서도 디아코니아 단체가 존재한다. 1985년 설립된 애덕기금회(Amity Foundation)는 유엔 경제사회이사회 특별자문 기관으로 인정받을 정도로 공신력을 확보하고 있다. 한 해 모금액은 1억 위안, 우리 돈 약 169억 원을 모금하면서 210개 이상 사업을 통해 30만 명에게 혜택을 주고 있다.

중국 교회에 대한 부정적 인식이 있지만, 애덕기금회는 농촌 지역 개발과 장애인 지원, 재난 관리 등의 사업을 교회의 이름으로 전개하고 있으면서, 해외 파트너와 협력을 강화하고 있다. 국내 모금액의 76%를 해외에 지원하는 구조로 최근 바꿨다.

지난 2011년 한국기독교교회협의회가 북한 대북 인도적 지원 물품을 보낼 때 파트너십을 가진 애덕기금회를 통해 3차례 지원한 바도 있다.

자오 징웬 국장은 "애덕기금회가 발전한 것은 국내외 많은 친구와 파트너들의 강력한 지원 덕분이었다. 푯대를 향해 하나님의 부르심에 따라 달려간다는 빌립보서 3장 말씀처럼 국경과 언어, 민족을 초월해 섬김 사역을 지속할 것"이라고 각오를 밝혔다.

이번 국제세미나에서 발표된 해외 교회들의 디아코니아 사역은 단순히 자국 안에 머무는 것이 아니라는 점이 흥미롭다. 무엇보다 나라 밖 문제라도 기독교적 가치 속에 섬김이 필요한 사역이라면 참여한다. 단순한 수혜적 디아코니아 사역이 아니라 정책적으로 접근을 하고 지속 가능한 방향을 전개하고 있다는 면도 주목할 수 있는 부분이었다.

가장 눈여겨볼 점은 국가 내 교회들이 하나의 기구를 중심으로 디아코니아 사역을 추진해가고 있다는 것이다. 정책의 일관성을 유지할 수 있고, 인적 재정적 자원이 낭비되지 않도록 관리가 잘 된다는 점이다.

지역 사회 안에서 교회마다 노인 대학, 아동 센터, 도서관을 중복해서 만들고 있는 우리 현실과는 대조적이다.

또한 자국 네트워크뿐 아니라 해외 파트너십을 공고하게 유지하면서 다양한 이슈에 대한 디아코니아적 접근을 이루고 있다는 것이다. 기독교 기구와 액트 얼라이언스(Act Alliance)와 같은 국제 기독교 봉사 단체와 연계해 선택과 집중으로 시너지를 일으켜가는 것도 배울 만했다.

쿠바 개신교 신학대학 칼로스 에밀리오 햄 총장은 "교회의 디아코니아는 역량을 구축하고 무엇보다 교회 연합적 네트워킹을 실현하는 것이 필요하다."라며 "사회 안 다른 주체들과의 대화를 활성화하는 것도 교회의 역할"이라고 밝혔다.[1]

3. 마을목회의 핵심 전략

몇 해 전 남인도교회 대표들을 위한 강의를 위해 마을목회의 핵심 전략을 정리하여 보았는데, 그 내용은 다음과 같다. 마을목회를 하며 유의

---

[1] 아이굿뉴스(http://www.igoodnews.net).

해야 할 사항에 대해 정리한 것이다.

1) '마을'이란 주로 시골 지역에서 여러 집이 모여 사는 곳을 말한다. 그러나 '마을목회'는 농어촌 지역의 목회 전략을 말하는 것이 아니다. 마을이 하나의 공동체를 이뤄 그곳의 주민들이 서로 도우며 살 듯, 도시에서도 이런 공동체를 이루며 사는 것이 필요한 바, '지역 공동체'로서의 하나님 나라를 동네 속에 세우기 위한 목회가 마을목회다.

2) 교회에는 여러 사명이 있다. 복음 전도, 예배, 교육, 교제, 사회봉사 등이다. 마을목회는 이런 기능들 중 교회의 '사회봉사 영역에 치중한 목회 방안'이다. 그간 한국교회는 복음 전도, 제자 훈련, 예배 및 교육 등의 일들을 잘 수행해왔다. 그 같은 노력과 함께 마을목회로서의 대사회적인 교회의 기능이 잘 수행된다면, 보다 활력 있는 하나님의 선교가 가능해질 것이다.

3) 마을목회는 주님의 십자가의 능력과 성령의 감화를 강조하는 목회 방안이다(갈 5:16-26). 주님의 칭의의 능력이 아니고는 아무도 이웃을 진정으로 사랑할 수 없는 것으로, 우리는 항상 주님께 의존하며 기도하면서 마을과 온 세상의 샬롬을 이뤄나가야 할 것이다(막 9:29, 사 11:1-9). 이와 같이 마을목회는 오늘의 시대에 기독교 사랑의 진정성을 보여주려는 목회 방안으로(요일 3:16-18), 우리는 '믿음에 따른 사랑의 실천'이 주님의 복음을 왕성하게 할 수 있음을 믿는다(마 5:16).

4) 마을목회는 이론에 앞서 실천을 중시하는 목회다. 마을목회는 본 교단의 교회들이 전개한 현실 목회에서의 노력들을 살펴 만들어낸 이론

으로 '실천성'을 강조하는 운동이다. 그러므로 마을목회는 신학을 위한 신학이 아니라 교회를 위한 신학을 강조한다. 이전 해외에서 한국을 대표하던 신학으로 민중 신학이 있었다. 사회 현실과는 밀착된 신학이었지만 목회 현장에 적용하기에는 쉽지 않은 신학이었다. 이에 비해 마을목회는 목회 현장에 충실한 사회봉사 신학으로, 사랑의 실천을 구체화하는 목회 방안인 것이다.

5) 마을목회는 '개인적 행복과 함께 공동체적 행복'에 관심을 갖는다. 이런 견지에서 마을목회는 지역 사회를 공동체적 가치를 통해 만들어 나가는 것을 강조한다(요 17:21-23). 마을목회는 오늘 우리 사회의 위기가 지나친 개인주의적 삶의 방식에 기인한 것으로 분석하여, 경제, 교육, 복지, 환경, 문화 등 사회 각 분야에 기독교가 강조하는 사랑의 하나 됨과 공동체성을 불어넣을 것을 주창하는 목회 전략인 것이다.

6) 마을목회는 교회 밖의 주민들도 회개하고 믿기만 하면 주님의 자녀가 될 수 있는 '잠재적 교인'으로 생각하며, 그들을 목회의 대상 안에 포함시키는 운동이다(롬 3:29-30). 이런 의미에서 마을목회는 "마을을 교회 삼아 주민을 교인 삼아"라는 표어를 주창한다(요 3:16). 주님은 우리 안의 99마리의 양을 두고, 길 잃은 한 마리의 양을 찾아 나서시는 분이시다(마 18:12-14).

7) 마을목회는 '평신도 사역'을 강조하는 목회 전략이다(고전 12:4-31). 평신도의 역량을 강화하여 그들을 주민 자치와 교회 사역의 전면에 내세우는 목회가 마을목회다. 우리는 마을목회를 통해 대사회적인 봉사

의 일은 평신도들이 우선적으로 담당케 하며, 목회자는 기도하고 설교하는 일에 전념하는 분담이 필요하다.

8) 마을목회는 지방자치 분권화를 통해 '마을 만들기 운동'을 전개함으로 우리 사회의 풀뿌리 민주주의를 정착시키려는 노력을 지지한다. 이에 마을목회는 관 주도적인 하향식 운동이 아니며, 주민 주도적인 상향식 운동이다. 이에 마을목회는 복음을 통해 마을 공동체를 행복하게 만드는 일에 교인과 주민이 앞장서는 주체적 시민의식을 강조하며, 마을의 일을 위해 함께 의논하는 민주적 소통을 중시한다.

9) 마을목회가 가능하려면 주민들의 주체적 역량이 전제되어야 한다(벧전 2:9). 마을 만들기를 위해서는 주민들의 자주성과 소통 능력, 마을을 개발하는 일을 위한 핵심 역량과 주민의 민주적 시민정신이 함양되어야 하는 것으로, 이를 위해 지역 사회와 교회는 주민들의 '역량을 강화하는 교육'에 관심을 두어야 한다. 이에 제자직을 위한 성경 교육과 시민직을 위한 시민 교육이 중요할 것이다(마 28:19-20, 딤후 3:16).

10) 마을목회는 '삼위일체 하나님 안에 나타난 생명성'을 온 세상에 퍼뜨리는 운동이다(요 17:21). 삼위일체 하나님께서 세 분이시면서 하나이신 것과 같이, 우리는 개인주의와 집합주의를 넘어서는 기독교 복음의 강조점을 나타내 보여야 한다. 이에 마을목회의 사역을 위해서는 상호 간 하나 됨과 네트워크가 중시된다(고전 12:12). 마을 속의 주민들의 연대, 교회들의 연대, 교인과 마을 주민 사이의 네트워킹, 교회와 관청, 마을의 학교와 기업 등과의 폭넓은 사귐과 관계적 통전성이 이런 마을

목회를 활력 있게 할 것이다.

11) 교회가 성장하려면 교회 밖의 사람들을 전도하고 선교해야 하는데, 이를 위해서는 그들과의 접촉이 확대되어야 한다. 마을목회는 교회의 문턱을 낮추는 목회 전략으로, 교회의 봉사를 통해 '교회 밖의 사람들과 관계망을 확장'하여 그들이 교회 안으로 들어와 주님의 자녀가 되는 것을 쉽게 하는 목회 전략이다.

12) 마을목회는 전략을 세워 사회봉사의 사역을 추진하는 '과학적 목회 방안'으로 지역 사회 개발 이론, 역량 강화 이론 및 전략 기획 이론 등의 방법론을 사용한다. 마을목회는 실천과 함께 일의 기획 과정과 사후 평가를 중시하는 목회 방식이다(엡 1:11).

4. NGO와 NPO

앞에서 필자는 NGO란 단어를 여러 번 사용했다. 이에 여기서는 그 NGO라는 단어와 함께 그와 연관된 NPO에 대해서도 살펴보고자 한다. 먼저 NGO(Non-Governmental Organization, 비정부 기구)는 지역·국가·국제적으로 조직된 자발적인 비영리 시민 단체로, '비정부성'이 강조된 정부 기구 이외의 기구를 말한다. 'NGO'란 국제연합(UN)에 의해 공식적으로 사용된 개념으로 국가 주권의 범위를 벗어나 사회적 연대와 공공 목적을 실현하기 위해 1946년에 설립된 각국의 비정부 단체에서부터 출발한다. 국제 기구와 관계를 맺고 협의하는 자발적인 비공식 조직으로서, 공동의 이해를 가진 사람들이 특정한 목적을 위해 조직하여 다양한 서비스와 인도주의적 기능을 수행한다. 이에 따라 정부의 정책을 감시하고, 정보 제공을 통해 시민의 정치 참여를 장려하며, 인권·환경·보건·성차별 등의 특정 부문을 중점적으로 추구하기도 한다. 1863년 스위스에서 시작된 국제적십자사 운동이 효시로, 1970년대 초부터 UN이 주관하는 국제 회의에 민간 단체들이 참가해 NGO포럼을 열면서 'NGO'라는 용어가 널리 사용되었다. NGO는 입법·사법·행정·언론에 이어 '제5부(제5권력)'로 불리며, 정부와 기업(시장)에 대응하는 '제3섹터'라는 용어로도 쓰인다. 자율·참여·연대 등을 주요 이념으로 하며, 활동 영역에 따라 인권·사회·정치·환경·경제 등의 분야로 나눌 수 있다. 대표적인 NGO로 '세계자연기금(WWF)', '그린피스(Greenpeace)', '국제앰네스티(AI: Amnesty International)' 등을 들 수 있다. 한국의 경우 1903년 설립된 YMCA와 1913년 안창호가 설립한 홍사단이 국내 최초의 NGO이며, 1987년 6·10 민주 항쟁과 6·29 민주화 선언을 거쳐 민주화 세대를 비롯한 비판적 지식인들이 시민 운동에 참여하며 시민 단체로서의 다양한 NGO가 결성되기도 하였다.[2]

다음으로 NPO(Non Profit Organization, 비영리 기구)는 제3섹터 또는 시민 사회 조직이라고도 한다. NPO는 국가와 시장 영역에서 분리된 제3영역의 조직과 단체를 통칭하는 포괄적 개념을 가진 말로, 이윤을 추구하지 않는 영역에서 주로 활동하는 준공공(semi-public) 및 민간 조직을 가리킨다. NPO와 유사한 용어로는 NGO(Non Governmental Organization)가 있다. 두 용어는 동일한 개념으로 사용되기도 하지만 NGO를 NPO에 속하는 하위 개념으로 보기도 하는데, 일반적으로

---

2 [네이버 지식백과] NGO (시사상식사전, pmg 지식엔진연구소).

NGO는 NPO 중에서 인권·환경·여성·소비자 운동과 정치 개혁 등의 문제에 초점을 맞추어 주로 개발 도상국과 국제사회를 무대로 활동하는 비정부 기구를 지칭하는 용어로 사용되어 왔다. 그 밖에 조직 활동과 업무관리에 있어 활동가가 자발적으로 참여할 수 있어야 하고(자발성), 조직구성원의 공동 이익을 추구하고 공공의 목적에 봉사해야 하는(공익성) 등의 특징을 지니고 있다. NPO는 단체의 활동 성격에 따라 크게 서비스형 단체와 보이스형 단체로 분류할 수 있다. 서비스형 단체의 주요 활동은 복지, 교육·연구, 예술 및 문화, 건강 및 보건, 상담 등의 유형·무형 서비스 제공이고, 보이스형 단체의 주요 활동은 소외 계층 권익 옹호, 여성, 인권, 환경, 소비자 권리 보호 등 사회 문제 해결과 정치 개혁, 경제 정의를 위한 사회 운동, 계몽, 시민 참여, 대안 제시, 정부의 정책 또는 입법 활동에 대한 감시와 비판 등이다.[3]

  NGO와 NPO의 차이점에 대해 다시 살펴보도록 하자. NPO와 NGO는 영리를 목적으로 하지 않다는 데서 동일함을 갖는다. 그런 각도에서 NGO는 크게 NPO에 속한다 볼 수 있다. 하지만 규모 면에서 NGO는 국제적인 영향력을 가질 때가 많으며, NPO는 지역적인 일들에 주로 관여되어 있다. 예를 들어 국제적 위상을 가진 그린피스, 유니세프, 월드비전 등은 NGO라 볼 수 있으며, 보다 국내적인 일에 국한되어 있는 사랑의 열매, 어린이재단, 굿네이버스 등은 NPO로 분류될 수 있을 것 같다. 최근 우리나라에선 NGO는 보다 정치적이고 이념적인 일에 관여하는 기구로 생각되는 반면, NPO는 이런 정치적 색채가 덜한 예술, 문화, 교육, 보건, 복지 등에 관련된 일을 하는 기구로 언급되기

---

3   [네이버 지식백과] NPO [Non Profit Organization] (두산백과).

도 한다. 그러나 이 둘은 차이점보다도 유사성이 더 많은 바 이 글에서 NGO라 할 때엔 양자를 포괄하는 개념으로 볼 필요가 있다.

오늘날 우리 한국교회는 교회 밖으로부터 사회적 책임과 공공성에 대한 강한 요구를 받고 있다. 교회 재정의 투명한 사용에 대한 바람은 NGO를 통한 교회의 사회봉사 필요성에 대한 요구로 이어진다. 이런 NGO 봉사를 통해 교회의 봉사가 보다 전문성을 띠기를 바라는 것이다.

작금의 시장 경제 체제는 도덕적 제동이 없다면 곧 사사로운 이해관계에 따라 약육 강식의 투쟁이 벌어지는 정글과 같이 되는 바, 이에 대한 시민 사회의 각성과 결사가 요청된다. 물론 이와 같은 지나친 경쟁 구조를 정부의 권력이 제어하기도 하지만, 정부가 그 권력에 너무 집착하게 되면 독재적 전체주의가 될 위험이 있으므로, 이에 대한 시민 사회나 NGO의 꾸준한 감시가 필요한 것이다.

이에 있어 NGO는 크게 두 가지의 주요 기능을 갖게 된다. 먼저는 시장 경제 속에서 경쟁에 뒤처진 어려운 사람들에 대해 서비스하는 일이며, 다음은 지나친 경쟁 구조와 권력의 확장에 대해 비판의 목소리를 내는 것이다. 이에 교회는 이런 일을 하는 NGO들과 협력하여 정치 세력과 야합하거나 기업과 결탁함이 없이 공공 서비스와 사회 개혁의 일을 확장해 나가야 할 것이다.[4]

---

4 조성돈, 정재영, 『시민 사회 속의 기독교회: NGO를 통한 선교와 교회』(서울: 예영커뮤니케이션, 2008)을 참조함.

5. 기독교 NGO들의 활동과 공공신학

최근 대한예수교장로회 총회(통합 측)는 2022년의 총회 주제를 "복음으로, 교회를 새롭게 세상을 이롭게!"로 정했다. 제106회기 총회의 총회장의 직임을 수행하게 되는 류영모 목사는 공적 복음의 의미를 살려, 교회들이 공공적 책임에 앞장서야 할 것을 강조하며 이와 같은 주제를 정한 것이다. 이에 필자가 원장으로 일하고 있는 총회한국교회연구원에선 이 같은 주제에 대한 연구를 진척하며 두 권의 책을 만들려는 중인 바, 그 중 한 권이 『공적 복음과 공공신학』이다.

오늘날의 한국교회는 이전 신앙의 선배들의 좋은 평판을 많이 잃어버리고 있다. 한국의 교회는 지난날 한국 근대의 개화기에 많은 역할을 하였으며, 항일운동, 대한민국의 건국, 국가의 민주화와 세계화에 혁혁한 공헌을 하던 교회였으나, 요즈음에 와서는 그 역할이 상당히 위축되어 있는 상황이다. 이에 본 교단 총회는 한국교회가 이전과 같이 사회에 신뢰를 얻어내는 교회가 되어야 할 필요성을 인식하고 이를 타개하려고 위와 같은 주제를 정한 바, 그런 방향의 노력들을 모든 개신교 교단들이 동일하게 하고 있는 중이라 생각한다.

이에 있어 공적 복음, 공적 신앙, 공공신학, 공적 선교 등의 개념들은 서로 상관되는 것으로, 우리는 복음의 공공성을 위해 더욱 심사숙고할 필요가 있다. 특히 '공공신학'(public theology)이란 단어는 최근 한국 신학자들 내에서 많이 회자되었던 말이다. 공공신학이란 학자에 따라 그에 대한 정의가 상이한데, 사적인 신앙 및 신학과 상대되는 개념으로 생각하면 될 것이다. 우리는 기독교의 복음을 사적인 영역에만 머물러 있게 해서는 안 된다. 그 복음은 그런 사적인 영역뿐 아니라 이 땅에 하나님의 나라를 건설하는 공적인 일에 일조해야 한다. 기독교의 복음은 사람이 변하게 할 뿐 아니라, 온 인류를 새롭게 하며 사회와 정치를 변혁하는 공적인 영역에서도 힘을 가지고 있음을 우리는 믿고 있다.

우리는 예수를 믿지 않는 교회 밖의 사람들도 하나님 나라의 일원으로 초대할 필요가 있으며, 그들에게 복음의 내용을 설명함을 통해 그들이 이 복음을 이해하고 성령의 능력 안에서 복음을 깨달아 회개하고 믿음을 갖게 될 수 있도록 설득하고 전도해야 하는 것으로, 우리는 이런 노력들로 인해 기독교 선교의 가능성이 확장될 것이라 확신한다.

이런 각도에서 공공신학은 기독교인과 비기독교인 모두가 기독교 윤리적 원리를 공동으로 사용할 수 있다고 말하는 바, 우리는 그런 도덕을 공동 도덕(common morality)이라 부르기도 한다. 물론 비기독교인들이 신앙에 기반한 기독교 윤리의 모든 내용을 속속들이 이해한다고 볼 수는 없지만, 그들로 이성을 가진 자연인들도 기독교인들과 윤리적 원리를 공유할 수 있을 것이라 보는 것이다. 일례로 기독교 윤리에선 살인하지 말 것과 간음하지 말 것을 강조하는데, 이러한 십계명의 명령들을 비기독교인들이 받아들이는 데에도 큰 문제가 없을 것이라 생각한다. 기독교의 윤리적 체계들은 하나님이 창조하신 인간의 본질에 바탕을 두는 것으로, 동일한 하나님의 피조물인 교회 밖의 비기독교인들에게도 이런 인간의 자연 본성에 뿌리를 둔 윤리적 규칙들이 동일하게 적용될 수 있다는 것이다.

오늘 우리 신자들은 교회 안에 휩싸여 있는 게토화된 그룹으로 점점 분리되어 가고 있다. 교회 밖의 사람들이 이해할 수 없는 우리만의 용어들을 가지고 대화함으로, 교회 밖의 사람들은 우리가 말하고 생각하는 것이 무엇인지 점점 모르게 되는 것 같다. 우리는 우리의 신앙의 말들을 잘 알고 있지만 교회 밖의 사람들을 우리가 하는 말을 잘 모르는 외국어같이 듣고 있는 현실이 된 것이다. 이에 먼저 우리는 교회 밖의 사람들이 알 수 있는 말로 풀어 이야기할 필요가 있으며, 이를 통해 그들을 주님의 백성이 되게 하는 길을 쉽게 할 필요가 있다고 생각한다. 물론 신앙의 내용을 신앙이 없는 사람들에게 풀어 이야기하는 일이 어렵고 거의 불가능한 일이라 할지라도, 우리는 성령의 능력과 복음의 지혜로 이 복음을 교회 밖의 사람들에게 들려주기 위해 최선을 다하는 자들이 되어야겠다.

이전 로버트 슐러(Robert Schuller)라는 미국의 목회자가 있었다. 캘리포니아의 수정교회의 담임 목사였는데, 복음의 내용을 비기독교인이 이해하기 쉬운 말로 표현하기에 애썼던 분이다. 예를 들어 그는 기독교의 신앙을 일면 '적극적인 사고방식'(possibility thinking)이라고 말하곤 하였는데, 그의 이 같은 노력은 많은 사람들이 주님의 백성이 되게 하는데 일조하였다. 우리는 이 같은 슐러의 노력이 복음의 내용을 왜곡시키거나 희석시키는 것이 아닌가 질문할 수도 있겠지만, 이 같은 노력을 통해 복음의 의미가 잘 전달되어 그들이 주님의 백성이 되게 할 수 있었다면 그것은 나름의 소중한 의미를 갖는다고 볼 수 있다.

더 나아가 오늘에 있어 공공신학에 대한 관심은 교회의 공적 책임에 대한 관심과도 연결돼 있다. 그 같은 교회의 공적 책임 구현은 교회 헌금의 적합한 사용과 긴밀히 연결되기도 한다. 교회 헌금이 몇몇 교인들에 의해 쓰임새가 결정되어 일부의 사익을 위해 쓰이고 있다면 그런 교회를 우리는 공공적 교회로 부르기 어려울 것이다. 오늘의 시대는 교회의 정의롭고 투명한 재정 사용을 요청하고 있음을 우리는 인식해야 할 것이다.

6. 공공신학으로서의 마을목회와 복음 전도

우리의 복음 전도는 사회봉사의 일과 분리되어 있는 것이 아니다. 우리가 전하는 복음이 공적 복음이 될 때, 사회는 교회를 더욱 신뢰하게 될 것이며 복음의 광채가 더 드러나게 될 것이다. 하나님의 말씀을 전하는 복음 전도는 '복음 전도'고, 이웃 사랑의 사회봉사는 '사회봉사'라고 이원론적으로 생각할 때가 많은데 그렇지 않다. 복음 전도가 사회적 행동이며, 사회봉사가 하나님의 사랑을 나타내는 복음 전도의 일이 된다. 하나님의 진정한 사랑으로 이웃을 사랑할 때 하나님의 복음이 그들의 마음에 박히게 된다. 우리가 하나님의 복음을 사람들에게 전하는 것은 그들을 진정 사랑하기 때문으로, 그것은 그들을 위한 봉사의 일로 확산될 수밖에 없다. 이와 같이 복음 전도와 사회적 행동 모두가 하나님을 향한 우리의 헌신이 된다. 주님의 깊은 은혜에 빠지면 빠질수록 우리는 이웃의 고통을 외면할 수 없는 것이다. 남을 위한 사랑의 행동을 할 때 그것을 통해 주님이 말씀하신다는 것을 우리는 느끼게 된다. 그것은 우리로 하여금 찬양케 하며, 기도하게 하고, 다시 주님의 말씀을 느끼게 하고, 행동하게 하는 것으로, 그러한 예배 중심적 하나님의 선교를 우리는 오늘의 시점에서 다시 명찰해야 할 것이다.

기독교의 핵심 과제는 사람들로 하여금 예수 그리스도를 주로 믿어 구원받게 하는 데 있다. 그들로 하여금 인간의 유한함과 죄인 됨을 깨닫게 하여 회개함으로 주님을 구주로 받아들여 영생을 얻게 하는 것이 기독교 선교의 목적이다. 그러나 이들의 영혼이 죽어 천국에 들어가는 것과 함께 소중한 것이 있는데, 그것은 오늘의 삶 속에서 하나님의 나라를 구현하는 것이다. 하지만 이런 하나님의 나라를 이 땅에 선취하는 일도 주님에 대한 믿음을 통하지 않고는 가능하지 않음을 성경은 강조한다. 주님의 성령이 역사하지 않고는 우리는 진정된 회심을 할 수 없다.

문제의 핵심은 교회의 사회봉사가 영혼 구원을 위한 복음 전도와 양립할 수 있는가 하는 것이다. 교회가 사회봉사의 일에 주력할 때 복음 전도에 대한 열정은 식을 수밖에 없으며, 그들 영혼의 근본 문제에 대해서는 소원해질 수밖에 없다는 주장들이 있다. 복음을 우선적으로 전해야 한다고 말하는 사람들은 사회봉사가 진정 주님의 말씀을 받아들이는 데에 방해가 된다고 말하며, 오히려 봉사의 사역보다 복음을 제시하는 일을 위해 전력해야 한다고 주장한다.

여기서 우리는 질문해보게 된다. 사회봉사 등을 배제하고 복음 전도만을 우선으로 하는 선교 전략이 좋은가, 아니면 사회봉사를 통해 그들과 관계를 형성하여 교회로 그들을 불러들이는 것이 더 효과적인가 하는 것이다. 길거리에 있는 사람들에게 구원의 교리를 적은 전도지를 주고 성경을 주어 그들로 하여금 예수님을 믿게 하는 길이 더 빠른 구원의 길인지, 아니면 먼저 그들에게 도움을 주면서 하나님의 사랑을 그들로 하여금 체험케 하는 것이 전도의 방법으로 더 효율적인지에 대한 것이다.

복음을 제시하여 비기독교인들을 교회로 나오게 하는 확률이 높은가, 아니면 그들을 진정으로 섬김으로 교회에 나오게 하는 확률이 더 높은가 하는 문제다. 물론 이 일을 잘 파악하기 위해서는 교회에 나오게 된 동기에 대한 설문 조사가 필요할 것이나, 먼저 복음에 대한 제시를 받고 교리를 받아들여 교회에 나와 신자 생활을 시작한 사람의 비율은 높지 않으리라 추측된다. 사실 오늘날 한국의 교회에 다니지 않는 많은 사람들도 교회의 교리에 대해 어느 정도 알고 있다고 보아야 할 것 같다. 워낙 주변에 예수 믿는 사람들이 많아 기독교 교리의 핵심 내용 정도는 많이 알고 있는 것이다. 그렇게 그들이 교리를 알고 있음에도 교회에 잘 나오지 않는 것은 그런 교리의 인지가 그들을 교회 나오게 하는 데에 결정적인 영향을 미치지 않는 것임을 알게 된다. 그들은 이미 기독교의 교리를 들은 적이 있는 바, 그 교리가 그들에게 신빙성을 주지 못하고 있으며, 이에 교회 나갈 필요성을 느끼지 못하고 있는 것이다.

비기독교인들로 하여금 교회에 다녀 예수를 믿게 하는 최선의 길은 무엇인가? 일단 그들에게 먼저 복음을 제시하여 복음에 관심을 갖게 하면 그들이 교회에 다니게 될 것이라는 주장과, 그들을 하나님의 사랑으로 사랑하게 되면 그들이 감동을 받아 교회에 관심을 갖게 되며 이런 관심이 그들로 하여금 교회에 다니게 한다는 두 가지의 주장이 가능하다. 복음 제시의 전도를 먼저 하느냐, 아니면 주님의 사랑으로 그들을 섬겨 그들을 교회로 나오게 하는 것이 더 쉬운가 하는 질문이다.

전도를 하려면 교회 밖의 사람들과 소통하고 교제해야 하는데, 필자는 이를 위한 우선적인 방법이 교리를 가르치는 것이라고 생각되지는 않는다. 교리를 가르치는 적기는 그들이 어느 정도 교회의 일원이 된 다음 양육의 단계에서라고 사료된다. 그들이 건성 기독교인이 되지 않도록 그들에게 복음을 제시하며 그들로 복음을 바로 믿게 하기 위해 교육이 필요하고, 그런 교육이 가능하려면 그들을 우선적으로 교회에 나오게 해야 할 것이다. 마을목회의 사례들을 모으면서 우리는 교회가 지역을 위한 섬김의 일을 열심히 할 때 성장하였음을 알게 되었다. 가능한 대로 먼저 그들에게 교회에 나오는 것을 강요하지 않고 묵묵히 봉사의 일을 하면 할수록 지역의 사람들이 교회에 들어와 함께 할 수 있는 확률이 높아짐을 파악하게 된 것이다.

그러면 사람들로 하여금 교회에 나오도록 하는 가장 큰 요인은 무엇인가? 필자는 그 이유를 일종의 관계 형성으로 말하고 싶다. 무언가 교회 내의 신자들과의 관계가 형성되어서 그들이 교회에 나오게 되는 경우가 많다는 것이다. 이에 중요한 것은 교회 밖의 사람들과 관계를 확대하는 것인데, 그러한 관계 확대를 위해 가장 효율적인 방법이 마을목회라고 필자는 생각하고 있다. 마을목회는 교회 밖의 사람들과의 접촉점을 많게 하는 목회 방식으로서, 교회 밖의 사람들이 교회 안의 일에 많은 관심을 갖게 하는 전도 방안이다.

이런 마을목회로서의 사회봉사를 하며 우리가 유념해야 할 일이 있다. 교회의 사회봉사를 말하는 학자들은 이구동성으로 기독교의 봉사의 진정성이 중요함을 강조한다. 교회의 봉사가 수혜자들을 교회로 인도하는 목적을 위한 수단이 될 때, 그 수혜자들은 교회 봉사의 진정성을 의심하게 된다. 오히려 봉사자의 그런 의도는 그들로 하여금 교회로부터 멀어지게 하는 결과를 낳기 쉽다. 교회가 사회봉사를 하며 그 일을 교인을 만드는 일과 결부하지 않으면 않을수록 그들을 교인으로 만들 공산이 더 크다는 말이다. 이 말은 어느 정도 이율배반적인 면이 있다. 교회가 대놓고 교인들을 얻으려 하기보다는 그저 순수한 마음으로 봉사를 할 때, 사람들이 교회로 나오게 하기 더 쉽다는 것이다. 어쨌든 그들을 교회로 나오게 하면 우리에게는 그들을 향한 복음 제시의 가능성이 더 커지게 된다. 그들에게 천국의 영생을 전달할 기회가 많아지게 되는 것이다. 교회의 복음 전도는 이렇게 하나님의 사랑에 따른 관계의 진정성으로부터 더 큰 가능성을 갖게 되는 것 같다.

7. '사랑마을 만들기'로서의 '마을목회'

이 같은 '마을목회 운동'을 이 세상 속에서 구현할 때, 교회 밖의 사람들과 함께하려면 공공신학적 입장에서 그 운동의 이름은 '사랑마을 만들기 운동'으로 하는 것을 추천하고 싶다. 이웃과 사랑의 정을 나누며 함께 살아가는 운동으로서의 사랑마을 만들기 운동은 마을목회의 개념과 연결되어 있는 것으로 사랑마을 만들기 운동은 오늘의 사회를 향한 좋은 대안적 운동이 될 수 있을 것 같다. 본 교단은 이 같은 '마을목회 운동'을 2017년부터 시작하여 2022년까지 5년간의 운동으로 정하여 현재 그를 위한 노력을 하고 있는데, 2021년부터 7년 곧 2028년까지 사랑마을 만들기 기도 운동과 함께 이 운동을 계속한다면 더 많은 결과를 얻을 수 있을 것이다.

이전 우리나라는 박정희 대통령 시절에 새마을운동을 벌인 바 있다. 그 운동의 장단점들에 대해서는 많은 말들이 있지만, 나라의 쇄신이 정치적 노력만으로 가능한 것이 아니며 정신적 변화와 함께해야 한다는 생각으로서의 이 운동은 우리 사회에 준 영향이 적지 않았다. 이 운동은 그 후 여러 변형된 형태로서 외국에 소개되어 동일한 운동으로 개진된 바도 있다. 마을목회 운동과 마을 만들기 운동 그리고 사랑마을 만들기 운동은 그 용어 속에 '마을'이란 단어를 공유하고 있다. 물론 이것들은 동일한 운동들은 아니지만 마을 공동체의 복리에 초점을 맞추고 있다는 공통점을 갖는다. 이에 지난날의 이 같은 운동들의 공과를 살피며 배울 점을 찾아내는 것도 우리가 하여야 할 일이라 생각한다.

이미 마을목회 운동이 여러 모습으로 우리 교회 내에서 구현되고 있는데, 이러한 마을목회를 보다 공공적 입장에서 사랑마을 만들기 운동으로 우리 사회 속에서 구현한다면, 마을목회 운동의 영역을 더 넓힐 수 있을 것이라 생각한다. 예전 우리 한국사회는 마을 단위로 서로 사랑을 느끼며 도우면서 사는 삶의 모습을 가졌었다. 그런 끈끈한 정이 있는 공동체적 삶을 오늘의 '사랑마을 만들기 운동'을 통해 재현할 때, 우리 사회는 보다 밝아지고 한 단계 성숙해지리라 믿는다. 이 운동이 기독교인들의 기도와 함께 계속되어 간다면, 우리 사회에 좋은 영향력을 미칠 수 있을 것이다.

2장

기독교
사회봉사 실천,
왜 해야 하는가?

기독교 사회봉사 실천, 왜 해야 하는가?

1. 사회적 목회와 사회적 선교

1) 선교의 정의

선교(mission)는 라틴어 동사 *mittere*(보내다, 파견하다)라는 단어를 어원으로 한다. 그리고 그 동사의 명사형인 *missio*는 '내보냄'(sending out)을 의미하는데, 그런 의미에서 선교는 하나님으로부터 특별한 목적을 위하여 부름을 입은 사람들이 그 목적의 성취를 위하여 보냄을 받은 것으로 정의될 수 있다.[1] 이 선교의 정의에는 크게 네 가지의 요소가 포함된다. 하나님과, 부르심을 받은 사람들의 모임으로서의 교회와, 보내심과, 그리고 그 보내심의 목적이다. 먼저 위의 선교의 정의는 선교의 주

---

1 이광순, 이용원, 『선교학 개론』 (서울: 한국장로교출판사, 1993), 18.

체가 인간이나 교회가 아니며 보내시는 하나님임을 강조한다. 기독교의 선교는 교회의 팽창을 목적으로 하는 교회의 선교이기보다는, 삼위일체이신 하나님의 선교(Missio Dei)이며 성령에 의한 선교인 것이다. 다음으로 하나님은 교회를 세상을 향해 보내신다. 교회가 세상을 위하여 보내심을 받는다는 것이다. 세상이 교회를 위해 존재하는 것이 아니라, 교회가 세상을 위해 존재한다. 하나님-교회-세상의 구도에서, 하나님-세상-교회의 구도로의 전환이 요청된다. 그러므로 교회의 확장만이 선교의 목적이 되어서는 곤란할 것 같다. 무엇을 위한 교회의 확장이어야 하는가가 중요하다. 그러기 위해 교회는 선교를 하며, 항상 하나님의 보내심의 목적으로서의 샬롬의 구원을 계속적으로 상기함이 필요하다. 하나님의 부르심과 보내심의 목적에 대한 탐구는 기독교의 구원론의 문제와 연결된다. 하나님은 어떠한 분이시며, 그 하나님의 구원이 의미하는 바가 무엇인지에 대한 개념은 우리 선교의 방향 정립과 직결되어 있다.

하나님께서 목적을 두고 부르신 사람들을 보내시는 일을 선교라고 정의할 때, 그 선교의 개념은 포괄적인 것이 될 수밖에 없다. 이에 20세기 들어 다양한 선교의 개념들이 전개되었다. 보쉬(David J. Bosch)는 이 같은 다양한 선교의 개념들을 그의 책 『변화하고 있는 선교』(*Transforming Mission*)에서 길게 다룬 바 있다.[2] 그 다양한 선교의 개념 중에 증거(witness), 봉사(service), 정의(justice), 치유(healing), 화해(reconciliation), 해방(liberation), 평화(peace), 복음 전도(evangelism), 교제(fellowship),

---

2   David J. Bosch, *Transforming Mission: Paradigm Shifts in Theology of Mission* (New York: Orbis Books, 1993), 349ff.

교회 개척(church planting), 상황화(contextualization) 등이 포함된다. 어떻게 보면 선교의 개념 가운데에 교회의 전 사역이 다 포함되어 있는 것 같다. 우리는 하나님의 선교의 다양성을 좁은 정의로 환원하려 해서는 안 된다. 그러나 모든 것이 다 선교라면, 선교는 아무 것도 아닌 것이 되고 만다. 그러므로 우리는 동시에 위의 범선교주의(panmissionism)를 경계하며, 선교의 의미를 좁혀 정의할 필요가 있을 것이다. 1950년대에 와서 선교의 개념이 호켄다이크(Johannes C. Hoekendijk)에 의해 케리그마(선포), 코이노니아(교제), 디아코니아(봉사)의 측면을 포괄하는 말로 정의된 이래, 선교는 복음 전도라는 좁은 정의를 넘어서 통전적인 개념을 갖추게 되었다. 하나님의 복음을 안 믿는 자들에게 증거(witness)하며 선포(proclamation)하고, 그들을 교회로 불러들여 상호 교제(fellowship)를 나누며, 그러한 친교 가운데에서 이웃과 사회를 위해 봉사(service)하는 삶을 살게 하는 것이 선교라는 것이다.[3] 이후 선교의 개념 속엔 케리그마, 코이노니아, 디아코니아뿐 아니라, 디다케와 레이투르기아의 개념들이 덧붙여졌는 바, 선교가 교회가 담당하는 목회의 전 사역으로 확대된 듯한 인상을 주게 되었다.[4]

지난 세기의 선교 개념의 확대를 통하여, 선교는 교회의 전 목회 사역에 걸쳐있는 일이 되었는데 이에 대한 나름의 설명이 필요할 것 같다. 먼저 우리는 기독교의 선교를 교회가 하는 전 목회 사역과 분리하여 생각해서는 안 될 것이다. 교회의 교육과 양육(nurture), 예전, 상담, 봉사 등의 전 사역은 교회가 하는 선교의 일과 직간접적인 연관을 가지

---

3 이광순, 이용원, 『선교학 개론』, 168.
4 D. J. Bosch, *Transforming Mission*, 511-512.

고 있다. 그것과의 직접적인 연관이라는 차원에선, 그러한 교회의 전 사역이 선교의 개념 속에 포괄되어진다. 그러나 간접적인 연관이라는 입장에서 볼 때, 그러한 교회의 사역들은 선교의 일과 구분된다. 이에 있어 우리는 교회의 일에서 선교만이 중요하고 나머지는 중요하지 않다고 말할 수 없다. 선교 외의 여타의 사역들도 교회를 위해서는 없어서는 안 될 귀중한 일들이다. 전통적으로 신학자들은 선교를 복음 전도(evangelism)로서 국한하여 정의하여 왔다. 보쉬는 복음 전도를 정의하면서, "그리스도를 믿지 않는 자들에게, 그들이 회개하고 회심할 수 있도록 부르고, 죄의 용서를 선포하며, 지상에 있는 그리스도의 공동체의 살아있는 구성원들이 되도록 하며, 성령의 능력 안에서 다른 사람들에 봉사하는 삶을 시작하도록 초청하는, 그리스도 안에 있는 구원에 대해 선포하는 것"이라고 하였다.[5] 선교의 사역의 중심(center)이나 핵심(core)은 복음 전도이나, 교회의 여타의 사역들로서의 교제 및 봉사의 일과 깊은 연관을 가지고 있어, 그러한 요소들을 선교의 사역과 분리하여 생각할 수 없는바, 그것들은 선교의 적극적인 구성 요소로서의 위치를 점하고 있다. 그러나 우리는 선교를 말할 때, 복음 전도를 중심적인 것으로 보아, 여타의 요소들을 이와의 관계에서 해석하고자 노력하는 것이 필요하다.[6]

앞에서도 언급한 바와 같이, 선교의 개념은 기독교의 구원의 개념과 밀접한 관계를 가지고 있다. 구원의 개념이 넓어지면 선교의 개념도 넓어지고, 구원의 개념이 좁아지면 선교의 개념도 좁아지게 마련이다. 기

---

5 위의 책, 10-11.
6 서정운, "선교 신학에서 본 사회봉사," 『사회봉사의 신학과 실천』, 이삼열 편 (서울: 한울, 1992), 41-43.

독교의 구원을 내세적인 영혼의 구원으로 볼 때, 선교의 개념은 영혼 구원의 좁은 영역에만 국한된다. 그러나 구원이 인간의 영혼의 구원뿐 아니라, 육의 구원, 더 나아가 사회에 대한 책임 및 구원, 만물이 구원이라는 개념으로 확대되면, 그에 따라 선교의 영역도 넓어지게 된다. 전통적으로는 선교를 인간의 영혼을 구원하기 위한 말씀의 선포와 복음 전도에 국한하였다. 그러나 이후 확대된 선교의 개념 속에는 이 땅의 하나님 나라의 건설로서의 사회적 구원의 개념이 포괄되었다. 기독교의 구원엔 영의 구원과 함께 육의 구원이 포함된다. 또한 기독교의 구원은 개인 구원뿐 아니라, 사회적 구원의 의미도 담겨져 있다.

2. 개인 구원과 사회 참여에 대한 사이더(Ronald Sider)의 견해

오늘 기독교가 사회봉사를 어떻게 할 것인가를 정하기 전에 먼저 검토하여야 할 일은 복음 전도와 함께 교회가 사회에 참여하고 사회봉사하며 사회를 변혁하는 일을 할 필요가 있느냐에 대한 것이다. 이 문제가 먼저 선결 안 된다면 우리가 굳이 사회봉사의 방법과 과제에 대해 골몰할 이유가 없을 것이다. 이에 있어 미국의 중도 보수에 속한 신학자 사이더(Ronald Sider)는 이 같은 개인 구원과 사회 구원의 관계에 대해 설명하면서, 그 내용을 네 가지로 분류한 바 있다.[7] 필자는 그가 주장하는 바의 내용을 아래의 표로 일단 정리해보았다.

---

7 Ronald Sider, *Evangelism and Social Action* (London: Hodder & Stoughton, 1993), 25ff.

<사이더가 말하는 개인 구원과 사회 구원에 관한 네 가지 모델>

	개인주의적 복음주의 모델		재침례파 모델	주도적 에큐메니칼 교회 모델	세속적 기독교인 모델
	우측	좌측			
대표자	빌리 그레이엄, 무디, 존스톤(A. Johnston), 맥가브란(D. McGavran), 세대론자들, 휘튼 선언(1966)	존 스토트 (J. Stott), 로잔 언약 (1974)	재침례파, 요더(J. Yoder)	주요한 개신교 교파 교회들의 신학	일부의 해방 신학자 (J. Miranda), (민중 신학자)
일차적 관심	개인의 영혼 구원만을 강조, 구원을 개인주의적으로 이해	복음 전도 (일차적) +사회적 행동(이차적)	개인 구원과 교회 공동체의 구원을 강조	개인 구원과 사회 변혁을 동시에 강조	사회 구원에만 관심
강조점	개인의 의인과 중생만을 강조		교회 공동체의 구원은 말하지만, 사회적 관심은 없음	개인, 사회뿐 아니라 우주적 변혁을 추구함	초월적인 것을 인정하지 않음
비판	자유주의 신학의 낙관적 견해와 종교 다원주의 비판		사회 공동체에 대한 적극적 참여성의 결여, 분리주의적 태도		인간과 하나님과의 관계로서의 수직적 부분을 수평적 인간관계로 감축함
특징	구명선 신학: 가라앉는 배(세상) 버리고 구명선(교회) 타고 탈출			교회 공동체와 동시에 사회 공동체의 중요함을 강조	
인간과 사회관	비관적, 복음 전도는 강조하지만, 하나님 나라 구현에 미흡		인간의 공동체성을 강조, 사회에 대한 비관적 견해		인간과 사회에 대해 낙관적인 견해, 유토피아니즘이란 비판을 받게 됨
세상에 대한 태도	세상에 대해 무관심	사회적 관심을 가짐	세상에 대한 분리적인 태도		
사회 변혁	보수적 입장			개혁적 입장	혁명적 입장
사회 변혁의 방법	회심한 기독교인 개인을 통해 변혁	회심한 기독교인 통한 변혁	교회가 교회다우면, 세상이 그것을 보고 바뀐다.	법률의 개정 등의 제도적 참여를 중시함	
신학적 구분	교회적 신학 (ecclesiastical theology)		교회적 신학, 소종파적 경향	공적 신학(public theology). 교회 밖의 사람들과 협력, 제도적 교회 강조	급진적인 해방 신학 (radical liberation theology)
문제점	1) 성경의 구원 개념을 축소시킴 2) 인간의 공동체성 약화 3) 영육을 분리하는 일종의 이원론	사회적 관심이 부차적인 것에 지나지 않는다.	교회 공동체만을 배타적으로 강조		영적인 구원을 사회적 구원으로 감축시키려 함

그는 첫 번째로 개인주의적 복음주의 모델에 대해 말했는데 그 모델 내에는 두 개의 그룹이 있다. 보다 작은 우파 그룹은 선교가 배타적인 복음 전파에 의해서만 구성된다고 생각한다. 그러나 좌파 그룹은 복음 전파가 우선적인 일임에는 확실하지만, 복음 전파와 사회적 책임 양자가 모두 중요하다고 말한다. 좌파는 선교가 복음 전파와 사회적 행동 양자를 포괄한다고 생각한다.

소수파인 복음주의 모델 우파에 속하는 존스톤(Arthur Johnston)과 맥거브런(Donald McGavran), 빌리 그레이엄(Billy Graham) 등은 선교를 오직 복음 전도만으로 규정한다. 이런 모델에 있어 죄와 구원의 의미는 개인주의적인 것이다. 사회적인 죄로서의 경제적, 정치적 억압에 대해 말하기보다는 거짓말이나 간음 등의 개인적인 죄에 더 집중한다. 개인주의적 복음주의의 우파 모델에 있어, 복음이란 메시아 왕국으로서의 새로운 공동체를 구성하는 것이 아니므로 개인의 의인과 중생만이 강조된다. 1966년의 휘튼 선언은 복된 소식을 '개인적 구원의 복된 소식'으로 정위하고 있다.[8] 블러쉬(Donald Bloesch)는 구원을 영적이며 종말론적인 것으로 규정한다. 그는 "예수께서 정치적이며 경제적인 굴레에서라기보다는 죄와 사망에서의 구원을 전하기 위해 오셨다."고 하였다.[9] 이런 입장에 서 있는 20세기의 세대론자(dispensationalist)들 역시 사회적 관심은 중요하지 않은 것으로 여긴다. 우파의 신학자들은 예수 그리스도의 재림이 가까워질수록 사회는 점점 더 악해진다고 하며 사회의 문제를 방치한다. 이전의 부흥사 무디(Dwight L. Moody)도 이런 입장에

---

8 Harola Lindsell, ed., *The Church's Worldwide Mission* (Word: Dallas, 1966), 234.

9 Donald G. Bloesch, *Essentials of Evangelical Theology*, 2 vols. (San Francisco: Harper, 1978, 79), 56.

서 구명선 신학(life-boat theology)을 말한다. 세상과 같은 배는 포기하고 개인적 생명만을 구명선에 태워 구원할 것을 말한다. 그들은 이 세상과 우리의 삶은 영원한 삶에 비춰 볼 때 중요한 것이 아니라고 한다. 이들은 자유주의 신학에 대해 비판하였다. 자유주의(liberalism)자들은 이 세상의 뿌리 깊은 악의 실재를 보지 못하며, 이에 유토피아적인 생각을 가지고 있다고 그들은 비판한 것이다.

다음으로 존 스토트(John Stott)와 로잔 언약은 위의 좌파 그룹의 의견을 반영한다. 1974년 만들어진 로잔 언약에서 스토트는 선교가 복음 전파만으로 구성된다는 자신의 이전의 생각을 수정했다. 복음 전도(evangelism)와 사회 정치적 참여(socio-politcal involvement)는 하나이다. 물론 복음 전파가 우선적인 것이긴 하지만, 그와 함께 사회적 관심(social concern)은 선교(mission)에 역시 중요한 구성 요소라는 것이다.

이러한 개인주의적 복음주의 견해에 비판이 있어 왔다. 먼저 그들은 성경의 복음을 축소시키고 있다는 것이다. 성경 속에는 가난하고 억압받는 자들에 대한 정의의 실현이 강조되어 있다. 그러나 그들은 이에 대해서는 침묵한다. 둘째, 인간을 공동체적인 존재로 이해하지 않고, 하나의 개별적인 존재로 보는 것에는 많은 문제가 따른다. 인간은 사회적 존재로서 사회의 일에 대한 적극적인 노력이 요청된다. 개인적인 돌이킴이 사회적인 변혁을 자동적으로 보장하는 것도 아니다. 셋째, 영적인 것과 육적인 것을 분리하는 처사는 올바르지 못하다. 히브리적 사고방식은 정신과 물질을 구별하는 이원론이 아니며, 그 둘을 통전적인 것으로 생각하는 일원론에 입각하여 있다.

두 번째는 급진적 재침례파 모델이다. 그들은 개인의 구원과 함께 교회 공동체의 중요성을 강조한다. 그러므로 구원은 개인적임과 동시 사회적이다. 예수 그리스도께서는 개인적인 구원과 함께 교회 공동체의 구성이라는 사회적 구원의 내용을 우리에게 주셨다. 말씀으로 복음을 전하는 것이 전부가 아니며, 제자적 삶과 교회의 교제를 통한 복음적인 증거도 필요하다. 이들은 첫 번째의 모델과는 다르게, 복음과 구원을 개인주의적인 것으로만 이해하지 않는다. 그러나 그들은 자신들의 구원을 교회 공동체 내에서만 구현하려 하지, 그 구원을 사회 정치적인 내용으로 확산하여 이해하지 않았다. 요더(John Howard Yoder)는 "교회의 존재 자체가 사회 변혁을 위한 교회의 일차적 과제이며, 다른 사회 구조를 변화시키는 복음의 역사는 일차적으로 교회 공동체라는 사회 구조를 통해 야기된다."고 하였다.[10] 교회가 교회다우면 사회는 변화한다는 입장이다. 그들은 교회만이 진정한 공동체이고, 여타의 사회는 악한 것으로 보아 일체의 정치적인 참여를 거부하였다. 사회와 정치에 대한 참여는 오직 그들을 더럽게 할 뿐이라는 것이다. 예수 그리스도께서는 하나님의 나라, 곧 새로운 메시아 공동체에 사람들을 초대하셨지, 어떤 정치적인 조직체를 만드신 분이 아니시다. 오직 회개한 사람들이 따로 모여 일반 사회와 다른 공동체의 모습을 보여줌으로써, 그것을 보고 세상은 변화하게 된다고 그들은 설명한다. 이 이론은 교회가 사회와 아주 다른 모습으로서의 대안적 공동체가 되면 될수록, 사회의 변혁이 더욱 강하게 추진된다고 말한다. 이들은 직접적인 정치적 참여보다는 교회라는 분리된 대안 공동체의 형성을 중시한다. 그러나 이러한 관점은 사회에 대한 적극적이며 직접적인 관심과 참여를 약화시키기 쉽다. 오늘의 사회는 이전의 시대에서보다 많은 정치적인 참여를 보장하는 것으로, 이

10　John Howard Yoder, *Politics of Jesus* (Grand Rapids: Eerdmans, 1972), 153-157.

와 같은 소극적인 태도는 오히려 사회에 대한 기독교인들의 책임을 후퇴시킬 수 있다.

세 번째는 주도적 에큐메니칼 모델이다. 이 모델은 개인의 회심과 사회의 정치적 변혁 모두가 복음과 구원에 포괄되는 것이라고 주장한다. 우리는 개인과 사회 모두를 복음화시킬 수 있는 것으로, 사회를 악한 실재로 포기해서는 안 된다. 그러므로 구원은 개인적임과 동시에 사회적이다. 두 번째의 것과는 다르게, 사회적인 구원이 예수 그리스도를 주로 고백하는 구속된 공동체 속에서만 일어나는 것으로 보지 않는다. 그들은 교회 공동체의 구원뿐 아니라, 교회 밖의 공동체의 복음화, 곧 그 영역의 사회 정치적 변혁을 희망한다. WCC는 1973년 방콕에서 열린 '오늘의 구원'(Salvation Today)이라는 회의에서 "구원이란 베트남 사람들에게 있어서는 평화이며, 앙골라에서는 독립이고, 북아일랜드에서는 정의와 화해이다."라고 하였다.[11] 물론 WCC의 신학에 있어 개인의 회심이 배제되는 것은 아니다. 그것을 포함한 확대된 구원 개념이 강조되는 것이다. 그들은 사회 변혁의 문제는 한 나라의 영역에만 국한되어서는 안 되며, 전 지구적인 정치 경제의 차원에 대한 고려에까지 이르러야 한다고 말하였다. 이들의 죄에 대한 이해도 통전적이다. 그들은 죄를 개인적인 것임과 동시에 사회적인 것으로 이해한다. 이런 신학들은 에큐메니칼 그룹들에서 받아들여지고 있으며 주요한 개신교 사상으로 주장되고 있다. 이 주도적 에큐메니칼 교회 모델은 다음과 같은 세 개의 작은 그룹들로 다시 나뉘어진다. 자유적인(liberal) 그룹, 보수적인

---

11 Report from Section II, "Salvation and Social Justice," *Bangkok Assembly* (Geneva: WCC, N. D., 1973), 90.

(conservative) 그룹, 가톨릭(Roman Catholic) 그룹의 세 가지다. 자유적인 그룹은 개인적인 구원의 모습에 비해 사회적 구원의 모습을 부각시킨다. 일부 해방 신학자들이나, 쇼울(Richard Shaull), 메쎈(Emmanuel Mesthene) 등이 이 그룹에 속한다. 그들은 구원의 수직적인 면보다는 수평적인 면을 강조한다. 죄를 하나님과의 관계에서보다는 이웃과의 수평적인 관계로 이해하며, 구원의 해방적이며 기술적인 성격, 곧 사회적 구원의 성격을 강조한다. 쇼울은 신식민주의적, 제국주의적 자본주의의 종식을 구원의 우선되는 논점으로 생각하였으며, 메쎈은 기술적인 진보를 통해 세계적 빈곤을 퇴치하는 것에 기독교가 관심을 가질 것을 주장하였다. 이들은 말씀(words)에 의한 복음의 선포보다는 행동(deeds)과 실천의 중요성을 말한다. 다음으로 보수적 그룹의 신학자들은 복음이라는 말을 폭넓게 적용하여, 하나님과의 수직적인 관계와 인간과의 수평적인 관계를 모두 포괄한다고 한다. 풀러신학교의 학장인 마우(Richard Mouw)는 개인적인 면과 전 창조 질서 양자를 구원의 대상으로 말한다.[12] 마우는 예수 그리스도의 구원을 우주적인 것으로 이해한다. 사람들이 그리스도를 주로 고백할 때와 정의가 실현될 때 하나님의 구원이 발현케 된다. 하나님의 세상을 향한 구원은 예수 그리스도의 십자가상에서의 승리를 기반으로 한다. 하지만 이 세상에서의 정의의 실현을 통한 구원과 예수 그리스도를 통한 영생의 구원은 같은 것이 아니다. 이 입장은 수직적이며 수평적인 어느 한 구원을 다른 구원으로 환원시키려 하지 않는다. 가톨릭의 입장도 보수적인 타입과 비슷하다. 그들도 기독교의 구원을 폭넓게 정의하면서도, 구원의 개인적이며 초월적

---

12 Richard Mouw, *Political Evangelism* (Grand Rapids: Eerdmans, 1973), 13.

인 입장을 무시하지 않는다. 인간의 해방과 예수 그리스도 안에서의 개인적 구원은 연관되는 것이긴 하여도 서로 같은 것이거나 환원될 수 없다는 것이다. 그러나 보수적 타입의 사람들과는 다르게, 그들은 이 세상에서의 정의의 실현을 통한 구원이 믿는 자나 안 믿는 자에게 동일하게 적용되는 하나님의 구원이며, 예수 그리스도를 통한 구원은 믿는 자에게만 적용되는 구원으로서, 하나님은 양면적인 구원을 내리시는 분으로 그들은 설명한다.

네 번째로 세속적인 기독교인의 모델이 있다. 이 모델에 있어 복음 전도는 단지 정치이며, 구원은 정의의 실현이다. 이 경우는 수직적인 구원의 측면이 무시된다. 죄는 이웃에 해를 입히는 것이지 하나님에 대한 범죄가 아니다. 하나님을 아는 것은 억압받는 자를 위한 정의를 추구하는 것 외에 아무것도 아니다. 해방 신학자 미란다(jose Miranda)는 그의 책 『마르크스와 성서』(Marx and Bible)에서 위와 같은 입장을 취했다. 한국의 민중 신학도 이런 세속적 그리스도인의 입장을 취하고 있다. 이런 입장은 전통적인 신학에선 수용하기 어려운 신학으로 기독교의 초월적인 면을 많이 훼손하고 있다.

사이더는 위와 같이 네 가지 종류의 교회의 사회 참여 모델을 설명한 후, 다섯 번째로 자신의 입장을 다음과 같이 정리하였다.[13] 사이더는 이것을 '성육신적 하나님 나라 기독교'(incarnation kingdom Christianity)의 모델로 제시한다. 사이더는 우선 복음 전도와 사회적 행동이 동일시되어서는 안 된다고 하였다. 그 둘은 통전적 선교(wholisitc mission)란 개념으로 통합되는 것이나, 서로 구별될(distinct) 것을 강조한다. 기독교

---

13 R. Sider, *Evangelism and Social Action*, 10, 159-186.

선교는 복음 전도와 사회적 관심이 예수 이름과 능력 안에서 하나 될 때 가장 효과적이다.[14] 교회는 이 두 가지의 일을 감당할 필요가 있다. 그럼에도 불구하고 사이더는 이 두 가지 중에 사회적 행동보다 복음 전도가 더 우선적으로(primary) 수행되어야 할 일이라고 하였다. 여기서 우선적이라 함은 가치적 차원에서 말하는 것이지, 시간적으로나 자원 투여의 차원에서 말하는 것이 아니다. 복음 전도가 우선적이란 말은 시간적으로 복음 전도를 먼저 하고, 사회적 행동을 나중에 하라는 것을 의미하지는 않는다. 또한 복음 전도가 우선이라는 말이 사회봉사보다 복음 전도를 위해 자원의 51% 이상을 투여하라는 말도 아니다. 그 둘에 대한 시간적 물질적 비중은 때에 따라 결정할 문제이다. 다만 이 지상에서의 삶보다 영원한 하나님 나라에서의 삶이 본질적으로 더 중요하다는 것이 사이더의 의견이다.

사이더는 복음 전도가 사회적 행동일 수 없으며, 사회적 행동이 복음 전도일 수 없다고 하였다. 그 둘은 서로 구별되어야(different) 한다. 그러나 분리되어서는 안 된다(inseparable). 복음 전도의 일은 사회적 행동의 일과 연결되지 않을 수 없으며, 사회적 행동은 복음 전파의 일을 더욱 용이하게 한다. 복음 전도를 통하여 그 사람이 예수 그리스도를 주로 고백하였다고 하여, 사회적 부정의에서 자동적으로 돌이키게 되는 것은 아니다. 그것은 또 다른 노력을 필요로 하는 것으로 그러한 일을 위해 각성과 행동을 향한 도전을 받을 필요가 있다.

이와 같은 사이더가 제시한 다섯 번째의 모델은 개인적인 영혼 구원

---

14 위의 책, 186.

에 우선적인 관심을 보인다.[15] 그것은 중보자 되신 예수 그리스도의 놀라운 소식을 나누는 것보다 더 긴급한 일이 없다고 한다. 유토피아적인 사회 참여 기획들은 사회 구조 깊숙이 있는 근본적인 죄악성을 보지 못하고 있다. 이 다섯 번째의 모델은 급진적 재침례파와 동일하게 예수 그리스도의 새로운 구속받은 공동체로서의 교회가 통전적 선교의 중심이 되는 것을 인정한다. 또한 주도적인 에큐메니칼 모델에서와 같이 정의, 평화, 창조의 보전에 대한 동일한 관심을 표명한다. 창조주가 가난한 사람들의 하나님도 된다는 성경의 진리를 무시하는 것, 또한 억압받는 사람들을 위해 정의를 추구하는 것에 실패하는 것은 기독교인으로서 불순종한 태도인 것이다. 성경이 말하는 죄와 구원에 대한 견해는 개인주의적인 것만이 아니다. 하지만 복음 전도를 강조한 역사적인 기독교의 강조점을 무시하는 것도 올바르지 않다.[16]

사회 문제에 대해서 관심을 가지고 있으나, 비교적 신학적으로는 보수적인 미국의 침례교 신학자 사이더의 의견을 앞에서 개진하여 보았다.[17] 필자의 입장은 사이더의 견해와 여러 면에서 비슷하나 다른 점도 있다. 먼저 복음 전도가 사회적 행동보다 우선적이라는 사이더의 견해

---

15 위의 책, 183-184를 참조함.
16 트뢸치는 그의 책 『기독교의 사회적 가르침』(*The Social Teachings of the Christian Churches*)에서 교회의 유형을 세 가지로 구분하였다. 교회 타입(church type)과 종파적 유형(sect type)과 신비주의(mysticisim)의 유형의 세 가지이다. 교회 타입의 교회는 사회에 책임적이며, 제도적 개선을 통해 사회를 개혁하려 한다. 이런 유형의 교회는 사회에 대한 직접적인 참여를 강조한다. 그러나 종파적 유형의 교회는 사회 제도를 악한 것으로 보아, 개선하기보다는 분리적인 적대적 입장을 견지한다. 신비주의 유형의 교회는 사회에서 분리되어 기독교를 내면화한다. 교회 타입의 윤리가 사회 제도를 중시하는 윤리라면, 종파적인 교회는 개인의 윤리 문제를 강조하고, 신비주의의 유형은 하나의 내면적인 윤리에 집착한다. 필자의 견해는 이러한 제 이론을 종합하는 데에 있다. 개인의 영성적인 측면, 개인적 행동의 변화, 그리고 그를 통한 사회 개혁에까지의 연결, 이러한 연속성 속에서 기독교 윤리가 추구되어야 한다는 것이 필자의 견해이다.
17 사이더는 신복음주의 라인의 신학자로서, 빌리 그레이엄 전도 운동에도 관계되었다.

에 필자도 동의한다. 개인의 근본적인 내적 존재가 변화지 않고는 사회가 변하지 않는다는 것이 필자의 입장이다. 회심과 영적인 변화가 없는 사회의 변화는 껍데기의 변화이며 공허할 뿐이다. 그러나 인간을 영과 육을 분리된 존재로 보는 것은 올바르지 않다. 성경과 히브리적 사고방식은 영과 육이 구별되는 것이기는 하나, 근본적으로 하나라는 일원론(monism)적 입장을 취하고 있다. 표피적으로 생각하면 영과 육의 문제가 분리되어 있는 것 같아도, 깊이 들어가 보면 그 둘은 서로 하나인 것을 알 수 있다. 사회의 개혁을 위한 일은 자연히 영적인 문제와 그 뿌리에 있어 연결된다. 또한 하나님을 사랑하는 일이 이웃 사랑과 연결됨이 없이 마무리되는 법도 없다. 이 중 하나에 궁극적인 가치가 있고, 다른 것은 하나의 잠정적인 가치를 갖는다고 말하는 것도 옳지 못하다.[18] 영적인 구원이 중요하므로 사회적 관심은 영적인 일에 자리를 양보할 수도 있다는 생각은 올바르지 않다. 그것은 하나를 가지고 다른 하나에 대한 책임을 회피하려는 태도다. 오늘의 삶에 대한 고려를 하지 않고 종말적인 삶의 의미를 측정할 수 있다는 말은 허위다. 또한 종말적인 기대를 무시한 채 오늘의 참 삶의 의미를 도출해 낼 수 있다는 생각도 무모하다. 저 세상은 이 세상에 연결되어 있고, 이 땅 위의 삶은 하나님 나라의 선취를 통해 저 세상의 삶으로 옮겨진다. 영과 육, 물질과 정신, 하늘과 땅, 믿음과 행함이 별개인 것처럼 보여도, 그 둘은 궁극에 있어 하나로 연결되어 있다. 물론 그것들은 서로 구별(difference)은 된다. 그러나 분리(separation)할 수 없는 것이다.

---

18 사이더는 영적인 구원만이 기독교의 구원(salvation)이라는 용어에 관련되어 있으며, 이웃과 사회에 대한 관심은 기독교가 말하는 구원의 개념에 포괄되지 않으며, 다만 하나의 사회적 정의(social justice)일 뿐이라고 한다. (R. Sider, *Evangelism and Social Action*, 213.)

하나님을 사랑하는 자는 이미 이웃을 사랑하는 일을 시작하고 있다. 이웃에 대한 진정한 사랑은 하나님에 대한 사랑을 질문으로 요청한다. 복음 전도의 일과 사회적 정의를 위한 일은 애초부터 나누어 생각할 수 없다. 참다운 영에 대한 관심은 사회적 관심에 대해 열려 있다. 사회적 문제를 관심에 두고 고심하는 자에 대한 진정한 대답은 하나님과 하나님의 나라이다. 그러므로 우리의 복음 전도는 동시에 사회적 개혁을 지향하는 것이라야 한다. 또한 신자의 사회적 행동은 복음 전도에 그 근거를 두어야 하는 것이다.[19] 사이더의 생각은 이원론(dualism)적 전제에 기반하고 있다. 필자가 제기하는 바는 그 둘을 처음부터 일원론적 입장에서 출발시켜야 한다는 것이다.

3. 교회가 하는 사회봉사의 당위성 문제를 다시 생각해봄

이 같은 사이더의 입장은 장로회신학대학교 총장으로 계셨던 서정운 총장이 주장한 통전적 선교의 입장과 닮아 있다. 전통적으로 신학자들은 선교를 복음 전도(evangelism)로서 국한하여 정의해 왔다. 이와 같은 복음 전도는 기독교 선교의 중심적 내용이지만, 그것은 교회의 여타의 사역들로서의 교제 및 봉사 등과 깊이 연관되어 있어, 그러한 요소들을 선교의 사역과 완전히 분리하여 생각할 수 없으므로 그것들은 선교의 적극적인 구성 요소로서의 위치를 점하고 있다.

---

19 이 부분에 있어서의 논의는 필자의 책, 『영성과 윤리』(서울: 한국장로교출판사, 1991)를 참조하시오.

이에 선교에 있어 복음 전도를 중심적인 것으로 보며, 여타의 요소들을 이 중심에 연관된 것으로 생각할 수 있다는 것이다. 서정운 총장은 선교를 M(mission)=E(evangelism)+N(nurture)+S(service)[S.S.(social service)+S.A.(social action)]+F(fellowship)라는 공식으로 표현했다. 사회봉사는 구제 등의 교회가 하는 사회 사업을 의미하며, 사회적 행동은 사회의 구조악, 제도 등을 개선하기 위한 사회 정책적 측면의 관여를 말한다. 그는 선교의 개념 속에는 복음 전도뿐 아니라 사회봉사 외의 여러 요소가 포함되어야 한다고 설명한다. 또한 이러한 요소들에 있어 어느 것이 우선(priority)적인 것인가라는 논의는 올바르지 못하며, 복음 전도가 선교의 중심(center), 핵심(core), 심(heart)이며, 나머지가 그 중심에 연관되는 것으로 보는 것이 바람직하다고 언급했다.[20]

이러한 서정운 총장의 입장을 우리는 다시 한번 음미해볼 필요가 있다. 개인주의적 복음주의 모델의 우파는 개인 구원만을 취하고 사회 구원의 의미를 버린다. 개인주의적 복음주의 모델 좌파는 이 둘을 다 포섭하나 개인 구원의 우월한 우선성을 강조한다. 에큐메니컬 그룹에 있는 메인 라인의 교회들은 이 둘 중 어느 것에 우선성을 두지 않고 양자를 동일한 강도로 강조한다. 이에 있어 서정운 총장은 양자 사이에 개인 구원의 우선성이 있다고는 말하지 않으며, 개인 구원을 위한 복음 전도가 중심이고 이 세상을 살리는 사회 구원은 그 중심에 연관된 원의 주변에 있는 것이라고 하였다. 이에 있어 한국의 합동측은 개인주의적 복음주의 모델의 우파와 좌파 사이 정도에 있으며, 통합측은 개인주의적 복음

---

20 서정운, "선교 신학에서 본 사회봉사," 『사회봉사의 신학과 실천』, 이삼열 편 (서울: 한울, 1992), 41-43.

주의 모델의 좌파와 에큐메니컬 그룹 사이에 있고, 기장의 민중 신학은 기독교의 초월성을 약화시킨 세속주의적 모델에 있음을 알 수 있다.

트뢸취는 그의 유명한 책 『기독교회들의 사회적 가르침』(*The Social Teachings of the Christian Churches*)[21]에서 교회의 유형을 세 가지로 구분했다. 교회 타입(church type)과 소종파 유형(sect type)과 신비주의(mysticism) 유형이다. 교회 타입은 사회에 책임적이어서 제도적 개선을 통해 사회를 개혁하려 한다. 이런 유형의 교회는 사회에 대한 직접적인 참여를 강조한다. 그러나 소종파 유형의 교회는 사회 제도를 악한 것으로 보아 개선하기보다는 분리적이며 적대적 입장을 견지한다. 신비주의 유형의 교회는 사회에서 분리되어 기독교를 내면화한다. 교회 타입의 윤리가 사회 제도를 중시하는 윤리라면, 소종파적인 교회는 개인의 윤리 문제를 강조하고, 신비주의의 유형은 하나의 내면적 윤리를 강조한다. 교회의 유형은 사회의 제도에 관심을 두고 그를 변혁하며 때에 따라서는 사회를 향해 자신의 의견을 나타내려 한다. 그러나 신비주의 유형은 그럴 필요 없이 기도만 하면 된다고 생각하는 입장이다. 이에 있어 필자는 신앙인으로서 사회 제도에의 관여함도 중요하고 기도하는 것도 중요하다고 생각한다. 필자는 이 양자 중 하나를 택하지 않고 모두를 통합하는 입장으로, '영성적 사회 참여'란 명제로서 그 같은 입장을 개진하기도 하였다. 우리는 개인의 영성적인 측면, 개인적 행동의 변화, 그리고 그를 통한 사회 개혁에까지의 연속성 속에서 이 문제를 다룰 필요가 있다. 우리나라의 교단들 중엔 신비주의적인 입장에서 사회를 위한 기도를 하는

---

21 Ernst Troeltsch, *The Social Teaching of the Christian Churches*, vol. I, II, trans. by Olive Wyon (Chicago: The University of Chicago Press, 1981).

것이 중요하다 강조하는 교단도 있고, 직접적인 참여와 제도의 개선을
하여야 함을 강조하는 교단들도 있는데 모두 다 중요한 입장들이다.
이런 보수와 진보의 교단들은 그 특징을 잘 살려 서로 협력하며 하나님
의 일을 이룰 필요가 있다. 트뢸취가 제시한 세 가지 유형을 정리하면
〈표1〉과 같다.

이에 있어 우리는 이러한 구도를 놓고 다시 한번 이 문제를 생각해보
게 된다. 기독교의 사회 참여의 유형을 여러 가지로 나눌 수 있겠으나,
그것은 대체적으로 두 가지의 내용으로 분류할 수 있을 것이다. 제사장
과 예언자로서의 교회의 역할이다. 교회는 예언자와 동시 제사장적 역
할을 할 필요가 있다. 예언자적 역할이란 사회에 대한 비판적 기능의 역
할로서, 사회 변혁의 기능이라고 볼 수 있다. 그러나 교회의 역할에는
예언자와 반대되는 제사장으로서의 역할이 있다. 제사장의 역할은 일
종의 보수적인 교회의 정치참여 유형으로서, 현존하는 사회 구조나 사
회 질서를 정당화시킴으로써 사회를 안정시키고 사회 통합을 가능하게
한다. 예전 한국교회의 진보적인 교단들은 사회 변혁의 기능을 강조한
반면, 보수적인 교단들은 사회의 안정과 통합을 통한 불안감의 해소에
역할을 하였던 것이다. 보수와 진보가 서로 비방하기도 하지만, 사실 그
둘은 모두 우리 사회를 위해 모두 필요한 역할이 있다고 볼 수 있다. 한
사회에 보수적인 안정 세력과 진보적인 사회 변혁 세력이 양립되어 긴
장 관계를 유지하며 견제하는 가운데에서 이 사회는 건전히 발전할 수
있다고 생각한다. 그러므로 우리는 보수와 진보를 상호 보완적인 관계
로 보는 시야가 필요하다. 구약성경에서 보면, 보수적인 역사관과 진보
적인 역사관이 서로 병치되어 있음을 알게 된다. 일명 역대기 사관과 신
명기 사관으로서, 역대기 사관은 제사장적 입장이, 신명기 사관은 예언

<표1> 트뢸취가 구분한 세 가지 유형

구분		교회 유형	소종파 유형	신비주의 유형
신학적인 특징들	은총/ 율법/ 체험	교회의 제도적 측면과 은총과 구속의 객관적 수단을 강조, 교리주의적이다	은총보다는 교회의 율법과 성경적 문자주의의 신앙을 강조함	예배, 교리, 역사적 요소 등의 형식보다는 개인적이고 내적인 경험, 무교회적인 경향을 강조
	속죄론의 입장	예수 그리스도의 돌아가심에서 속죄의 일이 완성되었다.	진정한 속죄는 예수 그리스도의 재림 시에 성취된다.	하나님과 우리의 영혼이 하나됨을 통해 성취된다.
	기독론의 입장	우리의 구원을 이루시는 구속주로서의 은총의 그리스도	신자가 복종할 대상으로서의 주님으로서의 그리스도	영적인 하나됨의 대상으로서의 그리스도
	종말론에 대한 입장	그리스도의 나라로서의 하나님의 나라: 세상 속의 하나님의 나라	미래에 올 하나님의 나라를 강조	하나님의 나라가 신자의 내면 세계 속에 있다.
	개인과 공동체	공동체의 보편성과 공동체적 구원을 강조	개인주의적 경향	공동체성의 상실
교회의 제도적 특징	교회 회원 가입	출생 시부터 교회의 구성원이 된다 (국가 교회의 형태). 상류 계급이 많이 참여	자발적 회원 가입, 중생과 회개의 경험을 강조, 저변층이 많이 참여	
	교회 제도	교회의 교직 제도 강화	집단의 조직이 산만한 편	
	포함되는 교단	가톨릭, 루터교, 개혁교회, 성공회	재세례파	퀘이커, 모라비안
사회 윤리적 특징들	주요 관계	제도 대 제도	사람 대 사람	사람 대 하나님
	방향성	수평적	수평적	수직적
	세상에 대한 태도	세상에 적응하여 타협(compromise)하는 경향, 자연법 강조: 타협의 윤리	분리주의적이며, 금욕주의적이다. 자연법을 포기함: 완전주의적 윤리	세상에 무관심, 자연법을 단념함: 비역사적 윤리
	사회 정책에 대한 태도	정치와 경제 등에 영향력을 행사함, 사회 정책에 긍정적	사회에 대한 책임 의식의 결여, 사회 정책에 부정적	정치 경제 등의 현실에 대해 무관심, 사회 정책에 무관심
	사회 윤리의 일례	정당전쟁론	평화주의	

자적 입장이 반영되어 있다. 필자는 보수적인 역대기 사관과 진보적인 신명기 사관을 비교하였다(표2 참조).

<표2> 역대기 사관과 신명기 사관의 비교

역대기 사관(신학)	신명기 사관(신학)
역대기적 역사서 (역대기상하, 에스라, 느헤미야)에 흐르는 사관	신명기적 역사서 (여호수아, 사사기, 사무엘상하, 열왕기상하)에 흐르는 사관
출애굽기 중심의 계약 법전 (Covenant Code)과 관련	신명기 중심의 신명기 법전 (Deuteronomic Code)과 관련
'계약 법전'의 본래 내용은 출애굽기 20장 23절- 23장 19절에 나타난다.	'신명기 법전'의 내용은 신명기 12-26장에 나타난다.
모세 전승(Mosaic Tradition)의 반영, 예언자적 전통	다윗 전승(Davidic Tradition)의 반영, 제사장적 전통
출 24장 7절, "언약서를 가져 백성에게 낭독하여..."는 말씀에서 '계약 법전'이란 말이 유래함	신 17장 18절의 율법서를 '등사'(복사)하였다는 말에서 신명기 법전이라는 이름이 유래함
유목 시대의 율법이다.	왕정 국가 시대(도시 국가 시대)의 법이다.
북왕국 전통 반영, 본래의 유목 생활 정신을 반영	남왕국 전통 반영, 농경 시대의 정신 반영
진보적인 역사관	보수적 역사관
개혁을 중시함	안정을 중시함
하나님과의 계약적 관계가 이웃에 대한 책임 유발	예루살렘 성전 중심의 의식화와 제도화 및 중앙집권화가 강화됨
하나님과의 직접적인 계약이 강조됨	정치 제도적 측면이 강화됨

이런 의미에서 보수와 진보의 양 진영은 투쟁의 대상이 아니며 대화의 파트너야 한다. 어느 시점에선 종교가 기존의 정치 세력을 지지해줄

필요가 있으며, 또 다른 시야에서 보았을 때는 비판하는 것도 필요하다. 그러한 시점에 대한 평가는 각자의 입장에 따라 조금 다를 수 있다. 어느 시점에서 인정하고 어느 시점에서 비판하는 것이 한국 사회의 안정과 변혁에 가장 효과적인가를 정하는 문제는 결코 단순한 일은 아니라고 생각한다.

우리는 선교를 개인 구원(individual salvation)+사회 구원(social salvation)이라는 두 개의 나누어진 것을 하나로 더하는 것으로 보아서는 안 된다. 사회적 구원 및 육의 구원은 그 내면에 영적인 구원의 문제를 담고 있다. 눈에 보이는 육의 구원으로서의 이 세상에서의 구원은 눈에 보이는 문제만으로 마무리되지 않으며, 눈에 보이지 않는 영성의 문제 및 영적인 구원과 깊이 연결되어 있다. 정치 경제의 문제는 그것 자체의 문제로 마무리되지 않는다. 그것은 문화와 정신의 문제, 신학과 윤리의 문제, 종교와 영성이 문제로 귀착되기 마련이다. 영이 없는 몸, 몸이 없는 영은 모두 공허한 허구다. 영적 구원으로서의 개인 구원과 사회적 실천을 중시하는 사회 구원은 이원적인 것들의 결합의 문제가 아니며, 깊이의 차원에서 연결된 것으로 보아야 한다. 선교는 복음 전도와 사회 선교(social mission)를 포괄한다. 전자는 말씀의 전파를 통한 개인 영혼의 구원을 강조하는 것이며, 후자는 말씀의 실천을 통한 사회봉사와 사회 변혁에 집중하는 것이다. 그러므로 사회봉사로서의 사회 선교는 그것의 깊이에 있어 영적인 복음 전도와 연결되어 있다.

해석학의 기본적 논점 중 하나는 텍스트와 컨텍스트를 연결하는 것에 있다. 본문이 있으면 그에 대한 맥락도 있다. 어느 한 대상을 탐구할 때 그것의 맥락이 존재함을 인식하는 것이 필요하다. 인간의 구원도 그렇다. 인간의 타락과 불행 또한 그 인간의 주변 환경과 무관하지 않다.

어느 한 인간의 구원을 사회라는 맥락에서 분리하여 말할 수 없을 것이다. 인간의 행복을 그 자신이 속한 사회와 분리하여 생각할 수 없다. 한 인간의 행복은 그가 몸담고 있는 사회와 환경에 대한 개선을 통해 강화된다. 한 인간의 사고와 생각 및 느낌을 아우르고 있는 언어적이며 사회적이고 생태적인 환경들이 그의 많은 부분을 지배하고 있다. 기독교 구원에서 이런 인간의 사회성이란 맥락이 강조되어야 할 것이다. 한 인간의 구원을 주변으로부터 독립된 것으로 보기보다는, 하나의 맥락적인 견지에서 접근하는 것 그 자체가 하나의 해석학적 견지라 생각한다.

4. 사회적 목회들(social ministries)과 사회적 목회(social ministry)

다음에서 우리는 미국 장로교 총회의 직원으로 있었던 헤셀(Dieter T. Hessel)의 사회적 목회(social ministry) 개념을 다시 한번 검토함으로써 사회 선교의 구체적 방향성에 대해 살피고자 한다. 헤셀은 사회적 목회라는 말을 사회적 목회들(social ministries)이라는 복수와 구별한다.[22] '사회적 목회들'로서의 복수는 목회의 일과 구별된 교회가 사회를 위해 봉사하고 노력하는 별도의 일들을 언급한다. 무료급식소, 교회의 복지관, 노인들을 위한 프로그램, 지역을 위한 의료 시설, 집 고쳐주기 운동 등 교회는 사회를 위해 이 일 저 일을 할 수 있다. 그러나 단수로서의 사회

---

22 Dieter T. Hessel, *Social Ministry*, revised edition (Louiseville: Westminster/John Knox Press, 1992), 8.

적 목회란 이런 일과는 다르다. 그 '사회적 목회'는 본질적으로 목회가 사회적인 것임을 강조한다. 이런 저런 사회봉사를 함으로써 목회가 사회적인 것이 되는 것이 아니라, 목회 자체를 사회적인 것으로 정위시키는 것을 강조한다. 교회가 사회적 봉사를 한다는 것과 목회 자체가 사회적이라는 말은 같은 것이 아니다. 사회적 목회'들'을 강조하는 목회자는 혹시 부족한 사회적 관심들이 없는가 하며 사회적인 행동들을 찾아 분주해진다. 그러나 본질적으로 사회적인 목회를 하는 자는 그와 같이 분주한 마음을 가질 필요가 없다. 왜냐하면 전 교회의 삶이 애초부터 사회적인 방향으로 정위되어 있기 때문이다. 사회적 목회는 사회봉사의 양으로 결정되지 않는다. 그것은 질의 문제다. 어차피 우리는 사회의 모든 일에 관여할 수 없다. 문제는 자신의 삶과 목회의 본질이 근본으로부터 사회 변혁적으로 연계되어 있음이 중요하다. 목회는 목회이고 사회봉사는 사회봉사로 구별되는 것이 아니라, 목회 그 자체의 일 속에 사회 정의를 향한 행동이 포괄되어야 한다는 것이 헤셀의 주장이다.

목회의 한 부분으로서의 선교의 일에 있어서도 마찬가지이다. 사회 선교는 선교에 부가되는 어떤 것이 아니다. 본질적으로 모든 선교는 사회적인 것이 되어야 한다. 사회 변혁의 문제와 연계되어 생각되지 않는 개인 영혼의 구원이란 충분한 것이 못된다. 사회 선교는 선교의 한 부분이 아닌 것으로, 오히려 기독교의 선교가 전체에 있어 사회적인 것으로 정위됨이 요청된다. 교회는 선교에 있어 개인의 영혼 구원의 문제를 정치, 경제, 사회, 문화, 교육의 문제와 연계할 수 있는 능력을 가지고 있어야겠다.

헤셀은 이전의 이원론적인 목회 방식을 극복할 것을 말한다. 영적인 발달과 사회 정의를 행하는 것 사이를 분리하는 것, 신앙의 개인적인 면과 집합적인 면을 분할하는 것, 교회를 양육하는 것과 사회를 개혁하기 위한 행동을 분리하는 것은 올바르지 않다.[23] 참다운 목회는 개인적인 동시에 정치적으로 행동적이며, 공감(compassion)과 함께 용기를 강조한다. 또한 경축(celebration)과 동시에 도덕적 요구를 한다. 사람을 초대하여 그리스도를 따르게 하며 아울러 사회를 변혁한다. 영적인 갱신과 사회 참여는 다른 것이 아니다. 복음을 증거하여 영혼을 구원하는 것과 하나님의 정의를 사랑하는 것은 서로 반대되는 극단이 아니며, 전체에 있어 하나이다.[24] 개인적인 경건과 사회적인 행동, 영성과 정치, 믿음과 행함, 관상(contemplation)과 투신(commitment), 기도와 행동, 하나님 사랑과 이웃 사랑, 영과 육, 종말과 역사, 수직적인 관계와 수평적인 관계, 하늘과 땅, 신앙과 해방은 우리의 목회에서 분리되어선 안 된다.

헤셀은 사회적 행동이 목회에 연결되어 있으며, 목회를 통해 배태되어야 할 것으로 생각하였다. 교회에서의 예배와 설교, 복음의 증거, 교회 교육, 교회의 행정, 목회적 돌봄과 상담을 통하여 이런 사회적 정의가 부각되고 실천을 향해 방아쇠가 당겨지는 것이 필요하다는 것이다. 교회의 목회는 일차적으로 하나님의 영광을 위한 것이어야 하며, 동시에 인간을 사랑하고 봉사하는 내용을 그 속에 담고 있어야 한다. 일례를 들어 오늘의 실업 문제에 대한 교회의 참여에 대해 생각하여 보자.[25] 이전의 생각들은 그 실업의 문제를 교회의 목회나 예배에 상관없는, 하나의 목회 밖의 부가적인 교회의 일로 생각하였다. 그러나 그 실업의 문제

---

23 위의 책, 24.
24 위의 책, 25.
25 환경에 대한 헤셀의 "사회적 목회"로서의 논의는, 그의 책 Dieter T. Hessel, ed., *For Creation's Sake: Preaching, Ecology & Justice* (Philadelphia: The Geneva Press, 1985)에 나타난다.

는 하나의 부가적인 일이 아니며, 목회에 접목하여 구현하여야 할 하나님의 일이다. 예배 시 실업의 문제를 걱정하는 기도문을 만들어 볼 수 있다. 성경 가운데에는 이러한 실업에 대한 심도 깊은 논의들이 얼마든지 많다. 성경의 말씀에 근거하여 실업에 대한 설교를 하는 것도 중요하다. 실업의 문제를 성경의 시각에서 해석하는 복음성가 만들기, 실업자들을 위한 헌금 등, 그러한 논의가 우리의 교회 내의 활동을 통해 수렴되는 것이 중요하다는 말이다. 예배는 예배이고, 사회적 행동은 행동이라는 생각으로 양자를 분리해서는 안 된다. 예배가 곧 사회적 행동이요, 사회적 행동은 예배 속에서 배태되는 것이다. 교회의 교육도 그렇다. 실업의 문제를 다루는 성경 공부 시리즈를 만들어 볼 수도 있다. 주일학교의 공과 공부를 통하여 인간의 경제 활동에 대한 기독교의 입장을 정리할 수도 있겠다. 교회의 행정도 교회만을 위한 교회 내적인 행동으로 국한되는 것은 옳지 못하다. 행정이란 사람과 재정을 목적에 맞게 조직하는 일이다. 우리는 교회의 재정을 관리하면서 대사회를 위한 쓰임에 관심을 두어야 한다. 헌금이란 하나님께 바쳐진 것으로서, 이는 이웃 사랑을 향한 하나님의 선물로 쓰이게 된다. 이와 같이 사회 문제를 예배 안에서 승화하고 예배를 통해 사회 문제를 향해 나아가는 것, 그것이 '사회적 목회'가 추구하는 바이다.

우리의 목회가 사회적 목회가 되어야 하는 것처럼, 우리의 선교는 사회적 선교로 정위될 필요가 있다. 선교의 일 중에 사회적 봉사의 일을 포함함으로써 사회적 선교가 되는 것은 아니다. 오히려 그 선교의 모든 일들이 사회 변혁의 문제와 애초부터 연계되어 전개됨으로써 그 선교는 사회적 선교가 된다. 우리의 복음 전도는 사회봉사의 일과 분리되어 있는 것이 아니다. 그런 의미에서 경제의 문제는 세속적인 영역 내에 머물러 있지 않다. 경제는 그것의 깊이에서 신앙의 문제 및 기독교의 구원의 문제와 조우한다. 경제나 경영(administration)을 말하는 헬라어 '오이코노미아'(oikonomia)는 하나님의 경륜(dispensation)이나 청지기직 (stewardship)라는 뜻도 동시에 가지고 있다. 하나님이 인간을 불러 그 자신과 함께 세상을 경영하는 방식이 경제로서, 그것은 인간이 하나님의 계속적인 창조활동에 참여하는 방식이다.[26] 그런 의미에서 하나님의 선교의 개념 속엔 자연히 경제와 실업과 같은 문제들이 포함될 수밖에 없다.

필자는 위와 같은 헤셀의 사회적 목회이론에 근거하여 목회의 한 부분인 선교에 대한 이론을 정립하고자 한다. 그리고 그러한 사회적 선교의 틀에서 오늘의 경제 상황 속에서의 교회의 선교의 방향에 대해 진단할 것이다. 선교는 목회의 일부로서 전체적 목회 사역과 긴밀한 관계를 갖고 있다. 이에 선교를 제외한 목회의 일들이 우리의 선교에 심대한 영향을 미치는 것은 당연한 일이다. 교회의 예배는 우리의 선교 전략에 있어 아주 중요한 부분이다. 목회자의 설교는 교회 성장과 밀접한 관계를 지니고 있다. 교회 교육, 교회의 재정 전략, 교회의 사회봉사에 대한 성실성 등은 교회의 선교와 성장에 영향을 주기 마련이다. 그러므로 우리는 선교의 문제를 논할 때, 교회의 전 사역의 차원에서 그 문제를 풀어나가는 자세가 필요하다. 교회의 여타의 사역에 무관심한 채, 선교의 일이 성공적으로 수행되는 길은 없을 것이다.

---

[26] 강원돈, "신학적 경제 윤리 형성을 위한 시론," 『기독교 신앙과 경제 문제』, 채수일 편 (서울: 한국신학연구소, 1993), 86.

5. 사회 선교와 복음 전도의 연계

사회 선교와 복음 전도는 이분화되지 않는다. 그리고 그 둘은 깊이의 차원에서 서로 하나이다. 우리는 사회적 선교에서 이러한 사실을 놓치지 말아야겠다. 사회봉사는 사회봉사이고, 복음 전도는 복음 전도인, 양자 사이에 상관이 없는 선교를 가지고는 온전한 선교에 이를 수 없다. 필자의 주장의 핵심은 이렇다. 우리의 사회적 봉사가 우리가 하나님께 드리는 예배로 해석되지 못하며 우리의 예배가 이웃에 대한 봉사로 이어지지 않을 때, 우리의 선교적 노력은 부족한 것이 된다는 것이다. 우리의 사회적인 봉사가 각 개인의 영적인 구원과 분리되지 않으려면, 처음부터 우리의 사회적 봉사가 영적인 면과 연대하고 있어야 한다는 것이다. 예배와 봉사의 하나 됨, 영성과 사회 변혁의 하나 됨, 하나님 사랑과 이웃 사랑을 하나로 하는 신앙-정의(faith-justice)의 통합 구조를 발전시킬 필요가 있다.

이를 위한 구체적인 방안은 다음과 같다. 먼저, 예전을 통해 하나님과의 심오한 만남을 경험한다. 둘째, 그러한 하나님과의 만남 속에서 이웃에 대한 관심을 강화한다. 셋째, 예배와 봉사의 하나 됨을 이룬다. 넷째, 이웃에 대한 복음 전도와 사회봉사의 구체적 고려를 증진한다. 다섯째, 이웃에 대한 구체적 사랑의 행동과 실천 중에서, 하나님에 대한 사랑의 손길을 다시 느껴본다. 여섯째, 그러한 복음 전도와 사회봉사가 기독교의 예배 속에서 다시 회상되고, 하나님에 대한 예배드림 안에서 승화된다.

곧 우리의 선교는 예배와 함께 출발되고, 예배와 함께 마무리되어야 한다는 말이다. 경배(헬라어 '프로스퀴네오')와 봉사(헬라어 '레이투르기아')

의 하나됨,[27] 기도와 노동의 하나 됨, 믿음과 행함, 영성과 행동의 하나 됨이 우리의 전 사회적 선교의 과정에서 견지되어야만, 우리의 선교의 통일성이 강화된다는 것이다. 본인은 이러한 입장의 견해를 '예배 중심의 사회적 목회'(a worship centered social ministry)나, '예배 중심의 사회적 선교'(a worship centered social mission)라고 부르고 싶다. 예배가 없는 봉사로는 사람들을 하나님에게로 이끌 수 없다. 그런 봉사로는 사람들을 영적인 깊이로 인도하지 못한다. 기도하는 마음으로 일해야 한다. 하나님께 예배드리는 자세를 가지고 이웃에 봉사하는 것이 필요하다.

여기서 예배 속에서 어떻게 이웃 사랑의 정신을 배태할 수 있으며, 사회봉사 중에 하나님에 대한 예배의 정신을 견지하고, 다시 그 사회봉사를 예배로 수렴할 수 있겠는가 하는 구체화된 방법적 문제가 대두된다. 먼저 예배의 사회 변혁적 차원의 의미에 대한 이해를 넓힐 필요가 있다. 일례로 우리의 성만찬은 예수 그리스도의 피와 살을 받는 영적이며 신비한 의미가 있음과 동시에 사회 변혁의 의미를 담고 있다. 우리는 빵을 나누며, 양식은 서로 나누어야 함을 배우게 된다. 상하귀천의 모든 사람이 한 자리에서 식사함을 통하여 인류가 모두 평등함을 인식케 된다. 또한 예수 그리스도의 희생의 의미를 기림을 통해, 우리도 이 사회에서 자신을 바쳐 헌신하여야 함을 느끼게 된다. 성만찬은 그리스도를 통한 우리의 구원임과 동시에 우리의 억압된 상황을 해방하는 능력이 되는 것이다.

---

27 헬라어 '프로스퀴네오'와 '레이투르기아'는 모두 예배를 의미하는 단어들이다. 전자는 경배한다는 뜻을, 후자는 봉사한다는 뜻을 가지고 있는 바, 전자는 하나님에 대한 예배의 수직성을, 후자는 이웃 사랑으로서의 예배의 수평성을 나타낸다. [노영상, 『예배와 인간 행동』(서울: 성광문화사, 1996), 93ff를 참조하시오.]

다음으로 우리의 사회봉사는 비신자들과의 접촉 기회를 확대함으로 전도의 길을 우리에게 더 넓혀준다. 사회봉사를 통해 교회는 교회 밖의 사람들에게 교회에 대한 좋은 이미지를 심을 수 있다. 비신자들은 교회의 사회봉사를 경험함으로써, 교회에 대한 접근이 더욱 용이해진다. 그들은 교인들의 봉사 안에 내재하여 있는 영성과 하나님에 대한 예배를 간접으로 경험하게 된다. 물론 이를 위해 교회의 사회봉사는 영성 안에서, 예배하는 분위기 속에서 진행되는 것이 중요하다. 교회는 지역 사회를 위한 여러 프로그램을 통하여 영성적 분위기를 그들에게 심을 수 있어야 한다. 사회 선교, 문화 선교, 교육을 통한 선교의 여러 분야들에서 교회는 기독교의 복음과 구원을 소개할 필요가 있다. 교회 봉사 프로그램을 통해 접촉된 자들을 위해, 교회는 기독교의 복음과 구원을 소개하는 책자를 주는 등 구체적인 방법을 사용할 수도 있겠다. 또한 그들을 교회의 예배에 초대하여 함께 교제하는 시간을 갖는 것도 필요할 것이라 생각한다.

사회적 목회의 실천을 통한 예배는 이전 예배와 다른 예배가 된다. 예배의 감격은 사회적 실천을 통해 더욱 고조된다. 예배에 의해 사회봉사를 바라보게 되고, 그러한 사회적 선교와 실천이 예배와 간증 속에서 다시 음미되며, 그것을 통해 우리는 더 큰 하나님의 은총을 맛보게 되는 것이다. 우리의 몸과 마음, 삶과 실천을 바치는 예배엔 하나님의 역사하심이 있다.

이러한 경축으로서의 예배엔 세 가지의 요소가 포함된다. 우선은 실천을 통한 기쁨을 예배 중에서 맛보는 일이다. 둘째는 실천 속에서 역사하시는 하나님의 은총에 대한 이야기를 서로 나누는 것이다. 셋째는 지난 실천을 통해 이웃 사랑과 사회 개혁을 향한 새로운 비전과 희망을 발견하는 일이다. 하나님의 은총을 기념하며 실천하고, 그 안에서 기뻐하며, 또한 그리스도 안에 있는 소망을 발견하는 것이 우리의 예배 중에서 일어난다. 우리의 사회적 선교는 예배에서 싹이 트고 예배 안에서 열매 맺게 된다.

우리의 실천은 우리가 주체가 된 실천이 아니라, 우리 속에서 역사 하시는 하나님의 실천이다. 그러함에 우리의 사회적 운동과 실천은 우리만의 실천이 아니며 하나님을 위한 또한 교회를 위한 실천이 된다. 기독교인의 실천이 인간적 실천으로만 끝날 때에는 한계를 갖게 된다. 사회적 선교와 봉사의 활동은 교회 공동체의 활동이며, 우리 모두의 활동이지, 나만의, 나를 위한, 나 자신에게서 나오는 활동이 아니다. 사회적 선교와 행동은 우리의 하나님을 향한 헌신으로, 하나님께서는 그것을 통해 영광을 받으신다. 그것은 우리로 하여금 찬양케 하며, 기도하게 하고, 다시 주님의 말씀을 느끼게 한다. 그러한 예배 중심적 사회적 목회와 선교를 우리는 오늘의 시점에서 다시 명찰해야 할 것이다.

3장

기독교 사회봉사
실천의 기반이
되는 삼박자 선교

3장 기독교 사회봉사 실천의 기반이 되는 삼박자 선교

1. 문화적 구원의 개념

1) 복음서에 나타난 다양한 구원의 모습

복음서에 나타나는 예수 그리스도께서 보여주신 기독교 구원의 총체성을 우리는 한 시야로만 좁혀 보아서는 안 될 것이다. 특히 마가복음에는 예수 그리스도의 사역이 다양하게 묘사되어 있는데, 우리는 이 같은 그리스도의 언행을 통해 그가 이 세상에서 베푸시고자 했던 구원의 사역이 어떤 것인지 가늠해보게 된다. 마가복음서에서 예수 그리스도께서는 귀신들린 자에게서 귀신을 축출하시며, 몸에 질병이 있는 사람들을 치유하시고, 장애를 가진 사람들의 장애를 이기게 해주시고, 부당한 법으로 인해 피해받는 사람들을 도와주시며, 죄악의 굴레들에서 해방하시며, 영적이며 정신적인 고통을 치료해주시고, 여러 가지의 차별이 있는 세상에서 그 차별의 굴레를 벗겨주셨으며, 경제적인 어려움에 봉착

해있는 사람들을 도와 그것에서 벗어나게 하는 등 다양한 사역을 하셨으며, 그러한 내용들은 기독교의 구원의 구체적 내용들을 우리에게 보여준다.

2) 총체적 구원으로서의 문화적 구원

복음서에서 묘사된 그리스도의 사역은 우리의 삶 전반의 문제들을 아우르는 총체적 양상을 띠고 있다. 우리는 이 같은 총체적 구원의 모습을 보통 '문화적 구원'이라 부른다. 이에 있어 '문화'(culture)란 인간 활동의 복합 총체(complex whole)로서, 그 문화를 연구하는 문화학은 현실인식 및 그에 대한 지식을 위해 그 연구 대상을 인간 행위와 그 산물의 전체영역으로 하고 있다. 이와 같이 문화란 정치학이나 사회학, 철학, 문화 예술 등의 한 시야를 말하는 것이 아니라, 모든 것들이 총괄된 전체적 시야를 언급한다. 다양한 스펙트럼을 갖고 한 대상을 조망할 때 그 대상에 대한 이해가 보다 명확해지는데, 문화란 학문 영역들의 총체적인 융합을 통해 그 내용이 만들어지게 되는 것이다.

일례로 건강에 대한 문화적 접근에 대해 말해보도록 하겠다. 건강한 마을과 도시를 만들기 위해 우리는 여러 가지들을 떠올릴 수 있다. 먼저는 지역의 의료 수준을 높이는 것이다. 다음으로 충분한 병원 시설을 만드는 것도 중요하다. 그러나 이것만으론 지역의 건강 수준을 높일 수는 없다. 아무리 좋은 병원과 의료진이 있다고 하여도, 주민들의 경제 생활이 어려우면 그러한 의료 시설들을 이용하기 어렵다. 그러므로 그 지역의 경제 수준을 높이는 것이 필요하다. 하지만 지역의 전체 수입이 높아졌다고 하여 병원을 이용할 만한 경제력을 지역의 모든 주민들이 갖게 되는 것은 아니다. 그 높아진 경제력을 지역 주민들이 고루 나누어 갖는 것이 전제되어야 한다. 곧 경제적 평등을 이룩해야 한다. 이를 위해서는 주민들을 위해 사회복지 제도를 정비할 필요가 있으며 의료보험 제도 등도 중요할 것이다. 그러나 이것만으로 지역 주민의 건강이 보장되는 것은 아니다. 수질 오염과 공기 오염 등의 환경 오염을 줄이는 것 또한 주민건강에 필수다. 주민들의 식생활 역시 건강과 직결된다. 주민들이 각자에 알맞은 직업을 가지고 건전히 살아가는 마을을 만드는 것도 필요하다. 정신문화와 도덕적 수준을 고양하는 것 역시 주민의 건강 수준을 높이는 일에 기여할 것이다. 이와 같이 한 마을과 도시의 주민건강을 높이는 일은 어떤 한 부분의 개선만으로 가능한 것이 아닌바 총체적인 접근이 필요한 사안이다. 이러한 건강에 대한 총체적 접근은 보통 건강에 대한 '문화적 접근'으로 표현되기도 한다. 문화적 접근이란 어떤 문제 해결을 위해 일차원적인 접근을 하는 것이 아니라, 다각적 방향에서 다차원적으로 접근을 하는 것을 의미한다.

기독교의 구원도 그렇다. 마가복음에 나타는 그리스도의 사역의 내용에서와 같이 인간의 구원은 영육을 아우르는 총체성을 띤다. 그것은 개인적인 영역과 사회적인 영역 모두를 아우른다. 기독교가 말하는 구원은 총체적이고 통합적인 어떤 것으로 인간의 전 존재와 상관된다. 복음은 인간의 전 문화와 연관된다. 복음에 의한 구원은 총체적 구원으로 우리는 그것을 '문화적 구원'(cultural salvation)으로 부른다. 여기서 문화란 문학, 예술 등을 말하는 좁은 의미의 문화를 언급하는 것이 아니며, 인간이 하는 모든 일을 포함하는 넓은 의미의 문화 개념인 것이다.

3) 문화적 구원으로서의 샬롬

평강이나 평화 또는 '정의로운 평화'로 번역되는 히브리어 '샬롬'은 기독교적 구원관을 잘 표현하는 용어다. 이 '샬롬'은 "제반 관계에 있어서의 온전함"을 나타내는 말로서, 인간과 하나님의 영적인 관계, 인간과 인간의 사회적 관계, 국가와 국가 사이의 국제적 관계, 인간과 자아 사이의 심리적 관계, 인간과 자연과의 생태적 관계 등의 온전함을 포괄한다. 이 같은 샬롬의 구원관은 예수 그리스도를 믿어 죽어 천당에 가는 영적인 구원뿐 아니라, 영육 간의 구원을 그 속에 포함한다. 현대 신학자들은 오늘의 기독교의 구원을 표현하는 말로 '샬롬'을 선호하는데, 이 샬롬은 기독교 구원의 총체성을 잘 드러내는 단어다.

기독교의 구원은 통전적인 문화적 구원으로서, 그러한 문화적 구원 개념을 잘 대변하는 성경의 단어로 필자는 '샬롬'을 강조하고자 하는 것이다. 아트킨슨(D. Atkinson)은 그의 책『평화의 신학』에서 샬롬을 다음과 같이 정의한다. "평화는[샬롬은] 대체로 올바른 관계 속에 존재한다. …최상의 평화는 옳은 관계 속에 거함에 따른 즐거움과 만족에 대한 것이다. 그리고 그 관계란 하나님, 이웃, 자신, 그리고 환경과의 관계를 의미한다. 참된 평화는 불가분 정의와 관계된다. 그러므로 정의 없는 평화는 결코 존재하지 않으나 평화는 정의를 초월한다. 자주 '평화'와 '정의'는 함께 일괄적으로 이루어진다(시 85:10; 사 48:18)."[1] 그는 샬롬의 다차원적인 모습을 설명하였다. 하나님과의 종교적 관계, 인간과의 사회적 관계, 자아와의 심리적 관계, 자연과의 생태적 관계 등의 제반 관계가

---

1 D. Atkinson, *Peace in Our Time*, 한혜경, 허천회 역, 『평화의 신학』(서울: 나눔사, 1992), 159.

샬롬의 개념 속에 녹아져 있다. 이 같은 샬롬의 개념에서와 같이 기독교의 구원 사역은 통전적이며 포괄적인 것임에 분명하다.

우리는 오늘의 기독교와 교회를 문화적인 지평에서 접근하는 것이 필요하다. 기독교와 교회를 종교라는 범주에서만 고찰하지 않고, 문화라는 전 지평 속에서 검토할 때 많은 유익이 된다. 오늘날 우리의 종교 체계가 사회 체계 속에서 차지하는 위치를 연구할 수 있을 것이다. 나아가 교회가 한국의 경제적 정치적 사회적인 변화에 미치는 영향을 분석하여 전체적으로 조망하게 되면, 우리의 한국교회가 나아가야 할 방향이 보다 명확해질 것이라 생각된다. 기독교가 현대인의 관념 체계, 인지 체계, 상징 체계, 구조 체계 및 외부적 조건들에 대한 적응체계 등에 미치는 영향을 다각적으로 검토하는 것도 많은 유익이 될 것이다.[2]

2. 순복음교회의 삼박자 구원

20세기 한국의 목회자 가운데 구원의 총체성 문제를 목회에 잘 반영한 인물로 우리는 여의도 순복음교회의 조용기 목사를 들 수 있다. 조용기 목사의 삼박자 구원[3]은 이런 문화적 구원의 모습을 잘 드러낸다. 조 목사의 문화적 구원으로서의 삼박자 구원을 말하는 핵심 성경 본문은

---

2 전경수, 『문화의 이해』(서울: 일지각, 1999), 105-136.
3 최근에는 조용기 목사의 삼박자 구원이 삼박자 축복이라는 말로 종종 언급된다. 기독교의 구원을 영적인 구원으로만 한정하는 자들을 위한 배려에서 용어를 바꾼 것으로 사료되는데, 이전 삼박자 구원이란 말이 더 분명할 것으로 생각된다. 이영훈, 『십자가 순복음 신앙의 뿌리: 이것이 충만한 복음이다』(서울: 교회 성장연구소, 2011) 참조. 이 책에서 이영훈 목사는 삼중 구원이란 용어 대신 삼중 축복이란 용어를 대신 사용하고 있다.

요한삼서 2절이다. "사랑하는 자여 네 영혼이 잘됨같이 네가 범사에 잘 되고 강건하기를 내가 간구하노라." 이 본문은 기독교 구원의 세 가지 요소에 대해 언급한다. 첫째 요소는 영혼의 잘됨이다. 조용기 목사는 이 요소를 기본적 구원으로서의 영적 축복으로 언급하였다. 두 번째의 요소는 범사에 잘됨이다. 이 요소는 물질 축복 곧 물질적 번영과 연관된다. 그는 마지막으로 육체적으로 건강함의 요소를 강조하였다. 이 요소는 건강 축복을 기독교 구원의 한 요소로 강조한다. 이와 관련하여 조용기 목사는 육체적 약함을 치유하는 신유의 은사를 목회 가운데에서 강조한 바 있다. 조용기 목사는 영육을 아우르는 전인적 인간관을 바탕으로 한 기독교적 구원론을 전개하였던 것이다.

이제까지의 타계적이며 영적인 구원론만을 강조하였던 한국교회의 상황에서 조용기 목사의 삼박자 구원론은 새로운 구원의 지평을 우리 신자들에게 열어주었다. 예수를 믿어 우리의 영혼이 천국에 가는 것도 중요하지만, 그와 동시 현세에서 행복하며 건강하게 사는 것도 기독교의 구원과 상관되는 것임을 그는 강조한 것이다.[4] 이전 일제 강점기를 거치며 희망이 없던 우리 민족에게 천국에 대한 소망은 큰 구원의 내용이 되었다. 그러나 1960-70년대에 경제 개발을 하며, 새로운 나라 건설에 꿈을 가졌던 백성들에게 삼박자 구원론은 시사하는 바가 컸다. 조용기 목사는 저 세상 하늘나라에서의 행복과 함께 오늘에서의 건강하고 행복한 나라 건설을 꿈꿨던 당시의 우리 백성들에게, 삼박자 구원을 통

---

4 조용기 목사는 삼박자 구원과 함께 오중복음을 강조한 바 있다. 오중복음은 구원의 복음(죄 사함과 성결의 축복), 성령 충만의 복음(성령의 은사와 열매), 신유의 복음, 축복의 복음(부요의 축복), 재림의 복음(죽어 천국으로 감)을 의미한다. 조용기, 『4차원의 영성』(서울: 교회 성장연구소, 2010)을 참조하시오.

하여 기독교의 문화적 구원의 의미를 잘 전달해주셨던 것이다.[5]

이 같은 조용기 목사의 삼박자 구원론에 대한 다양한 평가들이 있었다. 먼저는 "범사에 잘되고"라는 요한삼서의 2절 중의 본문을 해석하며 그 의미를 너무 축소시킨 것이 아닌가 하는 평가다. 조용기 목사는 그 본문을 물질 축복과 물질적 번영으로만 해석하였다. 그러나 우리는 그 내용이 물질 축복만을 의미하는 것이 아니라, 안전하고 행복한 우리의 개인적이며 사회적인 삶 전반을 가리키는 것으로 해석하는 것이 더 나을 것 같다. 또한 조 목사의 삼박자 구원론은 상당히 개인적 구원론을 강조하는 것으로, 사회적 구원과 사회적 책임의 측면이 약화된 기복적 성격의 신학이라는 평가를 받아오기도 했다.

조용기 목사는 본인의 삼박자 구원의 이 같은 개인주의적 성격을 다음과 같이 언급한 바 있다. "그러므로 절망에 처한 인간에게 우리가 목회자로서 외쳐야 할 것은 이러한 절망에 처한 인간을 구원하는 것입니다. 그런데 제가 말씀드리는 구원은 요즘 자유 신학에서 말하는 사회 구원과 같은 성질이 아닙니다. 사회 구원을 주장하는 자들이 말하는 기독교의 구원이란 사회 구원이며 이 사회가 점점 과학적으로 이성적으로 좋은 사회가 되어 완전히 예수 그리스도의 정신을 따라 살게 되어 그리스도의 왕국이 자동적으로 임한다고 주장하는 것입니다."[6]

이상의 언급에서와 같이 조용기 목사는 당시 기장을 중심으로 강조되었던 민중 신학과 차별되는 자신의 신학을 강조하였다. 민중 신학은

---

5 조용기 목사의 삼박자 구원의 신학과 김삼환 목사의 삼박자 선교의 신학을 연결하여 검토하기 위해서는 김삼환 목사의 저서, 『순복음의 전인구원 신학』, (서울: 서울말씀사, 2003)을 참고해보면 된다. 이 책은 조용기 목사의 구원론을 가장 명확하게 정리한 책이라 생각된다.

6 http://cafe.naver.com/shalomsebu/1008 "수영로교회 사명자 학교에서 2009년 10월에 한 강연 중의 내용"에서 발췌함.

사회 구원에 집중하지만, 자신의 신학은 그런 사회 구원에 앞서 개인의 절망을 구원하는 것에 우선성을 두는 것임을 말했다. 그는 개인들이 복음으로 행복해지면 당연 사회도 행복해지는 것으로 생각하며 개인적 구원에 우선성을 둔 것이다. 우리는 민중 신학의 약점에 대해서도 잘 알고 있기 때문에 그의 이런 입장을 이해할 수 있다. 그러나 전체적으로 볼 때 조용기 목사의 신학은 인간의 사회성을 간과한 개인주의적 행복에 치우친 면이 있다는 평가도 적지 않다. 그럼에도 이 같은 조용기 목사의 삼박자 구원론은 박정희 대통령 시대의 '잘 살아보세'로서의 새마을운동과 맥을 같이 하는 것으로, 당시의 시대정신을 반영하는 통전적 신학임에 틀림없다.

3. 삼박자 선교

우리가 말하고자 하는 통전적인 삼박자 선교(triple meter mission)를 잘 설명하는 복음서의 한 구절이 마태복음 9장 35절인데, 이 본문은 다음과 같이 말한다. "예수께서 모든 도시와 마을에 두루 다니사 그들의 회당에서 가르치시며 천국 복음을 전파하시며 모든 병과 모든 약한 것을 고치시니라." 이 본문은 예수 그리스도의 공생애의 사역을 세 가지로 언급하면서, 요한삼서 2절의 삼박자 구원과 그 내용을 연결시키고 있다. 이 본문이 말하는 삼박자 선교의 내용은 세 가지다. 가르치시고, 천국 복음을 선포하시고, 병을 고치신 것이다. 먼저 천국 복음을 선포하셨다는 것은 예수를 믿어 우리의 영혼이 천국에 가게 됨을 말하는 내용으로 보수적 구원과 선교관을 나타낸다. 이러한 영혼 구원을 위한 전도기관은 교회로서, 복음 전도는 교회 개척을 통해 가능해지는 것이다. 다음으로 가르친다는 것은 교육하는 것을 의미하는데, 그러한 교육의 일을 가장 잘 수행할 수 있는 곳은 학교다. 마지막으로 병을 고치는 일을 위해서는 병원의 설립이 필요하다. 교회의 설립, 학교의 설립, 병원의 설립의 세 가지가 예수 그리스도의 공생애 사역과 연관되는 과제였음을 우리는 이 본문을 통해 깨닫게 된다. 이와 같이 삼박자 선교는 복음 전도 선교, 치유 선교, 교육 선교를 세 축으로 하는 선교다. 교회 선교의 전도적 구조, 교육적 구조, 치유와 사회봉사적 구조를 언급하는 것이다. 이에 있어 교육 선교가 잘 되려면 학교기관뿐 아니라 교회가 방송국 체제를 갖는 것이 효율적임을 언급코자 한다.

여기서 우리는 '삼박자 구원'의 핵심 본문인 요한삼서 2절과 '삼박자 선교'의 핵심 구절인 마태복음 9장 35절의 본문을 연결해보게 된다. 요한삼서의 '영혼이 잘됨같이'라는 부분은 마태복음의 천국 복음을 선포하는 것과 상응한다. 또한 두 본문 모두 육체의 건강과 병을 고치는 것을 동일한 요소로 강조한다. 두 본문에서의 차이점은 범사에 잘됨과 가르치는 것으로서의 교육이다. 범사에 잘되는 것과 교육하는 것이 어떤 상관관계가 있는 것인가에 대한 질문하게 된다. 개인과 사회가 모든 일에 잘되기 위한 최상의 방안에 대한 질문이기도 하다. 한 개인이나 국가가 잘되기 위한 여러 방안들이 있겠지만, 그런 것들 중에서 가장 우세한 방법이 필자는 교육이라 생각한다. 오늘날 한국의 경제적 부흥과 물질적인 번영은 교육을 바탕으로 하여 이루어졌음을 아무도 부인할 수 없다. 국민들의 자녀에 대한 교육적 열망이 없었더라면 오늘날과 같은 한국의 부흥은 가능하지 않았을 것이다. 개인을 행복하게 하기 위한 여러 방법들이 있겠지만, 교육만큼 확실한 방법도 없는 것 같다. 우리의 부모

님들을 자녀교육에 최선을 다했으며, 그러한 노력은 정말 자녀들을 위한 최선의 선물이 되었던 것이다. 특히 천주교의 제스윗교단(예수회)은 피선교지에 가장 훌륭한 대학을 설립하여 선교하는 것을 선교 전략으로 가지고 있는데, 그러한 선교 전략의 견지에서 세워진 대학이 서울의 서강대학교다. 필자는 이런 예수회의 선교 전략이 나름대로 큰 영향력을 갖는 방안이라 생각한다.

<요한삼서 2절과 마태복음 9장 35절의 비교>

요삼 2	사랑하는 자여/ 네 영혼이 잘됨같이/ 네가 범사에 잘되고/ 강건하기를 내가 간구하노라	마태 9:35	예수께서 모든 도시와 마을을 두루 다니사 그들의 회당에서 가르치시며/ 천국 복음을 전파하시며/ 모든 병과 모든 약한 것을 고치시니라
조용기 목사의 **삼박자** **구원**	영혼의 잘됨(영적 축복)	삼박자 선교	복음 전파(영적 축복) → **교회** 설립
	범사에 잘됨(물질 축복) → 모든 면에서의 행복		가르치심(모든 면에 행복한 개인과 사회를 만드는 데에 있어 가장 중요한 것은 교육이다.) → **학교** 설립
	강건함(건강 축복, 육적 구원)		병 고침(건강) → **병원** 설립

4. 삼박자 선교의 관점에서 본 호남권 선교

호남권 선교는 이런 삼박자 선교 방법을 잘 활용한 선교였다. 한국 선교 특히 호남권 선교는 세계 선교 역사상 유례가 없는 성공을 이룬 선교로서, 우리는 그 성공의 이유를 삼박자 선교에 충실하였음에서 찾을 수 있다. 미국 남장로교 선교사들은 호남권을 선교하며, 교회를 개척하였고, 병원을 설립하였으며, 교육 기관을 세웠던 것이다. 물론 이런 교육 기관 설립의 꽃은 대학의 설립이라 할 수 있겠다. 아래에 이런 삼박자 선교의 모습을 호남 지역의 주요 선교부로 나누어 검토하였다.

<미국 남장로교 선교사들의 호남권 선교에서의 삼박자 선교>

선교부	교회의 설립	병원의 설립	학교의 설립	초기 주요 선교사
전주선교부 (1894 설립, 효자동)	서문교회 (1896)	야소병원 (현 전주예수병원, 1898)	신흥중고(1900), 기전여중고(1900)	레이놀즈, 테이트 선교사 남매, 잉골드
군산선교부 (1896, 구암동)	구암교회 (1903)	군산구암병원 (1897)	영명학교(현 군산제일고등학교, 1902), 멜볼딘여학교 (현 군산영광여고, 1902)	전킨, 드루
목포선교부 (1898, 양동)	양동제일교회 (1894)	목포진료소 (1899)	영흥중고(1903), 정명여중고(1903)	(유진) 벨, 레이놀즈, 오원
광주선교부 (1904, 양림동)	제일교회, 양림교회 (1904)	제중병원 (현 광주기독병원, 1905)	광일숭일중고, 수피아여중고, 기독간호대학교, 한일장신대, 호남신학대	벨, 오원, 프레스턴, 최흥종
순천선교부 (1910, 매곡동)	순천중앙교회 (1907)	안력산 병원 (현 순천기독진료소, 1915)	매산중고와 매산여중고 (1910)	니스벳, 프레스턴, 윌슨, 해리슨

다섯 곳의 선교부 모두에서 우리는 삼박자 선교의 세 요소들을 확인할 수 있다. 미국 남장로교 선교는 삼박자 선교의 내용을 잘 반영하고 있는 것이다. 물론 이 중, 군산구암병원과 목포진료소는 오늘에까지 그 명맥이 이어지지는 않았지만, 우리는 삼박자 선교의 흔적들을 오늘에서도 그대로 확인할 수 있다.

이런 미국 남장로교 선교부의 삼박자 선교는 하다 보니 그와 같은 구성을 갖게 된 것이 아니며, 애초부터 세 기관의 설립을 전략으로 하여 선교를 시작하였음을 우리는 확인하게 된다. 우리는 이 삼박자 선교가 남장로교 선교의 전략이었음을 호남신학대학교 동산 내에 있는 선교사 묘원에서도 확인하게 된다. 우리는 이곳에 안장된 선교사들을 그 직능별로 이래와 같이 분류할 수 있다.

<묘원에 안장된 23명의 선교사와 그의 친족에 대한 직능별 분류>

	교회 개척 선교사	의료 선교사	교육 선교사
설명	목사로 활동	의사와 간호사로 활동	교사로 활동
성년의 묘지수	3	4[7]	6 (목사, 의사의 부인 5명이 주로 교육선교의 일을 담당하였다.)[8]
미성년 (아이들 묘지수)	6 (목사 관련 자녀)	1 (의료 선교사 관련 자녀)	
친척	1	2	
총	10구	7구	6구

위의 표에서 보는 바와 같이, 선교사 묘원에 안장된 23분은 목회자와 그와 관련된 가족이 10명, 의사 간호사와 그들과 관련된 가족이 7명, 교육 선교사가 6명으로 구성되어 있다. 특히 주목되는 점은 목회자가 3명, 의사 간호사가 3명, 그리고 학교 교사로 일하던 선교사들이 6명이었다는 점이다. 목회자보다 적지 않은 의료 선교사와 교육 선교사들이 파송

---

7 2015년 광주기독병원 7대 원장이었던 이철원(R. B. Dietrick)의 묘지가 추가됨.
8 엘라 그레이엄(한국명, 엄언라)은 수피아여고의 초대 교장을 역임하신 분이다.

되었다는 것이다. 이와 같이 남장로교의 선교는 애초부터 삼박자 선교의 전략을 갖고 수행된 선교였다. 처음부터 세 부류의 선교사들이 미국에서 파송되었으며, 이들은 각각 이 세 분야에서 열심히 사역을 하였던 것이다. 우리는 미국 남장로교의 호남선교에 있어 교회의 설립과 건축도 중요하지만, 병원과 학교의 설립과 건축 또한 이에 못지않게 중요하게 생각하였음을 인지해야 할 것이다. 교회의 규모보다 더 큰 병원과 학교의 건물들이 호남 곳곳에 건축되었는데, 그것은 이들 선교에서 병원과 학교가 차지하는 비중이 적지 않았음을 보여주는 것이다.

현재 호남신학대학교 교정에는 100년이 더 되는 기독병원의 2대 원장으로 있었던 로버트 윌슨(한국명, 우월순) 선교사의 사택이 광주시 기념물 제15호로서 보존되어 있다. 광주 시내엔 현재 목회자로서 일하였던 오래된 선교사 사택은 보존되어 있지 않은데, 의료 선교사인 윌슨 선교사 사택만 보존되어 있다는 것으로도 초기 미국 남장로교회 선교에 있어 의료 선교가 얼마나 중요하였는지를 가늠해보게 되는 것이다.

우리는 이상과 같이 미국 남장로교회의 호남권 선교에서 예수 그리스도의 삼박자 선교의 전형을 찾게 된다. 그들은 한국에 와서 교회를 세웠으며, 병원을 설립하였고, 학교를 지었던 것이다. 이에 우리 또한 이런 예수 그리스도의 공생애 사역과 미국 남장로교회의 선교 사례를 본받아 외국선교를 실천해나가면서 세 기관의 설립을 통한 선교 전략을 동일하게 수행해나가야 할 것으로 생각한다. 선교지에 교회만을 세우는 것이 아니라, 선교 센터를 세워 병원과 학교를 병행하여 운영하면서 선교를 해나가는 것이 더 효율적인 선교 전략임을 말하고자 한다. 물론 한 교회가 선교를 하며 이런 기관들을 모두 짓는 것은 어려운 일로서 여러 교회들이 합력하여 선교를 해나가는 것이 필요할 것이라 생각한다.

선교비를 잘게 나누어 선교하는 것이 아니라, 선택과 집중을 통해 선교센터 단위로 집약하여 선교하는 것이 더 효과적인 선교일 것이라 생각된다. 물론 모든 선교지마다 교회와 병원과 학교를 동시에 짓는 것이 쉬운 일은 아니다. 그러나 병원과 학교를 짓지는 못하더라도 그에 버금가는 치유선교와 교육선교의 일을 할 수 있을 것이다. 상황에 맞는 창의적인 삼박자 선교가 수행되면 된다. 우리는 이 같은 미국 장로교회의 선교 전략을 다음의 내용을 통해 보다 확실히 이해할 수 있게 된다.

"미국 남북장로교 한국 선교회는 1893년『선교사 합동 공의회』를 결성하고 선교원칙 10가지를 결정하였다. 이 원칙에 따라 각 지역의 중심지에 선교부(mission station)를 세우고 교회와 학교와 병원을 운영하게 하였다. 이 세 가지 기관을 운영하려면 최소한 4가지 직능의 선교사가 필요하였는데, 복음 전파를 전담할 목사, 치료를 전담할 의사, 가르침을 전담할 교사, 그리고 부녀자들과 아동을 전담할 부녀/아동 담당 여선교사, 이렇게 4사람이 하나의 선교부에서 팀워크를 이루어 협력하면서 일하였다. 목사 선교사에게는 한국인 유급 조사 2명이 배치되고, 의사에게는 한국인 조수와 미국인 간호사 그리고 (가능하다면) 약사가 배치되고, 교사에게는 본인과 아내 그리고 동료 선교사들의 부인이 가세하였다. 나머지 여성과 아동 담당 선교사는 복음 선교사와 함께 짝을 이루면서 여성들을 긴밀하게 만나서 복음을 전하였다."[9]

위의 내용에서 다시 확인되는 바와 같이 삼박자 선교는 미국 장로교회가 수행하였던 한국 선교의 핵심 전략이었던 것으로, 우리는 이러한

---

9 차종순,『양림동에 묻힌 22명의 한국인: 한국에서 순교한 선교사들의 이야기』(광주: 삼화문화사, 2000), 33.

선교의 모델을 우리의 해외 선교뿐 아니라 국내 선교에서도 여전히 반영할 필요가 있다.

우리는 한국 선교가 왜 효과적인 선교였는가에 대해 검토했다. 한국 선교에 있어 선교사들이 세운 병원의 대표격으로서의 세브란스, 대표적 학교들로서의 이화여자대학교와 연세대학교 등은 그들의 전도를 통해 세워진 새문안교회, 정동교회 등과 함께 한국교회 발전에 큰 영향을 미쳤던 선교의 기관들이다. 오늘과 같은 교회 성장 정체기를 맞아 한국교회에 가장 필요한 전도 전략이 어떤 것이어야 할지 생각해보게 된다. 이를 위해 우리는 우리가 가지고 있는 의료 선교 기관들을 잘 관리하여 선교 전면에 내세울 필요가 있으며, 교회들에 의해 운영되는 미션스쿨들을 잘 육성하는 것도 중요할 것이다. 미선계 병원들과 학교 그리고 교회가 삼위일체로 연결되어 삼박자 선교를 어떻게 이뤄나갈 것인가에 대한 신중한 검토와 연구가 요청된다.

5. 21세기 한국교회의 국내외 선교 전략

호남권 선교의 꽃으로 우리는 다음의 기관들을 말할 수 있다. 인돈 선교사의 대전대학교의 설립, 잉골드 선교사가 전주 예수병원을 세운 일, 그리고 전주서문교회, 순천중앙교회 등의 개척이다. 특히 여수 순천 지역은 기독교 인구가 34%에 달하는 곳으로 한국 선교가 매우 성공적으로 진행된 곳으로 평가된다. 우리는 이 같은 교회와 병원과 학교의 세 기관의 설립이 한국교회 선교에 어떤 영향을 미쳤는지 자세한 조사를 한 적은 없으나, 이 같은 삼박자 선교가 다른 어떤 선교 방법보다 효율적인 방안으로 판단되고 있다.

2014년 아시아 아프리카에 선교사들이 건립한 8개 대학들의 연합체인 **PAUA**(Pan Asia & Africa Universities Association) 모임이 호남신학대학교에서 있었는데, 이러한 대학 설립을 통한 선교적 노력들이 중시되어야 할 것이다. 특히 몽골에 세워진 울란바토르대학교는 몽골 선교에 많은 공헌을 한 대학으로 한국교회가 이런 기관들을 전략적으로 육성할 필요가 있을 것이라 생각한다. 세우는 것도 중요하지만 지속적인 관리는 더 중요한 일이다. 앞에서도 언급하였듯 대학 설립을 통한 선교 전략은 많은 비용이 요청되는 선교로서 모든 선교지에서 쉽게 시행할 수는 없는 것으로 교회 간의 협력이 요청되는 일이다. 하지만 대학을 설립하지는 못하더라도 작은 미션스쿨들, 아니면 소규모의 유치원 같은 교육기관을 세워 복음 선포의 일과 병행해 나간다면 교회가 더욱 왕성히 선교할 수 있을 것이라 확신한다. 기독교적 가치관에 의거하여 교육하며 기독교적 세계관을 장착한 교육 콘텐츠들을 개발하여 가르치는 것이 선교를 위해 중요한 일인 것이다.

한국교회의 초기 선교가 활성화된 곳을 보면, 대체적으로 그곳에 교회의 개척과 함께 신학교가 세워졌음을 보게 된다. 교육 기관의 설립이 중요하다는 말이다. 신학대학을 세워 그 나라 출신의 교역자를 배출하는 것이, 선교사가 몇 교회를 개척하는 것보다 효율적일 때가 많다. 선교사가 교회를 세우면 적은 수의 교회 세울 수 있지만, 30명의 신학생을 졸업시키면 30곳 이상의 교회가 개척되게 된다. 우리는 그러한 한 예로 이홍래 장로가 세운 모스크바장신대를 들 수 있다. 일면 한계도 있었지만 신학대학을 세워 선교의 일을 추진하는 것이 얼마나 생산력 있는 선교였는지를 우리는 모스크바장신대를 통해 배우게 된다. 교육이 정말 중요하다. 우리는 국가를 발전시키는 데에 있어 교육의 힘을 경험한 민족이다. 선교지에 신학대학과 그 나라에 긴요한 인력들을 길러내는 교육 기관 및 대학을 설립하는 것이 한 국가를 새롭게 하는 첩경이 될 것이라 생각한다.

우리는 전도를 하는 일을 제자를 기르는 일로 종종 표현한다. 그들을 가르쳐 지키게 하는 제자화의 길이 사람들로 하여금 바른 믿음을 갖게 하는 길이기도 하다. 마태복음 28장 18-20절은 이 같은 교육으로서의 선교를 우리에게 강조한다. 선교지에서 교육 기관을 세워 교육해보면 그 나라 백성들에게 하나님 나라를 전하는 좋은 방법이 무엇인지를 발견하게 된다. 교육적 역량을 개발하여야 선교의 일도 잘 된다는 말이다. 교회와 교육 기관들이 합력하여 시너지 효과를 내게 되면 국가적 선교의 길이 더욱 크게 열릴 것이다. 성급하게 생각하지 말고 하나하나 교육 자료들을 만들어가며 선교의 일을 꾸준히 진척해나가는 지구력 있는 한국 선교가 되길 기대한다.

명성교회가 아디스아바바에 세운 MCM은 의료 선교의 좋은 성과물이다. 아울러 2004년 몽골 울란바토르에 세워져 2014년에 폐원된 연세친선병원 또한 한국교회가 세운 중요한 선교 병원 중의 하나였다.[10] 이런 의료 선교뿐 아니라 단기로 하는 해외 의료 봉사들도 효율적인 선교 방안 중 하나로 지역 사회의 건강 전도의 전략을 적극 펴나가는 것이 중요함을 언급하고 싶다. 국내에서 기독교 병원으로 운영되고 있는 최일도 목사가 세운 다일천사병원 등도 지속적 후원을 통해 발전적으로 운

---

10 한국교회의 대표적인 선교 성공 사례를 우리는 몽골에서 찾을 수 있다. 교단이 연합하여 한인교회를 세운 일, 연세친선병원의 건립, 울란바토르대학과 몽골유니온신학교를 세운 일, 성경번역 등의 삼박자 선교의 전형을 몽골 선교가 보여주고 있는 것이다.

영되기를 기대해본다.

그러나 모든 선교지에 일정 규모의 병원을 세우는 것은 쉽지는 않다. 이에 작은 의원을 세우는 것, 단기의료 봉사의 일을 하는 것, 목회간호의 일로서 선교사와 함께 간호사가 협력하여 선교를 수행하는 것, 지역의 보건의료 문제를 자문하는 일, 지역 주민의 건강을 위해 우물을 파주는 일, 주거 환경의 개선 등의 보다 작은 규모로서의 다양한 건강 전도의 일을 교회가 수행할 수 있을 것이다. 오늘과 같이 병원 시설이나 학교 교육이 발전한 시대에 교회가 이 분야에 관여할 수 있는 일을 찾는 것이 쉽지만은 않겠지만, 어떤 변형된 형태로 이런 일을 병행하는 것은 교회의 선교에 중요할 것이라 생각한다.

최근 이런 육체적 건강의 문제를 중시하는 의료 선교 전략의 일환으로 CHE(Community Health Evangelism, 지역 사회건강전도)라는 선교 방안이 실천되고 있다. '건강'이란 개념에 집중하여 기독교의 영육 간의 선교를 수행해나가는 이 전략은 매우 발전된 선교 전략으로 이에 대한 깊은 연구와 더 나은 실천이 요청된다. '지역 사회건강전도'의 방안은 건강을 정의하며 그것을 육적인 의미의 건강으로 한정하지 않으며, 정신 건강, 영적인 건강들을 포괄하는 개념으로 접근하고 있다. 이 CHE는 복음 전도와 사회적 개발 양자를 모두 중시하는 선교 전략으로서 이 둘이 서로 분리될 수 없음을 강조한다. 특히 이 CHE 전략은 피선교지의 사람들이 자율적으로 자신의 문제를 풀어나갈 것을 말하면서 일종의 역량 강화(empowerment) 전략을 그 방법으로 삼고 있다.

한 지역이 건강하고 행복한 공동체가 되기 위해서는 경제적 성장도 중요한데, 이를 위한 '선교로서의 사업'(Business as Mission, BAM)이 그것의 한 방법이 되고 있다. 이런 '선교로서의 사업'이 활발히 진행되려면 저소득층이 손쉽게 빌릴 수 있는 저금리 대출로서의 '마이크로크레딧 운동'이 또한 요청되어지기도 한다. 우리는 '선교로서의 사업'의 일환으로 기독교가 운영하는 '사회적 기업'(social business)들을 육성해나가는 것도 선교를 위한 한 전략이 될 것이라 생각한다.

현시대의 한국민들은 기독교가 추상화된 복음을 선포하는 것을 원치 않는다. 우리의 영혼이 잘됨같이 교회가 우리의 현세 행복을 위해서도 기여하길 바라는 것이다. 외국 선교를 하며 병원과 학교를 세워 선교하는 일은 우리나라 청년들의 일자리 창출을 위해서도 좋은 방안이라고 생각한다. 현재 명성교회의 MCM에서 일하는 직원들의 수가 600여 명에 이른다는 말을 들었다. 그중 다수가 한국에서 간 의료진이나 청년들로서 특히 청년들을 위한 새로운 도전을 주는 곳이라 생각된다. 그것은 선교지에 세워진 학교에서도 그렇다. 일자리를 만들어 국민의 경제 생활을 향상시키는 것이 교회의 주목적은 아니겠으나, 이런 일들을 통한 새로운 도전의 기회를 젊은이들에게 준다는 것은 정말 의미 있는 일이라 사료된다. 교회에서의 생활이 그들의 육적인 삶에 직간접적으로 좋은 영향력을 미칠 수 있도록 교회는 다각적 시도를 할 필요가 있다. 국민들에게 이런 기관들을 통해 세계화를 향한 꿈을 주는 것도 오늘 우리 교회들의 중요한 사명이 될 것이다.

경제 개발 이전의 시대의 한국교회는 주로 성도들의 질병을 치료하는 것으로서 치유의 은사 곧 영적인 능력을 강조하였다면, 삼박자 선교전략은 보다 구체적인 치료의 방안들을 강조한다. 병원을 세우고 학교를 설립하여 직접적으로 그들의 육적인 삶을 돕는 것이다. 물론 오늘의 교회도 병을 치유하는 영적인 능력 곧 치유의 은사를 강조하여 선포한다. 그러나 오늘의 교회는 그것과 함께 실제적으로 병든 사람을 돕는 일을 위해서도 노력하는 교회로 성장했다. 한국 경제가 부흥되기 이전에는 우리 교회들이 힘이 없었으므로 국민들의 건강과 복지를 위해 많은 일을 하지 못했지만, 오늘의 시대엔 국민들의 행복을 위해 보다 구체적인 내용을 갖는 선교를 하기 위해 노력하고 있는 것이다.

이 같은 상황에서 필자는 한국교회가 '생명 공동체 마을 만들기 운동'을 강화해 나갈 필요가 있다고 생각한다. 본 교단은 2012-2022에 "치유와 화해의 생명 공동체 운동"을 펼칠 것을 결의한 바 있다. 일종의 마을 만들기 운동으로 행복하고 건강한 마을 만들기를 위해 교회가 할 수 있는 역할이 무엇인지 숙고하는 운동이다. 교회가 그 마을에 있음으로써 그들의 영혼을 천국으로 인도함과 동시에 그들의 영적 정신적 육적인 삶을 윤택하게 하는 것이 우리의 선교의 방향이 되면 좋을 것이다.

이상으로 필자는 오늘의 시대에 있어 한국 선교 전략으로 가장 추천할만한 선교 방안이 삼박자 선교임을 설명했다. 목회를 하며 목회자가 교인들의 영적 차원뿐 아니라, 그들의 원만한 경제 생활과 자녀들의 교육 및 그들의 육적 건강을 함께 도모하지 않는다면, 그들을 진정 사랑한다고 말할 수 없을 것이라 생각한다.

당장 우리에게는 북한 선교라는 커다란 과제가 앞에 있는데, 이 문제도 삼박자 선교 전략으로 접근할 것을 추천한다. 북한에서의 교회 건축과 함께 병원과 학교를 세워 육성하는 것이 미래 북한 선교의 큰 기틀이 될 것이다. 이런 입장에서 북한에 이전 설립된 평양과학 기술대학과 여의도순복음교회가 평양에 7층 건물로 세우려다 중단된 조용기심장병원 등을 지원 육성하는 것이 긴요하다. 평양과학 기술대학은 명문 대학으로 성장시키는 것, 개성과 원산 정도에 북한에서 가장 앞선 병원을 세우는 것, 이런 실천들이 북한 선교의 문을 속히 열 것이라 사료된다.

21세기를 시작하여 21년이 지났다. 우리 한국은 선교를 통해 하나님으로부터 많은 축복을 받았다. 필자는 선교로 축복받은 나라가 우리 대한민국이 되길 바란다. 믿음과 성령으로 사람을 새롭게 하고 마을을 품고 세상을 살리는 한국교회가 되었으면 한다.

6. '삼박자 선교'와 NGO의 활동

이상에서 우리는 삼박자 구원과 삼박자 선교에 대한 고찰을 할 수 있었다. 기독교의 선교가 하나님의 말씀을 전하고 교회의 건립하는 것으로 마쳐지는 것 같지만 그에서 머무르지는 않는다. 우리는 복음서에 나타난 예수 그리스도의 선교를 보면, 복음 전파와 함께 환자들을 치유하고 사람들을 교육하시는 것이 포함됨을 보게 된다. 곧 교회의 설립과 동시 병원의 설립, 학교의 설립을 통해 지난 기독교의 선교가 강화되었다는 것이다. 특히 한국의 초기 선교를 보면 이런 삼박자 선교의 모습을 확연히 파악할 수 있게 되는데, 우리는 이 같은 전형을 통해 우리의 선교를 다시 조율할 필요가 있다.

한국의 선교는 대사회봉사의 일과 함께 발전하였으며, 오늘날 우리는 이 같은 일을 NGO를 설립하여 맡길 수 있을 것이라 생각한다. 교회의 활동은 어떤 이윤을 목적으로 하지 않는 것으로 그것은 일종의 비영리기구적 성격을 갖는다. 아울러 정부나 기업과 다른 제3섹터로서의 NGO의 활동은 기업이나 정부가 갖는 이윤이나 권력 추구적인 아닌 보다 시민 편에 서 있는 활동을 진작할 수도 있을 것이다. 교회는 사업을 하는 기업이 되어서는 안 되는 것으로, 교회의 사회 봉사를 비영리 기구인 NGO를 설립하여 맡기는 것이 필수이다.

기실 한국의 시민 단체로서의 NGO들은 상당 부분 기독교에서 연원하였다. 기독교환경운동연대(기환연), 기독교 윤리실천 운동(기윤실), 경제 정의실천시민연합(경실연), 참여연대 등 한국의 주요한 시민 운동 단체들이 상당수 기독교와의 연관 속에서 출발하였던 것이다. 기독교 사회봉사 단체들도 그 수가 적지 않다. 장애인 단체인 밀알복지재단과 신망애복지재단, 평화 정착을 위해 노력하는 등대복지회와 남북나눔, 봉사와 복지 분야의 한국해비타트, 유니세프, 안구기증운동협회, 밥상공동체, 부스러기사랑나눔회, (재)사랑과행복나눔, (사)글로벌케어, 초록우산어린이재단, 그리고 구호 분야의 한국국제기아대책기구, 굿네이버스, 굿피플, 한민족복지재단, 월드비전, 한국컴패션, 구세군, 월드휴먼브리지, 유진벨재단, 사랑의장기기증운동본부 등 기독교 정신으로 시작한 봉사 단체들의 이름도 수없이 많다. 이미 한국교회는 이런 NGO를 통한 대사회 봉사에 많은 노력을 기울여 왔던 것으로, 앞으로 이러한 기관들을 통한 봉사 활동에 더욱 심혈을 기울여야 할 것이다.

4장

기독교 사회봉사 실천, 어떻게 해야 하는가?

4장 기독교 사회봉사 실천, 어떻게 해야 하는가?:
기독교 사회봉사 실천방법론에 대한 해석학적 접근

1. 해석학에 기반한 교회의 사회봉사 실천방법론[1]

이 같은 교회의 사회봉사 활동을 위해서는 실천을 함에 있어서의 방법론적 구상이 필요하다. 필자는 이러한 기독교의 사회적 실천방법론을 해석학적 방법에서 가져오려 하는데, 이를 위해서는 먼저 해석학에 대한 이해가 필요할 것이라 사료된다. 기독교의 사회적 실천을 함에 있어 어떻게 할 것인가와 무엇을 할 것인가의 문제가 대두되는데, 먼저 어떻게 할 것인가의 문제를 다룬 다음, 무엇을 할 것인가의 문제에 대해선 이후 다루고자 한다.

해석학(hermeneutics)은 원래 그 자체로 독립된 학문이 아니라, 문헌

---

[1] 이 책의 제4장은 필자의 책, 『기독교 사회 윤리 방법론에 대한 해석학적 접근』(서울: 장로회신학대학출판부, 2006)의 제1장과 제6장을 가져왔다. 이 책은 필자가 장로회신학대학교에서 호남신학대학교 총장으로 가면서, 장신대출판부에서 더이상 출판을 하지 않아 절판된 책으로, 그 내용 중 일부를 이 책에 실은 것이다.

을 다루는 방법에 대한 규칙의 규준 내지 규범으로서의 단순한 보조적 학문이었다. 즉 문헌학, 법률학 그리고 성서학 등의 보조수단으로써, 고전 문헌, 법률 조항 그리고 성경 구절을 올바로 해석하고 이해하기 위해 지켜야 할 '이해의 규칙,' 내지는 '이해의 기술'이었던 것이다.[2]

'해석학'이란 단어는 희랍어 동사, '헤르메뉴오'(ἑρμηνεύω)에서 유래했는데, '진술하다', '선포하다', '번역하다' 등의 다양한 의미를 내포하고 있다. 그러나 그 의미가 다양하다 할지라도, 무엇인가를 '이해(understanding)하도록 해준다,' '이해에로 이끌어준다'는 점에서는 하나의 공통성을 지닌다.[3] 이 '헤르메뉴오'이란 단어는 제우스신의 사자인 헤르메스신과 연관되어 있다. 희랍 신화에 의하면 헤르메스신은 제우스신의 뜻과 의사를 다른 신과 인간들에게 전달해주는 임무를 맡은 신이었다. 그는 제우스신의 의도를 다른 신들과 인간들에게 해석해주고 이해하도록 해주는 신이었다는 것이다. 헤르메스는 제우스의 메시지를 말 그대로 공포할 뿐 아니라, 명료하게 해야 할 점이나 달리 덧붙여 주석해야 할 점이 필요할 경우에는, 그 말을 이해하기 쉽고 의미 있는 것으로 바꾸어 놓는 '해석자'의 역할을 가졌다. 결국 해석학은 두 가지 과제에 관여한다고 볼 수 있다. 첫째로 어떤 단어, 문장, 구문 등의 정확한 의미와 내용을 파악하는 것이고, 둘째로는 상징적 형식에 담겨있는 교훈을 발견하는 것이다.[4]

이와 같이 이전의 해석학은 텍스트의 이해 곧 '문헌학적인 해석

---

2 고남일, "H. G. Gadamer의 해석학적 경험" (미간행 석사학위 논문, 광주가톨릭대학 대학원, 1986), 5.
3 위의 책, 5.
4 조셉 블라이허, 『현대 해석학: 방법, 철학, 비판으로서의 해석학』 (서울: 한마당, 1990), 18.

학'이었으나, 오늘의 해석학은 인간의 삶 전체에서의 경험을 해석하는 '보편적 해석학'이 되었다. 해석은 인식의 범위를 넘어서는 것으로, 인식(recognition)이란 주로 이지적인 면과 관계되는 것이나 해석(interpretation)이란 인식과 함께 정서적이며 의지적인 측면을 포함한 포괄적인 경험에 대한 이해(understanding)를 지칭한다. 인식론이 해석학의 범주로 넓혀진 것이다. 문자로 쓰여 있는 텍스트뿐 아니라, 미술작품, 설교, 남과의 대화 및 꿈에 이르기까지 우리가 경험하고 있는 모든 것은 나름의 이해가 필요하다.

이러한 해석학의 범주 확대에 공헌한 중요한 학자들이 있는데, 그들은 슐라이어마허(F Schleiermacher), 딜타이(W. Dilthey), 하이데거(M. Heidegger), 가다머(H. G. Gadamer) 등이다. 먼저 슐라이어마허는 '텍스트의 이해'에 있어, '이해(Verstehen) 자체'를 해석학의 근본적 관심의 대상으로 전이시켰다. 그리하여 주어진 본문에 대한 해석 기술의 차원을 넘어서서, '이해' 자체에 대한 연구로 해석학의 위치를 재정립하고, 이해에 대한 보편 해석학을 발전시켰다. 그는 전통적인 해석학에서 다룬 문법적인 해석과 병행하여 '심리적 해석'을 제안했다. 이해는 해석자가 저자의 마음속으로 들어가 그와 함께 느낌으로써 이루어지는 것으로 그는 말하였다. 이러한 이해 자체에 대한 연구는 해석학의 범위를 넓히는 결과를 야기하였는 바, 이에 슐라이어마허는 '현대 해석학의 아버지'로 일컬어지게 되었다.[5]

이렇게 슐라이어마허는 이해의 문제를 단순히 심리학적인 문제로 해

---

5 김상조, "Friedrich Schleiermacher의 "해석학"에 관한 연구" (미간행 석사학위 논문, 대구효성가톨릭대학교 대학원, 1996), 74.

결하려 하였던 반면, 딜타이는 그것을 정신 과학의 방법론으로 생각하였고,[6] 급기야 하이데거는 '이해'를 세계-내-존재인 인간의 '현존재의 존재양식'이나 '현존재의 자기실현양식'으로 이해하였다.[7] 이러한 하이데거의 사상을 이어 받아, 가다머는 세계에 대한 인간의 경험 전체가 해석학적 의미를 가지며, 그리고 이해는 바로 이러한 해석학적 경험에 의해 수행된다고 하였다. 내가 경험하고 있는 바의 주관적인 전 이해가 우리의 이해의 해석에 영향을 미치게 된다는 것이다. 이에 그는 데카르트 이후 절대적으로 확실한 기초 위에 진리를 구축하려고 했던 독단적인 형이상학에 대한 절대화와 지식의 과학주의적 한계를 고발했다.[8]

이상과 같이 전통적으로는 해석학이 고전 문헌, 법률 조항 및 성경 구절 등을 해석하는 기술 또는 해석하는 법칙이었으나, 하이데거와 가다머에 이르러서는 삶과 세계에 대한 인간의 경험 전체를 이해하는 문제로 발전하였는데, 그것은 철학함의 기초로서 '철학적 해석학'(philosophical hermeneutics)으로 명명되기에 이르렀다.

2. 해석학이 우리의 실천적 행동에 주는 의미

여기서 오늘의 해석학이 주는 의미를 간추리면 다음과 같다. 먼저 해

---

6 18세기 말과 19세기에 있어서의 인문 과학의 방법론은 자연 과학의 방법론적 모범에 종속하였는데, 딜타이는 정신 과학(Geistwissenschaft)이 이런 자연 과학의 방법론과 다른 나름의 방법론을 가지고 있음을 주장하였다. 그는 자연 과학은 설명하려고(Erkälren) 하는 반면, 정신 과학은 이해(Verstehen)를 목표로 한다고 하였다.
7 고남일, "H. G. Gadamer의 해석학적 경험," 2.
8 위의 책, 48-49.

석학은 마음과 몸, 존재와 행동, 이론과 실천을 그 안에 통합한다. 둘째, 해석학에서의 진리의 개념은 이성에 의한 인식론적인 개념이기보다는 우리의 전 주체성이 관여된 존재론적(ontological)인 개념이다. 이에 해석학은 진리의 인식이라는 말을 사용하기보다는 이해나 해석학적 경험이라는 말을 사용하기를 선호한다. 셋째, 해석학에서의 이해는 주관(subjectivity)과 객관(objectivity)의 상호 작용에 의해 이루어진다. 넷째, 해석학은 인간의 이해가 본질적으로 역사성(historicity)을 갖는다고 말한다. 인간 주체는 역사성의 산물로서, 공동체의 역사와 문화 사회적인 현실에 의해 제한되기 마련이다. 또한 해석은 과거와 현재의 역사적 지평의 융합을 통해 발생한다. 과거, 현재, 미래라는 시간적인 흐름이 해석학적 이해에 있어 중요하다는 것이다. 다섯째, 해석학은 전통적으로 텍스트에 대한 이해로 출발하였다. 그 텍스트(text)의 이해는 그것을 감싸고 있는 컨텍스트(context)의 이해를 배제하고 수행되어서는 안 된다. 텍스트는 당시의 컨텍스트의 산물이며, 우리는 그러한 텍스트를 오늘의 컨텍스트에 비추어서 해명할 필요가 있다. 여섯째, 해석학은 언어(language)에 의한 전달을 기초로 이루어지는 바, 그 언어는 그것의 배후에 있는 정신을 지적한다. 그런 의미에서 문자로 된 텍스트의 이해를 위해서는 그런 텍스트를 산출한 저자의 정신에 대한 이해를 필요로 하는 바, 그것은 저자의 심리적인 이해 및 저자의 경험에의 참여를 통해 가능하게 된다. 이에 문자(letter)와 정신(spirit), 빠롤(parole)과 랑그(langue)의 관계에 대한 이해가 필요하다. 일곱째, 인간의 행동(action)은 그의 존재(being)에 의해 제약을 받기 마련이다. 그러므로 그의 이해와 결단은 그 스스로의 것임과 함께 어느 정도 주변의 환경에 의해 주어진 것이기도 하다. 그것은 그의 운명(destiny)임과 동시에 자유(freedom)로운 결단으로서 그는 그것을 거스를 수 없으나, 그럼에도 그의 자의지를 가지고 새로운 창조를 향한 결단을 할 수 있는 것이다. 여덟째, 슐라이어마허가 제기한 해석학적 순환(hermeneutic circle)의 문제를 집고 나가야 할 것 같다. 해석학적 순환의 논리는 이렇다. 전체를 모르고서는 부분을 이해할 수 없다고 아스트(Friedrich Ast)는 말한 바 있으며, 그 내용을 슐라이어마허는 받아들이고 있다.[9] 예를 들어, 우리가 어려운 철학책을 읽을 때, 그 책의 전체적 주제를 모르고서 읽게 되면 내용을 도무지 알 수 없지만, 전체적 주제에 대해 사전지식이 있을 경우엔 그 책의 부분 부분을 이해하기가 용이한 것을 알 수 있다. 그렇게 부분을 이해하기 위해선 사전에 그 전체에 대해 어느 정도 알고 있어야 한다는 것이다. 그러나 이 같은 주장엔 모순이 있다. 부분을 모르고서 어떻게 전체를 알 수 있는가 하는 문제다. 전체를 알기 위해서는 부분으로부터 접근할 수밖에 없을 것이다. 여기에 해석학적 순환 관계가 놓이게 된다. 부분을 알기 위해 먼저 전체를 알아야 하고, 전체를 알기 위해 먼저 부분을 알아야 한다는 것이다. 슐라이어마허는 그것이 가능하려면, 일종의 직관적이고 신비적인 요소가 가정되어야 한다고 말한다.[10] 부분에 대한 직관을 통해 전체로 비약하는 운동이 가능하다는 것이다. 어떻게 그러한 신비가 가능한가? 그것은 화자와 청자 사이의 공유되는 의미공동체가 있기 때문일 것이다. 인간의 이해의 지평은 궁극적으로 깊이의 차원에서 연결되어 있다. 우리는 언어 공동체 속에 있으면서, 그러한 선이해를 물려

---

9 Hans-Georg Gadamer, *Truth and Method*, trans. by Glen-Doepel (London: Sheed and Ward, 1979), 167.
10 리차드 E. 팔머, 『해석학이란 무엇인가』 (서울: 문예출판사, 1989), 134.

받게 된다.[11] 그런 의미에서 우리의 주관은 우리가 관찰하는 대상으로서의 객관과 교호 관계에 있다. 객관이 우리의 주관에 영향을 주며 그 주관은 다시 객관적인 것으로 대상화하는 순환이 있게 마련이다. 필자는 이상의 여덟 가지의 명제로 현대 해석학의 이슈를 정리하였다. 물론 이러한 결과에 이르기까지의 여러 학자들의 주장을 정리하고, 그러한 주장들을 위의 명제에 맞추어 검토하는 일들은 상당히 길고 지루한 과정이 될 것이므로 이 짧은 글에선 생략키로 하겠으며, 아래에 해석학의 논점들을 다시 한번 정리해보도록 하겠다.

먼저 이론과 실천의 통합의 문제에 대해 거론하는 것이 좋겠다. 이에 철학적 해석학이 프락시스와 윤리의 문제에 어떻게 결부되는지를 검토하는 것이 유용할 것이다. 번스타인(Richard J. Bernstein)은[12] 가다머의 철학적 해석학이 모든 이해(understanding)가 해석(interpretation) 뿐 아니라 적용(application)을 포함하고 있음을 말하고 있다고 하였다.[13] 가다머 이전에는 해석학이 *subtilitas intelligenti*(이해의 묘)와 *subtilitas explicandi*(해석의 묘)와 *subtilitas applicandi*(적용의 묘)로 구분되었으나, 가

---

11 H. G. Gadamer, *Truth and Method*, 167 ff.
부분을 이해하기 위해 전체를 먼저 알아야 한다는 생각은 슐라이어마허가 처음 한 것은 아니다. 이미 문장의 문법적 이해라는 문학적인 분야에서, 전체적 컨텍스트를 앎이 없이 텍스트의 부분을 알 수 없음이 이야기 되었다. 그러나 슐라이어마허의 공헌은 이것을 문학적인 분야에서가 아니라, 심리적인 이해의 면에서 적용하였다는 데에 있다. 그는 인간의 모든 이해가 인간의 전체적 삶의 맥락에서 구성되는 것으로 말한다. 이해는 언제나 순환적인 운동으로, 전체로부터 부분에 이르고, 또한 부분에서 전체로 이르게 되는 것이다.

12 하버마스(J. Habermas)는 현대해석학에서 독특한 지위를 확보하고 있다. 보통 그의 해석학은 사회비평적 해석학(socio-critical hermeneutics)이라고 불린다. 하버마스는 가다머의 해석학이 현실순응적이며 전통에 대해 무비판적이라고 하면서, 이성을 가지고 비평적 입장에 설 것을 말한다. 이런 하버마스의 사회비평적 해석학의 입장에 서있는 영어권의 학자들로는 톰슨(John Thomson), 번스타인(Richard Bernstein), 맥가시(T. McCarthy) 등이 있다. [Anthony C. Thiselton, *New Horizons in Hermeneutics: The Theory and Practice of Transforming Biblical Reading* (Grand Rapids: Zondervan Publishing House, 1992), 380-381.]

13 Richard J. Bernstein, "From Hermeneutics to Praxis," Robert Hollinger, ed., *Hermeneutics and Praxis* (Notre Dame: University of Notre Dame Press, 1985), 272.

다머는 이러한 세 가지가 서로 분리되어 있는 것이 아니라, 내적으로 서로 연관되어 있다고 한 것이다. 가다머의 이 같은 생각은 아리스토텔레스에게서 나온 것인데, 아리스토텔레스는 니코마코스 윤리 6권에서, '프로네시스'(phronesis) 곧 '실천적 지식'이란 말을 하며, 그것은 이해에 적용이 포함된 개념이라 하였다. 아리스토텔레스는 앎의 세 가지 방법에 대해 말한다. '테오리아'(theoria)와 '프락시스'(praxis)와 '포이에시스'(poiesis)이다. 그것들은 각각 사변적인 앎의 방법, 실천적인 앎의 방법, 생산적인 앎의 방법을 가리킨다. '테오리아'의 앎의 방법은 관상적, 반성적, 비참여적인 과정에 의한 것이다. '프락시스'적 앎의 방법은 사회적 상황 속에 반성적으로 참여함으로써 진리를 탐구하는 것이다. 또한 '포이에시스'는 만듦 속에서 구체화되고 만듦으로부터 생긴다. '테오리아'로서의 이론적인 지식은 그 자체를 목적으로 하지만, 실천적인 지식은 사회적 행동을 목적으로 하며, 생산적인 지식은 공예품의 제조를 목적으로 한다. '테오리아'를 위해서는 '에피스테메'라는 기능과 '누스'라는 인간의 기능이 요청된다. '에피스테메'는 우리가 영원한 원리를 알기 위하여 추론하는 기능을 의미한다. '누스'는 제1원리를 파악할 수 있는 정신의 상태를 언급한다. 다음으로 아리스토텔레스는 '프락시스'를 가능하게 하는 인간의 기능을 '프로네시스'(phronesis)라고 하였다. '프로네시스'는 그것에서 '프락시스'가 생기며, '프락시스'에 의해 발전되는 정신의 상태를 의미한다. '프로네시스'는 실천적 지혜나 신중함의 습관(habit)을 의미한다. 그는 그러한 '프락시스'가 인간의 지성에 의한 활동으로만 보고 있지 않으며, 감각, 지성, 욕구 등의 제반 요소에 의해 영향을 받는 것으로 말한다. '프락시스'는 전 인간의 활동, 즉 머리, 마음, 삶의 양식의 활동 결과라 할 수 있다. 그는 '프락시스'에 있어서의 정서의 역할을 강조하였던 것이다. 마지막으로 아리스토텔레스는 '포이에시스'를 일으키는 인간 정신의 조건을 '테크네'라고 하였다. '테크네'는 기술과 기교라는 말로 번역될 수 있는 단어다. 그는 이 세 가지의 삶이 서로 연관됨을 말한다. '테오리아'와 '프락시스', '프락시스'와 '포이에시스'는 서로를 필요로 하는 입장에 있다. 진정한 사변적인 앎은 실천적인 앎을 통해 이루어지며, 실천적인 앎은 사변적인 앎에 의해 정보를 얻게 되는 것이다. 그러므로 아리스토텔레스에게 있어서는 '테오리아'와 '프락시스'가 이분화되어 있지 않다.[14] 이와 같이 '프로네시스'로서의 윤리적인 이성은 언제나 '행동하는 상황'(acting situation) 속에서 실천과 연결되어 작동한다.

번스타인은, 『진리와 방법』이란 책에서 가다머가 예술과 텍스트와 전승들의 이해와 해석에 일차적인 관심을 보였지만, 그 책이 나오기 전후의 저작들에선 윤리와 정치에 대한 명백한 관심을 보이고 있으며, 또한 그 윤리와 정치가 그의 책 『진리와 방법』의 탐구에 기초가 된다고 말하였다.[15] 가다머는 줄곧 해석학과 프락시스의 변증법적 상호 작용에 착목하여 왔다. 가다머는 현대의 과학주의의 문화가 사회-정치적 차원에서의 실천의 상실을 야기하였다고 한다. 여기서 그는 아리스토텔레스의 실천철학이 현재의 위기에서 우리를 이끌어 낼 수 있는 모델로 보고 있는 것이다. 그는 현대 사회의 가장 심각한 문제가 과학적 세계의 체계화에 대한 과신과 그 영향에서 비롯된, 실천적 이성 또는 판단력의 급격한 쇠진에 있다고 보았다. 본래 실재를 파악하던 제한된 한 방법에 불과하던 과학이 이제는 배타적인 유일한 방법이 되어가고 있다고 비판

---

14 토마스 그룸, 『기독교적 종교 교육』, 이기문 역 (서울: 대한예수교장로회총회교육부, 1983), 227-234.

15 Richard J. Bernstein, "From Hermeneutics to Praxis," 281.

한다. 그 결과 우리는 이전의 세계와의 관계 속에서 향유하던 본래의 다양한 경험과 유연성을 상실하게 된 것이다.[16] 그는 현대의 과학주의 (scientism)가 실천이성의 급격한 쇠진을 가져왔으며, 이에 실천과 윤리의 문제가 급속히 후퇴되었다고 보고 있다. 이에 우리의 관심은 이런 인간의 실천적 능력과 판단력을 회복하는 것에 있는데, 그러한 것이 해석학적 이해의 과정을 통해 가능함을 가다머는 주장하였다.

이러한 방향 전환은 우리가 이미 제기한 해석학에 있어서의 두 번째의 명제와 연결된다. 가다머가 제기한 해석학의 경험이론은 진리론에서의 이성을 중심한 인식론적 논의를 넘어선다. 과학주의는 진리를 이성에 의해 명증이 가능한 부분으로 제한하였으나, 해석학은 이성과 정서를 포괄하는 우리의 전 경험(experience)을 통해 진리의 이해 (understanding)에 접근하고 있다. 현대해석학은 진리를 객관적 명증 가능함에서 찾지 않고, 인간의 주체성에서 찾는다. 따라서 진리는 종래의 인식론적이고 논리적인 개념이 아니고 존재론적인 개념으로 된 것이다. 그것은 "내가 진리이다."라고 말한 예수 그리스도의 말씀과 연결된다. 또한 주체성으로서의 인간은 역사적인 존재다. 따라서 인간의 이해도 역사성을 가졌고, 그 이해 속에 나타나는 진리도 역사성을 가졌다. 여기에서의 이해란 인간을 그 자신과 그리고 그의 삶의 세계와 연결하는 존재론적 구성이라고 할 수 있다. 이성과 정서적인 모든 요소들을 포괄한 본유적인 존재의 구성을 말하는 것이다.[17] 해석학은 이해론 속에 이성뿐 아니라 정서와 의지 및 직관의 문제를 포괄함으로써 이해의 지

---

16 신국원, "가다머 철학적 해석학의 문화-사회적 지평," 한국해석학회 편, 『해석학이란 무엇인가』 (서울: 지평문화사, 1995), 189 ff.
17 이규호, 『현대 철학의 이해』, 증보판 (서울: 문영사, 1982), 244.

평을 확대한 것이다.[18]

셋째, 해석학의 이해는 주관과 객관의 순환적인 통합에 의해 이루어짐을 말한 바 있다. 슐라이어마허나 딜타이 같은 현대 해석학자들은 자유주의 신학과 같은 맥락에 서 있으면서, 주관주의 입장을 탈피하지 못하였다. 그러나 현대 해석학이 하이데거에 이르러 존재론적인 양상을 띠면서, 이 같은 주객의 구조를 극복하며 주관과 객관의 상호 연관과 교호적인 관계가 강조되었다. 하이데거의 견해를 해석학의 입장에서 정교하게 다듬은 사람이 가다머다. 20세기 신학은 이 같은 가다머의 해석학에 많은 영향을 받고 있다. 물론 이 하이데거나 가다머의 이론이 하버마스나 리꾀르 등에 의해서 비판되며 수정 보완되어 온 것은 사실이나 크게 그들의 입장을 벗어났다고는 보이지 않는다. 가다머는 이해가 인간의 주관적인 활동의 산물이 아니며, 인간을 휩싸고 있는 세계에 의해 주어지는 것으로서의 계시적인 성격을 가지고 있음을 강조하였다. 인간은 세계 내의 존재로서 그의 의식은 역사와 언어의 산물이다. 인간은 그의 언어를 가지고 어떤 방법을 취하여 세계를 이해하는 것이 아니며, 언어가 이해의 선구조(prestructure)를 만든다는 것이다. 물론 가다머도 선이해(preunderstanding)의 주관성을 강조하기는 하였으나, 그러한 선이해가 세계에 의해 형성되고 주어지는 것을 말하면서 주객의 도식을 탈피하였던 것이다.

---

18 이러한 생각은 하나님에 대한 우리의 이해의 폭을 넓혀 준다. 우리는 우리의 이성을 통해 하나님을 알 수 있을 뿐만 아니라, 우리의 정서적인 능력을 통해 하나님을 느낄 수 있으며, 우리의 몸의 실천을 통해 하나님에게 가까이 접근할 수도 있는 것이다. 이렇게 하나님에 대한 경험을 총체적인 것으로서, 우리의 지정의체의 모든 부분을 포괄한다. 이러한 하나님에 대한 총체적 경험으로서의 접근에 대해서는 필자의 책, 『예배와 인간 행동』(서울: 성광문화사, 1996)을 참조할 수 있다.

20세기 후반의 신학은 한마디로 자유주의와 신정통주의의 종합에 초점이 맞추어 있다. 자유주의 신학은 신의 내재성(immanence)을 강조하면서 신학의 근거를 인간의 경험(experience)에 두는 반면, 신정통주의 신학은 신의 초월성(transcendence)을 강조하여 하나님의 계시(revelation)를 신학의 근거로 삼고 있다.[19] 자유주의 신학은 인간의 합리성을 강조한 계몽주의의 영향을 받았으며, 이해에 있어 인간 이성의 합리적 주체성을 중시하였다. 이러한 인식 대상에 대한 인간 주체의 우월성에 대한 강조는 데카르트의 주객을 분리하는 도식에서 비롯하였다고 할 수 있다. 자유주의 신학은 인간의 주체성을 강조하는 주관주의적 신학인 반면, 신정통주의 신학은 인식에 있어 객관적 대상성으로서의 예수 그리스도의 계시의 측면을 강조한다. 이에 오늘의 신학의 과제는 이같은 주관적인 신학과 객관적인 신학의 극복 종합에 있다고 하여도 과언이 아닐 것이다. 이상과 같이 오늘의 신학자들은 이러한 주객도식을 극복하는 신학을 위한 근거로서 현대의 해석학을 채용한다.

　이 같은 자유주의 신학과 신정통주의 신학의 종합에 앞장서 공헌한 두 명의 신학자가 있다. 그 둘은 유럽의 본회퍼와 미국의 리처드 니버(Helmut Richard Niebuhr)다. 본회퍼는 주관적 경험을 강조하는 트뢸취의 자유주의와 객관적 계시를 강조하는 바르트의 신정통주의 사상을 교회 공동체라는 개념을 가지고 종합하였으며, 니버는 상상력(imagination)이란 개념을 가지고 이 둘을 종합하였다. 신정통주의 신학자 바르트는 계시에 대한 접촉점이 인간에게 없다고 본 반면, 자유주의

19　이러한 오늘의 신학에 있어서의 초월과 내재의 종합의 문제는 최근 번역서로 출간된 책, 스탠리 그렌츠, 로저 올슨, 『20세기 신학』(서울: 한국기독학생회출판부, 1997)을 참조하시오.

신학자들은 그 계시에 대한 합리적인 접촉점이 인간에게 있다고 했다. 니버는 그의 난해한 책 『계시의 의미』에서 이러한 양자를 종합한다. 그는 자유주의의 경험과 신정통주의의 계시를 연결하기 위해 상상력이란 개념을 도입한다. 계시가 인간의 지각적인 접촉을 통해 들어오지 않고, 인간의 상상력을 통해 들어와 다시 인간 경험과 상호 작용을 하게 된다는 것이다. 오타티(D. F. Ottati)는 니버의 이 상상력을 설명하면서, 그것은 일종의 정서적인 것으로 인간이 가지는 성향이나 직관의 문제와 연결되는 것이라 하였다.[20]

3. 해석학의 명제에 따른 그룸(Thomas H. Groome)의 실천방법론

미국의 기독교 교육학자 그룸은 그의 유명한 책, 『기독교적 종교 교육』에서 해석학적 실천이론을 다음과 같이 제기한 바 있다.[21] 먼저 제1장에서 그룸은 기독교 교육에 있어서의 역사성의 문제를 제시한다. 해석학은 인간의 모든 이해가 역사적으로 조건화 되어 있음을 말한다. 저

20　D. F. Ottati, *Meaning and Method in H. Richard Niebuhr's Theology* (Washington: University Press of America, 1982), 80.
21　토마스 그룸, 『기독교적 종교 교육』, 이기문 역 (서울: 대한예수교장로회총회교육부, 1983). 그룸은 이 책에서 미국의 기독교 교육 사상에서의 두 가지의 갈래인 종교 교육(religious education)과 기독교 교육(Christian education)의 전통을 통합하고 있다. 종교 교육은 진보적인 교회의 교회 교육 방법론이었는데, 인간의 경험(experience)과 이성을 비교적 강조하는 교육이다. 이에 비해 기독교 교육은 좀 더 보수적인 교육으로서, 인간의 경험에 대한 관심은 약화시킨 채, 하나님의 계시와 교회의 전승(tradition)에 대해 집중하는 교육이다. 그룸은 이 두 가지의 교육의 갈래를 하나로 만들면서, 그것의 방법론적 근거를 현대 해석학에서 가져오고 있다. 현재의 경험과 과거의 전승이 만남을 통해, 해석학적 작업이 시작되는 것이다. 토마스 그룸은 이 책의 내용을 보강하여 1991년, *Sharing Faith: A Comprehensive Approach to Religious Education and Pastoral Ministry* (New York: Harper Collins, 1991)를 출간하였다. [이하 Sharing Faith로 표기함.]

자는 저자 시대의 역사적 지평이 있으며 독자는 독자 시대의 역사적 지평이 있다.[22] 우리의 여러 경험에 대한 이해도 현재 우리가 서있는 역사적 지평에 의해 제한되기 마련이다. 물론 우리의 현재의 역사적 지평은 과거의 지평과 무관한 것은 아니다. 그 둘은 서로에게 영향을 주는 것으로, 서로 간의 지평 융합(Horizontverschmelzung)이 가능하다.[23] 그러므로 우리의 실천을 위한 결단은 이러한 시간적인 차원을 고려에 넣어야 한다. 과거의 전승 속에서 현재의 경험들을 분석하고, 그러한 해석을 통해 미래에 대한 우리의 비전을 명확히 하는 일은 중요하다. 그룸은 과거와 현재와 미래 각각에 대한 관심과 이 세 개의 통합이 기독교 교육에 있어 중요함을 설명한다. 과거는 듀이(J. Dewey)의 말대로 '문명의 적립된 자본'이다.[24] 우리의 지식은 우리 자신의 경험으로부터 발견된다기보다는 우리가 참여한 공동체로부터 물려받게 된다는 것이다. 이를 위해 우리가 과거의 유산과 능동적으로 만나는 과정이 필요하다. 그러나 교

---

[22] 팔머는 해석은 해석자의 지평과 텍스트의 지평에 가로놓여 있는 역사적 거리를 메우는 작업이라고 말한다. [리차드 E. 팔머, 『해석학이란 무엇인가』, 352.]

[23] 가다머는 해석학적 이해로서의 지평 융합(the fusion of horizons)의 개념을 다음과 같이 설명한다. "실로 우리가 우리의 모든 선입견을 계속적으로 시험하는 한에 있어, 우리의 현재의 지평은 계속적으로 형성된다. 이러한 시험에 있어 중요한 부분은 과거와 우리가 그로부터 온 전승에 대한 이해와 만나는 것이다. 이러함에 현재의 지평은 과거의 지평이 없이는 형성되어질 수 없다. 역사적 지평만이 있을 뿐, 격리된 현재의 지평이라는 것은 없다. 이에 이해라는 것은 언제나 이런, 우리가 그 자체로 존재한다고 생각하는, 지평들의 융합이다. 우리들은 이런 종류의 융합의 힘을 오래 전부터 알고 있으며, 그들 스스로와 그들의 기원에 대한 그들의 천진난만한 태도에 대해서도 알고 있다. 이러한 융합의 과정은 전승 속에서 계속된다. 그것에서는 서로가 다른 것으로부터 구별됨이 없이, 오래된 것과 새로운 것이 살아있는 가치의 어떤 것을 만들기 위하여 계속적으로 함께 성장한다." [Hans-Georg Gadamer, *Truth and Method*, 273.] 가다머에 있어 해석학적인 상황이란 선입견에 의해 결정된다. 그리고 이 선입견이 현재의 지평을 결정한다. 그러나 선입견은 과거와의 접촉과 전승과의 만남으로 끊임없이 영향을 받는 것이기에, 현재의 지평 또한 과거 없이는 형성될 수가 없는 것이다. 역사적 지평이 따로 없듯이 현재의 지평 또한 폐쇄되어서 따로 있는 것이 아니다. 가다머에 의하면 이해한다는 것은 오히려 이렇게 따로 존재하듯 보이는 이러한 지평들이 융합되는 과정이다. 즉 보다 높은 차원의 일반성에로의 향상이 이뤄지는 지평에로의 융화인 것이다. 이것을 그는 지평 융합이라고 독특하게 표현하고 있다. [고남일, "H. G. Gadamer의 해석학적 경험," 17.]

[24] J. Dewey, "Creed," 19. 토마스 그룸, 『기독교적 종교 교육』, 30에서 재인용.

4장 • 기독교 사회봉사 실천, 어떻게 해야 하는가? 129

육은 이렇게 과거의 전승을 물려받는 것만으로 끝나지 않는다. 현재는 우리가 관여하는 가장 직접적인 시간으로 인간 가능성으로서의 지식은 현재의 과정을 통해 소유화된다. 그러나 현재의 경험과 흥미만이 지나치게 강조되면, 과거의 유산이 망각되고 미래의 책임성이 무시되는 위험성을 갖는다. 마지막으로 미래에 대한 가정과 관심은 우리의 교육 활동 속에 아직 이루어지지 않은 차원 즉 아직 실현되지 않은 앎에로 나아가는 것이 중요함을 나타낸다. 우리는 우리 모두 미래를 갖고 있다는 전제하에 교육하며, 이러한 관심이 교육 활동에서 적절히 표현될 때, 미래는 과거의 유산과 현재의 창조성 속에서 솟아나며, 과거와 현재를 넘어선 새로운 것으로 우리에게 부각되게 된다. 그룹은 이러한 시간 속에서의 교육 활동의 세 차원이 서로 긴장 관계를 유지하며 변증법적으로 작용하여야 할 것을 말한다. 이 같은 삼분된 시간적인 차원이 통합되는 계기를 그룹은 순례라고 표현하는데, 교육은 본질적으로 이 시간 안에서의 활동이며, 동시 미래지향적인 것으로 역사 적응의 차원을 넘어 사회 비평적이며 창조적인 속성을 지닌다고 하였다. 이와 같은 순례의 여정에서의 교육 활동은 교육가와 학생의 함께 되어감(being with)으로 이루어져 간다.[25]

다음으로 그룹은 제4장에서 기독교 교육의 세 가지 차원에 대해 언급한다. 그는 기독교 교육을 지성적인 차원으로만 축소시키지 않고 있다. 그는 지적인 신앙과 정적인 신뢰로서의 신앙, 행함으로서의 신앙 세 가지가 모두 필요함을 언급하였다. 해석학에서는 우리의 경험을 총체적인 것으로 생각한다. 우리의 경험은 논리적이며 인식적인 지성적 범

---

25 이 부분은 토미스 그룹, 『기독교적 종교 교육』, 27-47을 보시오.

주 내의 것만이 아니며, 인간의 다양한 기능들을 포괄하는 총체적인 것이다. 그러므로 우리는 우리의 실천을 다룰 때, 지성적인 면만 고려해서 마무리해서는 안 된다. 이것은 기독교 사회 윤리의 측면에서도 마찬가지일 것으로 생각한다. 활력 있는 기독교 신앙은 지성적이며 정서적이고 실천적인 세 차원이 분리되어 있거나 단독으로 존재하지 않으며 이 세 가지를 모두 포괄한다. 우리의 교육적 과제와 노력은 우리가 믿는다고 고백하는 것과 우리가 실제로 세상에 참여하는 실천 사이의 일치를 목적으로 해야 할 것이다.[26]

제5장에서 그룹은 인간의 자유에 대한 문제를 논의한다. 이 문제는 보통 해석학에서는 존재(being)와 행동(action)의 문제로 거론된다. 인간은 주변 환경의 산물이다. 그는 주변의 사회적 문화적 정치적 환경에 의해 영향을 받기 마련이다. 그리고 이런 그의 존재는 그의 행동에 대한 결단에 영향을 미치게 된다. 그러나 인간은 환경에 대해 어떤 거역도 할 수 없는 운명적인 존재는 아니다. 역사적 상황 속에서 그의 존재가 결정되는 것이긴 하나, 그는 어느 정도의 자유를 가지고 있다.[27] 이에 있어 그의 행동이 바로 되기 위해서는 그의 존재를 바로 할 필요가 있다. 그의 전존재가 변혁되지 않는 한, 그의 행동은 변화되지 않을 것이다. 그의 전존재는 그가 몸 담고 있는 공동체의 산물로서, 그의 변혁을 위해 먼저 우리는 공동체적인 변화를 도모할 필요가 있다. 이러한 공동체와 사회적인 악영향에 의해 고정된 우리의 그릇된 성향의 차원은 기

---

26 위의 책, 94-110을 참조하시오.
27 환경이 그의 모든 것을 결정한다는 입장을 경성의 결정론(hard determinism)이라 하며, 그럼에도 그의 자유의 여지가 있다고 보는 견해를 연성의 결정론(soft determinism)이라 한다.

독교의 원죄적 요소와 연결된다. 그리스도의 구속의 은총만이 이러한 존재 내의 그릇된 뿌리를 단절할 수 있는 것으로, 기독교는 바른 행동의 전제로서의 의인(justification)을 강조한다. 그룹은 인간이 타락을 통해 비자유의 상태, 곧 그릇된 행동을 야기하는 상태로 전락하였음을 말하며, 예수 그리스도의 부르심과 부활의 빛 아래서, 참다운 선을 향한 자유를 얻게 됨을 강조하였다. 존재가 변하지 않고는 행동이 변할 수 없으며, 행동의 실천이 없는 존재의 변혁 또한 공허한 것이다.[28] 그렇게 의인(justification)과 성화(sanctification)는 서로 분리되지 않는다.

제6장에서 그룸은 사회화의 문제를 거론하였다.[29] 이 사회화의 문제는 어느 정도 5장이 제시하는 것과 연관성이 있다. 개인과 사회 사이의 다이나믹이 있다는 것이다. 개인은 사회의 산물임과 동시, 그 사회를 변혁하는 주체가 되기도 한다. 그러므로 개인이 바른 기독교적 신앙을 갖기 위해서는 기독교 신앙 공동체라는 상황을 필요로 한다. 곧 바른 교회의 세움을 통하여 각 성도 개인이 교육된다는 것이다. 바른 교회 공동체의 형성이 없이 바른 신앙의 사회화는 불가능하다. 인간은 어느 정도 사회와 문화 및 공동체의 산물로서, 우리는 개인의 교육을 위해 사회와 공동체의 바른 분위기 형성에 주력하여야 할 것이다. 해석학은 우리 인간 주체가 사회적 전통과 관습에 영향을 받아, 나름의 선이해와 선입견을 보유하고 있다고 말한다. 그룹은 사회화의 과정을 통해 인간의 자아는 사회와 문화에 의해 형성되기는 하지만 결정되지는 않는다고 하였

---

28 위의 책, 132-162를 참조하시오.
29 그룹은 이와 같은 사회화의 문제를 기독교 교육에 적용시킨 신학자들로서 부쉬넬(Horace Bushnell), 코오(George Albert Coe), 넬슨(C. Ellis Nelson), 웨스터호프 3세(John Westerhoff Ⅲ), 마탤러(Berard Mathaler) 등이 있다고 말한다. [위의 책, 177-187.]

다. 그룸은 개인과 사회의 관계를 변증법적인 관계로 묘사한다. 개인은 사회에 대해 다음과 같은 과정을 통해 변증법적인 관계를 형성하게 된다. 첫째로 자아는 사회를 긍정하고 승낙하며 받아들이는 순간이 있다. 다음으로 개인은 사회적 상황을 거절하고 배척하고 부인하는 순간을 갖는다. 마지막으로는 위의 두 과정을 뛰어넘는 순간이다. 이 순간엔 위의 두 과정이 연합되어 하나의 더 큰 합(synthesis)으로 포섭된다.[30] 이와 같은 개인과 사회 상호 간의 긍정과 부정으로서의 변증법적인 관계는 개인의 자율성과 사회의 변혁을 야기하는 창조적 긴장성의 원천이 된다. 사회와 개인은 서로 이분법적으로 나뉘어 있는 것이 아니며, 사회화의 과정 속에서 서로 보완하는 성격을 갖는다. 그룸은 세속적인 그릇된 사회화의 방향을 제어하기 위해, 기독교 공동체로서의 의도적이며 비평적인 사회화의 작업이 필요하다고 말한다. 이러한 일을 위해서는 기독교 공동체와 여타의 공동체 사이의 변증법적인 역학 관계 및 기독교 공동체와 그의 구성원 개인과의 변증법적 역학 관계에 대한 이해가 필요하다고 그는 말하였다.[31]

제8장에서 그룸은 실천적 인식론에 대하여 설명한다. 그는 해석학자들과 마찬가지로 우리의 인식과 이해가 '프락시스'를 향하여 정위될 것을 강조한다. 그는 특히 서구의 이론과 실천 사이의 그릇된 이분법을 비판하고 있다. "실천(praxis)을 이해하기 위해서는 이론과 실천 사이의 이분화로부터 떠나서, 그것들을 변증법적으로 연합된 동일한 행위의 짝을 이룬 계기(moment)들로 보도록 하는 의식상의 변천이 있어야 한다. 이

---

30 위의 책, 174.
31 위의 책, 191-192.

론이 실천(practice)을 낳는다기보다는 이론은 실천에 있어서 반성의 순간이 되고 또 그러한 순간으로 파악되며, 사상을 표현하고 있는 이론은 장차 그 실천을 산출하는 바로 그 실천으로부터 생긴다."[32]

그룹은 해석학의 입장에서와 같이, 이론과 실천을, 테오리아와 프락시스를, 신학과 윤리를 이분화시키지 않고 있다. 그룹은 자신의 기독교 교육 방법론을 '나눔의 기독교적 실천'(shared Christian praxis)이라고 명한다.[33] 이 방법은 기존의 교육 형태인 지식의 전달과 주입 속에서 이분법적으로 이론이 실천을 이끌어낼 수 있다는 주장을 극복하고, 이론과 실천 상호 간의 변증법적이고 비평적인 반성을 통하여 새로 고양된 목적 지향적 실천을 향하여 나가는 것을 그 방법의 핵심으로 하고 있다. 참여와 대화는 그 방법의 중요한 원리이며, 이 모든 과정들이 지속적인 해석학적 반성을 통해 성취되는 것임을 그룹은 강조한다.

그룹의 해석학적 기독교 교육의 구체적인 방법은 '나눔의 기독교적 실천'(shared Christian praxis)이다.[34] 이 말은 세 가지의 요소를 포함하는 바, '나눔'과 '기독교'와 '실천'이다. 먼저 프락시스의 문제에 대해서는 앞에서 길게 이야기하였다. 두 번째의 요소로서의 '기독교적'이란 말은 역사적 과정 속에서 기독교 공동체의 신앙으로부터 출현한 기독교의 이야기와 비전을 강조하는 기독교 교육을 말한다. 세 번째 요소로서의 나눔에 대해서는 좀 설명할 필요가 있을 것 같다. 나눔으로서의 교육은 교사

---

[32] Thomas H. Groome, *Christian Religious Education: Sharing our Story and Vision* (New York: Harper Collins, 1980), 152.

[33] 필자는 *praxis*를 '실천'이라 번역하였다. 혹자는 이 *praxis*를 영어의 'practice'와 구분하기 위해, 그대로 '프락시스'로 번역할 것을 추천한다. *praxis*를 정확히 번역하려면, '실천적 반성'(practical reflection) 정도로 하여야 할 것이다.

[34] 이선구, "참여적 실천으로서의 기독교 교육 연구-T. H. Groome의 이론을 중심으로-," (미간행 석사학위 논문, 한신대학교 신학대학원, 1995)를 참조할 수 있다.

와 피교육자의 사이를 파트너십의 관계로 생각한다. 그것은 권위주의적인 교육을 배격하고 피교육자를 대화의 파트너로서 인식하여 학습의 과정에 참여케 한다. 이런 나눔의 교육은 세 가지 방향의 대화를 장려한다. 먼저는 교사와 학습자 사이의 대화이며, 다음은 참여자 자신과의 대화이다. 세 번째 대화는 하나님과의 관계에서 일어나는 대화이며, 현재적 실천과 기독교적 전승에서의 이야기와 비전 사이에서 증진되는 대화와 변증법이 그것이다. 이러한 세 방향의 대화를 통하여, 기독교 공동체의 역동성이 강화되는 것이다.[35] 그룹은 '나눔의 기독교적 실천'의 구체적인 단계를 다음과 같이 제시한다:[36] 1) 초점을 맞추는 행위 2) 현재의 실천에 대해 표현하기 3) 현재적 행동에 대한 비판적 반성 - 참여자들의 이야기와 비전을 나눔 4) 기독교 공동체의 이야기와 비전에 대해 나눔 5) 참여자들의 이야기와 기독교 공동체의 이야기들 사이의 변증법적인 해석 6) 참여자들의 비전과 기독교 공동체의 비전 사이의 변증법적인 해석 7) 참여자들의 신앙적 응답과 결단으로 이 각 단계들에 대한 간략한 설명을 부치는 것이 좋겠다. 첫 번째의 초점을 맞추는 작업은 교과를 위한 이슈를 선택하는 일을 말한다. 그 이슈는 참여자들의 실천과 직결되는 것으로 정하는 것이 바람직하다. 가능한 한 참여자들의 삶 중에서 관심이 많은 것을 정하는 것이 좋을 것이다. 또한 그것은 서로 대화하고 논의하기 용이한 주제여야 한다. 그것은 참여자들이 쉽게 그들의 현재에 있어서의 실천을 표현할 수 있고, 또한 취급하기 용이한 주제이면 좋다. 두 번째로 참여자들은 자신의 사회적 상황과 공동체에서 경험

---

35 Thomas H. Groome, *Sharing Faith*, 135-143.
36 이 부분은 토마스 그룹, 『기독교적 종교 교육』, 298-325 제8장과 T. H. Groome, *Sharing Faith*, 155 ff를 참조하시오.

(experience)하는 현재적인 행동에 대해 명명하고 그것을 표현하는 단계가 있어야 한다. 오늘의 사태를 실천적인 행동의 전망하에서 분석하는 단계이다. 세 번째의 단계는 현재의 행동에 대한 참여자들의 이야기와 비전을 나누는 일이다. 이 단계는 일종의 비판적 반성(critical reflection)의 단계다. 경험을 기술하는 것만으로 충분하지 않으며, 그 경험에 대한 이야기와 비전을 나눔으로써 비판적으로 반성하는 것이 요청된다. 이 단계는 현재적 행동의 이유와 결과에 대해 질문하는 것을 말한다. 오늘의 우리의 행동의 배후의 원인이 되는 것들이 여러 가지 있다. 사회적인 여건과 규범과 가정 등이 그것들이다. 또한 우리의 행동의 의도된 결과들에 대한 분석 또한 비판적 반성을 구성하는 중요한 부분이다. 네 번째의 단계는 기독교적 이야기와 비전에 대해 서로 나누는 것이다. 성경과 전승, 신조, 예전, 교리, 신학 등에 나타난 기독교 신앙의 이야기와 비전을 나눔으로써, 우리는 다음 단계로서의 변증법적 해석의[37] 단계를 준비하게 된다. 다섯 번째와 여섯 번째의 단계는 우리의 이야기와 비전을 기독교 공동체의 이야기 및 비전과 대화시키며 변증법적인 해석을 가하는 단계이다. 과거의 지평과 현재의 지평이 이런 변증법적 해석의 단계에서 융합된다. 기독교의 이야기와 비전이 우리의 현재의 이야기와 비전을 비판한다. 하나님의 계시는 우리의 경험을 위로함과 동시에 도전하며, 격려와 동시에 시정을 명령하고, 긍정과 동시에 부정하고 있다. 그 기독교 공동체의 이야기는 우리의 경험에서의 이야기를 긍정,

---

[37] 가다머에 있어 변증법적 사고는 헤겔처럼 상호 이율배반적인 실체가 의식의 자기객관화 속에서 통일되는 변증법적 과정을 말하는 것이 아니며, 전통 속에 이미 영향 받고 있는 해석학적 사고에서의 전통지평과 현재지평 사이의 지평 융합의 사건을 의미한다. [김영한, 『하이데거에서 리쾨르까지: 현대 철학적 해석학과 신학적 해석학』(서울: 박영사, 1987), 241.]

격려, 치유, 정화하는 원천이 된다. 마지막 단계에 있어, 그룹은 기독교인의 신앙적 결단이 여러 차원을 갖고 있다고 말한다. 결단들은 인지적이고(cognitive) 정서적인(affective) 입장이나 행동적인(behavioral) 입장에서, 개인적(personal)이고 상호 개인적인(interpersonal) 면과 또한 사회-정치적인(socio-political) 수준에서, 개별적(individual)이고 공동적인(communal) 면에 있어, 일어난 사건 내에서 실현되는(realized within an event) 것과 사건 밖에서 실현되는 것 등 여러 차원들을 통하여 되어질 수 있다고 그는 말하였다.[38]

위와 같은 '나눔의 기독교적 실천'으로서의 그룹의 기독교 교육 방법론은 현대 해석학의 입장을 반영한 것으로, 앞에서 필자가 제기한 해석학의 명제들을 포괄하고 있다. 현대 해석학은 그 속에 시간적인 계기와 공간적인 계기를 담고 있다.[39] 과거의 지평과 현재의 지평의 융합을 통해 텍스트에 대한 해석이 이루어지는데, 그룹은 그의 방법론에 이런 시간적인 계기를 포괄한다. '나눔의 기독교적 실천'에서는 현재의 이야기와 비전이 과거 기독교 전승 속에서의 이야기와 비전과 만나고 있다. 이 둘이 만나 묻고 답하는 가운데 변증법적인 해석의 과정이 전개되는 것이다. 다음으로 그룹의 방법론에는 공간적인 계기가 내재되어 있다. 개인은 사회와 분리되어 있는 주체가 아니다. 그는 주변의 공동체의 사회-문화적인 환경의 산물로서, 그와 공동체 사이엔 대화적 관계가 필요하다. 그룹은 각각의 개인이 대화의 참여자가 되어 자신의 이야기와 비전을 함께 나눔으로써 공간적인 한계를 넘어서고 있다. 개인은 그런 대화

---

38 T. H. Groome, *Sharing Faith*, 267-271.
39 이 같은 인간 존재 즉 인간 주체의 관계적 성격 곧 시간성과 공간성의 모습에 대한 자세한 설명은 그룹의 *Sharing Faith*, 85 ff에서 찾아볼 수 있다.

를 통하여, 자신의 주관을 객관의 시야에서 다시 관찰하며, 객관적인 입장을 자신의 주관에서 다시 음미하게 되는 것이다. 이러한 주관과 객관의 만남은 경험과 계시라는 측면에서 다시 설명될 수도 있다. 개인의 주관적인 경험이 계시의 객관성 속에서 검토되고 있는 것이다. 나의 이야기와 비전으로서의 인간 경험이, 기독교 공동체의 이야기와 비전이라는 계시의 빛 아래서 조망되고 있다는 것이다.

4. 교회의 사회봉사 실천방법론의 또 다른 기초로서의 근본적 실천신학(fundamental practical theology)

1) 실천신학의 대두

여기서 필자는 교회의 사회적 실천의 또 다른 방법적인 전거로서의 현대 '실천신학' 이론을 소개하고자 한다. 특히 미국 시카고대학교의 브라우닝(Don S. Browning) 교수의 입장을 실천신학의 대표적인 이론으로 소개하며, 그 이론과 기독교 윤리 방법론 사이의 연계에 대해 설명하려 한다. 이와 같은 실천신학에 대한 논의에 앞서, 최근 '실천신학'(pratical theology)이란 용어의 사용에 유념할 필요가 있다. 이전 실천신학이란 용어는 기독교 교육학, 설교학, 예배학, 선교학, 교회행정학, 목회 상담학 등의 목회적 실천 분야의 학문들을 총괄하는 것으로 사용되었지만, 최근 실천신학이란 말은 그런 의미이기보다는 모든 신학이 실천적이어야 한다는 개념으로 사용되고 있다. 그리하여 이전의 실천 분야를 통괄하는 데에 쓰였던 실천신학이란 말은 '응용신학'(applied theology)이란 용어로 대체되었으며, 최근 사용되는 실천신학이란 말은 신학 전체가 교회와 사회를 위한 실천적 학문이 되어야 함을 나타내는 말로 사용되고 있는 것이다.

슐라이어마허는 실천신학에 기초를 놓은 사람이다. 1811년에 쓰여진 그의 유명한 책 『실천신학 개론』(Kurze Darstellung)[40]은 그로 하여금 이 실천신학이란 학문을 연 최초의 신학자라는 이름을 주었다.[41] 슐라이어마허는 그 책에서 실천의 중요성을 강조하였을 뿐 아니라, 신학에서의 인문 과학과 사회 과학의 사용을 중시하였다. 그러나 그는 실천신학의 과제를 해석학적 연구보다는 일종의 목회 기술의 응용으로서 생각하였는데, 그 실천신학을 교회 내의 목회에서만 적용하는 영역으로 생각하였다. 그는 실천신학의 범위를 교회 내로 국한함으로써, 세계 변혁을 위한 실천신학의 책임 등에는 침묵하였던 것이다. 그러나 오늘날의 해석학적 실천신학은 이와는 다른 양상을 보이고 있다. 오늘의 실천신학은 기술하는 측면(the describing side)과 함께 반성하는 측면(the reflecting side)도 포함한다. 이러한 실천신학에 있어 이론과 실천은 변증법적으로 상호 작용한다. 실천이 이론으로부터 연역될 뿐 아니라 또한 그 이론에 영향을 준다. 아울러 오늘의 실천신학은 교회 내의 목회의 일뿐 아니라, 교회 밖의 사회의 일에도 관심을 갖는다.

네덜란드 암스테르담의 자유대학에 실천신학 교수로 재직 중인 하이팅크(Gerben Heitink) 교수는, "1960년대 말부터 실천신학이 급속하게

---

40 Friedrich Schleiermacher, *Brief Outline of Theology As a Field of Study* (Lewinston: The Edwin Mellen Press, 1990).
41 Gerben Heitink, *Practical Theology: History, Theory, Action Domains* (Grand Rapids: Eerdmans, 1993), 4.

발전하여, 오늘날에는 신학의 독립적인 한 영역으로 나타나게 되었다. 그것은 더 이상 과거와 같이 응용신학(theologia applicata)[42]에 속하여 응용신학의 보조적인 역할로 만족되지 않고 있다. 그것은 이제 그 스스로를 사회 과학과 밀접히 연관된 방법론을 가진 행동(action)에 대한 신학적인 이론으로 자리매김하고 있다."라고 말하였다.[43] 하이팅크의 위의 말과 같이, 메테(N. Mette)도 현대 실천신학이 1960년대에 시작하였음을 언급하였다. 그는 실천신학을 정의하면서, "실천신학은 행동에 대한 신학적 이론을 말하는 신학 내의 한 분야로 생각되어야 한다. 그것은 실천 지향적 학문으로 이해되는 것이다."라고 하였다.[44]

하이팅크는 현대 실천신학 분야의 대표적인 학자 몇 명을 지적한다.[45] 먼저 소개하고자 하는 실천신학자는 미국의 힐트너(Seward Hiltner)다. 그는 그의 목회신학 책에서 신학과 사회 과학 사이의 연합에 대해 강조하였다.[46] 그러나 그도 실천신학의 영역을 교회 내에서의 목회 사역으로 국한하였다. 더 최근의 미국의 실천신학자 가운데 브라우닝(Don S. Browning)이 있다. 그는 근본적 실천신학(a *fundamental practical theology*)이란 명제를 우리에게 제기하였다.[47] 독일에서 실천신

---

[42] 실천신학(practical theology)을 주장하는 학자들은 오늘 보통 우리가 실천신학이라고 일컫는 분야를 응용신학(applied theology)이라고 부른다. 실천신학은 응용신학과 달리 이론과 연결하여 기독교의 실천 전반을 다루는 분야로 취급하는 것이다.

[43] 위의 책, 1.

[44] N. Mette, *Theorie der Praxis: Wissenschaftsgeschichtliche und methodologische Untersuchungen zur Theorie-Praxis-Problematik innerhalb der praktischen Theologie* (Düsseldorf, 1978), 9.

[45] G. Heitink, *Practical Theology* (Grand Rapids: Eerdmans, 1999).

[46] Seward Hilter, *Preface to Pastoral Theology* (New York, 1959).

[47] There are some other books on this topic, published in America; Edward Farley, *Theologia: The Fragmentation and Unity of Theological Education* (Philadelphia: Fortress Press, 1983); Lewis S. Mudge and James N. Poling, eds. *Formation and Reflection: The Promise of Practical Theology* (Philadelphia: Fortress Press, 1987); James Loder, "Theology and

학에 대한 개론서를 쓴 몇몇의 신학자들이 있다. 뮐러(A. D. Müller),[48] 핸들러(O. Haendler),[49] 그리고 더 최근의 오토(G. Otto)[50]와 뢰슬러(D. Rössler)[51] 등이 그들이다. 1980년대부터 나온 그 책들은 1950년대에 나온 이 분야의 책들과는 사뭇 판이하다. 이전 책들은 대부분 다양한 응용신학들의 목록들을 담고 있지만, 이 새 책들은 신학적 실천의 포괄적인 이론들을 제시하려 하였다. 하이팅크 교수는 이 분야에 관한 네델란드 출신의 연구자들도 소개한다. 목회적 실천에 대한 책을 쓴 휘레(J. Firet),[52] 지역 교회의 목회 사역에 대한 책을 쓴 아빙(P. J. Roscam Abbing),[53] 신학의 프락시스에 대한 책을 쓴 존커(H. Jonker),[54] 목회신학의 정치비판적 차원의 책을 쓴 회프테(B. Höfte),[55] 실천신학 분야에서의 경험적 연구의 방법론에 대한 책을 쓴 반데어벤(J. A. van der Ven)[56] 등이다. 위에 소개된 저자들 중엔 개신교 신학자들도 있고 가톨릭 신학자들도 있다. 이 학문 영역에서의 그들의 접근 방법은 상이하지만, 그들은

Psychology," *Dictionary of Pastoral Care and Counseling*, Rodney J. Hunter, ed. (Nashville: Abingdon Press, 1990).
48   A. D. Müller, *Grundriss der Praktischen Theologie* (Gütersloh, 1950).
49   O. Haendler, *Grundriss der Praktischen Theologie* (Berlin, 1957).
50   G. Otto, *Grundlegung der Praktischen Theologie* (Munich, 1986).
51   D. Rössler, *Grundriss der Praktischen Theologie* (Berlin, 1986).
52   J. Firet, *Praktisch theologie als theologische futurologie* (Kampen, 1968).
53   P. J. Roscam Abbing, *Predikantwerk in verband met commucatie-en leertheorie* (The Hague, 1980).
54   H. Jonker, *Theologische Praxis, problemen, pelingen en perspektieven bij kenterend getij* (Nijkerk, 1983).
55   B. Höfte, *Bekering en bevrijding: De betekenis van de Latijns-amerikaanse theologie van de bevrijding voor een praktisch-theologische basistheorie* (Hilversum. 1990).
56   Johannes A. van der Ven, *Practical Theology: An Empirical Approach* (Kampen: Kok Pharos Publishing House, 1993). 이 책은 네델란드에서는 1990년에 출간되었다. 동일 저자의 또 다른 책이 있는데, *Ecclesiology in Context* (Grand Rapids: Eerdmans, 1996)이다. 이 책은 네델란드에선 1993년에 출판된 책이다.

모두 하나의 이론으로 실천신학의 이론을 통일하고자 노력하고 있다. 이상에서와 같이 하이팅크는 여러 현대 실천신학자의 주요한 저작들을 우리에게 소개하고 있다.

하이팅크가 소개하지 않았지만, 실천신학 분야의 주요한 신학자 몇 명을 더 언급할 수 있을 것 같다. 먼저 신학과 프락시스의 관계에 관심이 많은 영국의 신학자 중 포레스터(Duncan B. Forrester)가 있다. 그는 에딘버러대학교(Edinburgh University)의 교수였는데, 『신학과 실천』(Theology and Practice)[57]이란 책을 편집하였다. 그 책엔 기독교 윤리 분야의 신학자 길(Robin Gill)의 글도 포함되어 있다. 이러한 실천신학의 분야를 연구하는 해방 신학자들도 있다. 레오나르두 보프(Leonardo Boff)의 동생인 클로도비스 보프(Clodovis Boff)가 쓴 『신학과 프락시스』(Theology and Praxis)[58]는 해방 신학의 해석학적 실천(the hermeneutic practice)의 모습을 잘 나타내준다.

보프는 그의 책 『신학과 프락시스』(Theology and Praxis)에서 실천신학에서의 해석학적 논점에 대해 잘 설명하고 있다.[59] 그는 성경의 텍스트와 우리의 컨텍스트 사이의 직접적인 상관성에 대해서는 반대한다. 그는 성경의 말씀을 어떤 시대의 어떤 일에 직접적으로 연관하는 '상관성'(correspondence)이란 개념에 대해 반대하는 것이다. 보프는 이런 '관계의 상관성 모델'(the correspondence of relationship model)에 대한 대안적인 모델을 제시하였다. 보프는 먼저 예수 그리스도의 메시지와 그의

---

57 Duncan B. Forrester, *Theology and Practice* (London: Epworth Press, 1990).
58 Clodovis Boff, *Theology and Praxis: Epistemological Foundations* (New York: Orbis Books, 1987).
59 C. Boff, *Theology and Praxis*, 142ff.

컨텍스트 곧 하나님의 메시지와 성경의 컨텍스트에 대해 탐구한다. 그런 다음 그는 이런 관계들과 현대의 컨텍스트의 상관성에 대해 탐구한다. 이전 말씀과 당시의 상황과의 관계성을 성경 말씀과 오늘의 상황과의 관계성의 문제에 대입하여 보는 것이다. 우리는 그 당시의 하나님 말씀의 적용 원리들을 오늘날의 적용 원리로 사용할 수 있는 것이다.

이에 있어서 하이팅크는 오늘의 실천신학의 여러 조류들을 분석한 바 있다. 그는 5가지의 경향에 대해 말하였다. 규범적-연역적(a normative-deductive) 방법, 해석적-중재적(a hermeneutical-mediative) 방법, 경험적-분석적(an empirical-analytical) 방법, 정치적-비판적(a political-critical) 방법, 그리고 목회적-신학적(a pastoral-theological current) 방법 등이다.[60] 먼저 규범적-연역적 방법은 규범적 신학 이론에 행동을 근거시키며, 사회 과학의 방법들은 그에 보조하는 것으로 생각한다. 이 방법은 바르트(Karl Barth) 등에 의해 주도된 변증법적 신학에 영향을 받은 것이다. 그 방법은 하나님 말씀의 사건의 기초 위에 인간의 능력과 행동을 위치시킨다. 매개를 가능하게 하는 유일한 수단은 선포이다. 이러한 입장으로 가장 잘 알려진 책으로 우리는 투르나이젠(Eduard Thurneysen)의 『목회신학 개론』(Die Lehre von der Seelsorge)을 들 수 있다.[61] 이 방법론은 성경을 하나의 규범으로 강조하는 반면, 인간의 상황을 분석하는 사회 과학의 응용에는 약한 단점을 갖고 있다. 두 번째로 경험적-분석적 방법론이 있다. 이 방법론은 규범적 전승보다는 인간 상황에 대한 경험적 연구를 더 강조한다. 이 유형의 대표적인 신학자로

---

60 G. Heitink, *Practical Theology*, 171-177.
61 Eduard Thurneysen, *Die Lehre von der Seelsorge*, 2nd. ed. (Zurich, 1957). 이 책은 한국어로 번역된 바 있다.

는 독일의 신학자인 바스티안(H. D. Bastian)과 네덜란드의 실천신학자 반데어벤(J. A. van der Ven)을 들 수 있다. 특히 후자의 방법론이 '경험적 신학'(empirical theology)이란 말로 종종 언급되기도 한다. 세 번째의 방법론은 해석적-중재적 방법이다. 그 방법론은 앞의 두 가지의 방법론을 종합한 것이다. 그것은 성경적 규범도 강조하지만, 인간의 상황에 대한 사회 과학적 분석도 중시한다. 이 방법론의 대표자는 독일의 신학자 제어파스(R. Zerfass)와 네덜란드의 신학자 피렛(J. Firet)이다. 제어파스는 전승과 상황을 통합하여 상호 작용하는 것으로 보았다. 그 결과 신학과 사회 과학은 서로에 공헌하는 것이 된다. 특히 제어파스는 해석학적 모델을 제시하였다. 그는 오직 교회 전승에만 근거해서 구체적인 상황에 대해 반성하는 것은 만족할 만한 실천신학 연구로 이끌지 못함을 언급했다. 프락시스를 위해서는 먼저 사회 과학을 도구로 하는 검토가 수행되어야 한다. 실천신학은 신학과 사회 과학 양자의 전망을 필요로 하는 것으로, 이 양자적인 검토를 통해 변화의 과정을 이루어 나가는 것이다.[62] 네 번째의 방법론은 정치적-비판적 방법론이다. 그것은 다섯 번째의 방법론인 목회적-신학적 방법론과 비교된다. 목회적-신학적 유형의 방법론은 교회 내에서의 목회자의 실행에 대해서만 강조하지만, 정치적-비판적 유형은 세상을 변혁하는 실행과 정치적 헌신도 동시에 강조한다.[63] 실천신학은 이 양자의 실행을 모두 포함한다. 진정한 실천신학

---

62 R. Zerfass, "Praktische Theologie als Handlungswissenschaft," Klostermann and Zerfass, eds, *Praktische Theologie heute* (Mainz, 1974), 167. Requoted in G. Heitink, *Practical Theology*, 113.

63 네덜란드의 가톨릭 대학교에서 가르치는 반데어벤(Johannes van der Ven)은 실천신학의 지향성을 세 가지로 구분하였다. 첫 번째의 지향성은 교회 내의 목회자의 사역에 대한 것이다. 두 번째와 세 번째의 것은 교회와 사회의 관계에 대한 것이다. 첫 번째의 방법론은 실천신학을 하나의 목회적 기술(pastoral technology)로 이해한다. 반데어벤은 이것을 포이에시

은 교회 내에서만 수행되는 전통적 의미의 실천신학을 필요로 함과 동시에 세상을 향해 뻗어 나가는 사회적 목회의 실천도 포괄한다. 근본적 실천신학은 텍스트와 컨텍스트의 상관관계를 말하는 해석학적 프락시스를 강조한다. 그것은 교회 내의 목회 사역과 공적인 영역의 사회적 행동을 모두 포괄하는 것이다.

2) 근본적 실천신학의 방법론

브라우닝(Don S. Browning)에 의해서 저작된 『근본적 실천신학』(*A Fundamental Practical Theology*)은 이전의 어떤 다른 책들보다도 실천신학의 방법론을 잘 나타내준다. 먼저 브라우닝은 작금의 실천신학이 이전의 실천신학과 다름을 보여준다. 전통적 실천신학은 신학의 한 분야였다. 그러나 현대의 실천신학은 신학의 한 분야를 말하는 것이 아니라, 전 신학이 프락시스를 지향하여야 함을 강조한다. 그는 이전의 실천신학으로부터 오늘의 실천신학을 구분하기 위해 '근본적'(fundamental)이란 단어를 실천신학이란 말 앞에 추가한다. 그는 모든 신학이 근본적으로 실천적이어야 함을 말한다. 그는 이런 근본적 실천신학의 입장을 다음과 같이 설명하였다.

스-지향적인 실천신학(a poiesis-oriented practical theology)으로 불렀다. 두 번째의 방법론은 교회-지향적 실천신학(a church-oriented practical theology)이다. 그것은 교회 내의 목회 사역의 효율성만 강조하는 입장에 반대하며, 그 목회가 수행되는 교회의 더 넓은 장으로서의 사회라는 컨텍스트에 주목한다. 세 번째의 방법론은 교회적 틀을 깨고 나가는 방법론이다. 이 방법론에선 실천신학이 더 이상 교회 내의 학문으로만 머물지 않으며, 사회라는 상호 연결된 체계에 착목한다. 그는 이 방법론을 이행적-기능적 실천신학(a transitive-functional practical theology)이라고 불렀다. [Johannes van der Ven, *Practical Theology*, 34ff.]

근본적 실천신학은 모든 신학이 그것의 핵심으로부터 실천적일 것을 강조한다. 기존의 네 영역으로 나누어진 성서신학, 역사신학, 조직신학, 실천신학의 모든 분야들이 근본적 실천실학이란 더 포괄적인 영역 속에 한 부분으로서 포섭되어진다. 많은 사람들은 이런 주장이 상당히 독재적인 것이 아닌가 의심할 수도 있을 것이다. 그러나 이런 주장은 오늘의 실천철학의 대두와 그것에 대한 신학적 반성의 차원에서 생각하여 볼 때 자연스런 결과라고 생각된다. 오늘의 실천신학 이론은 가다머(Hans-Georg Gadamer), 리꾀르(Paul Ricoeur), 하버마스(Jürgen Harbermas)의 해석학 이론과 제임스(William James), 듀이(John Dewey) 등의 실용주의(pragmatism) 철학, 그리고 번스타인(Richard Bernstein), 로티(Richard Rorty) 등의 신실용주의(neopragmatism) 이론에 많은 영향을 입고 있다. 이런 사상가들은 그 차이에도 불구하고 하나의 근본되는 생각을 공유하고 있다. 즉 실천적 사고가 인간 사고의 중심이며 이론적이며 기술적인 사고는 실천적 사고로부터 나온다는 것이다. 만약에 한 사람이 이런 사고를 심각히 받아들여 신학과 연관짓는다면, 그것은 신학이란 분야의 공식적인 역사적 체계를 근본적으로 변화시킬 것이다. 그것은 오랜 동안 연기되어왔던 혁명을 수행하는 것과 같다. 신학을 성서신학과 역사신학과 조직신학과 실천신학으로 구분한 개신교의 사분법(the Protestant quardrivium)과는 다른 하나의 구성을 말하는 것이다. 근본적 실천신학은 신학을 이와 같이 4분하지 않고 전체적으로 하나로 생각하면서, 그 가운데 기술적 신학(descriptive theology), 역사신학, 조직신학, 전략적 실천신학(strategic practical theology)을 포함한다. 나는 기존 종교 교육, 목회 상담, 설교, 예전, 사회적 목회 등을 표현하였던 실천신학이란 말 대신 전략적 실천신학이란 말을 사용하고자 한다. 그러나 이에 있어 심지어 이런 분야들도 교회 내적이며 교회 밖의 공적인 양면을 갖는 것으로 다시 사고되어질 것이다.[64]

브라우닝은 근본적 실천신학을 구성하는 네 가지의 요소에 대해 위에서 말하고 있다. 기술적 신학, 역사신학, 조직신학, 그리고 전략적 실천신학이다. 먼저 기술적 신학은 상황에 대한 세심한 기술을 목표한다.[65] 그것은 상황을 기술하기 위해 심리학, 사회학, 생태학, 문화인류학, 사회인류학 등의 학문들을 사용한다. 다음으로 역사신학과 조직신학이란 구성 요소가 있다. 사회 과학을 통해 분석된 오늘의 상황에 대해 역사신학과 조직신학과 윤리신학을 통해 반성하는 과정이다. 이에 있어 역사신학 속엔 성경과 기독교의 전승들이 모두 포함된다. 이 단계의 반성을 위해 성서신학, 역사신학, 조직신학, 기독교 윤리의 제 분야가 모두 동원된다는 것이다. 근본적 실천신학의 최종적인 단계는 전략적 실천신학의 단계이다. 그것은 전통적으로 실천신학이라 불렸던 것이다. 오늘에서는 실천신학이란 말에 혼선이 생기므로 전통적 실천신학을 응용신학이라 부른다고 앞에서 언급한 바 있다. 정리하면 이렇다. 먼저 인간의 상황을 분석하고, 다음으로 그에 대한 반성을 하며, 마지막으로 교회가 사회를 변혁하는 행동을 전략적으로 수행하게 된다는 것이다. 이상과 같이 브라우닝은 그가 제기한 근본적 실천신학이란 작업 속에 신학의 모든 분야를 포함시켰다. 계몽주의 이래 신학은 다양한 분야

---

64 D. Browning, *A Fundamental Practical Theology*, 7-8.
65 위의 책, 94.

로 분화하였다. 그러나 오늘날 우리는 다시 이와 같이 분기하였던 신학들을 통합(integration)하려는 움직임을 보게 된다. 필자는 이런 움직임이 기독교 윤리의 방법론 구상에 매우 유리하다고 생각하기도 한다.

여기서 다시 브라우닝의 근본적 실천신학의 방법론을 요약하려 한다. 먼저 근본적 실천신학의 첫 단계는 사회 과학의 도움을 받아 오늘의 컨텍스트를 설명하고 기술하는 단계이다. 사회학, 심리학, 인류학, 교육철학, 행정학, 의사소통 이론, 드라마, 문학, 시각 예술 등이 이를 위해 유용할 것이다.[66] 두 번째의 단계는 성경의 텍스트와 교회의 전승을 빛 아래서 그와 같이 분석된 컨텍스트에 대해 반성하는 것이다. 이 단계에선 성서신학, 역사신학, 조직신학, 기독교 윤리 등이 사용된다. 세 번째의 단계는 교회와 사회를 변화시키는 구체적인 실천과 행동을 하는 과정이다. 이 단계에서 브라우닝은 전략적 실천신학의 문제를 제기한 바 있다.[67] 이 전략적 실천신학에는 행정, 선포와 재현, 영혼의 돌봄과 치유, 인간 형성과 변혁, 사회 구조의 갱신 등에 대한 연구들이 포함된다.[68]

3) 실천신학의 방법론과 교회의 사회봉사 실천방법론 사이의 연관성

앞에서 실천신학의 주요 입장들에 대해 기술하였다. 이제 이 실천신학의 방법론들이 기독교 사회봉사의 방법론과 어떤 상관관계를 갖는지

---

66 James W. Fowler, "Practical Theology and the Shaping of Christian Lives," Don S. Browning, ed., *Practical Theology* (San Francisco: Harper & Row, 1983), 153.
67 Here, strategic practical theology is the same words as the traditional applied theology.
68 James W. Fowler, "Practical Theology and the Shaping of Christian Lives," 153.

에 대해 설명하여야 할 것이다. 기독교 사회봉사 방법론은 근본적 실천신학의 방법론과 여러 면에서 유사성을 갖는다. 우리는 이 양자 사이의 상관성을 다음과 같이 정리할 수 있다.

1) 첫째, 기독교 사회봉사 방법론과 근본적 실천신학의 방법론은 신학의 여러 분야를 통합하는 구조를 가진다. 계몽주의 시대 이후로 성서신학, 역사신학, 조직신학, 실천신학(응용신학)으로 분기된 신학을 하나로 연결하여 조망하는 것을 양자의 방법은 모두 강조하는 것이다.[69] 프락시스 지향적인 실천신학자들은 계몽주의 이전의 신학에서 신학이 분기되지 않았던 것과 같이, 신학을 하나의 통합된 모습으로 바라보는 것이다.

2) 둘째, 이러한 근본적 실천신학과 기독교 사회봉사 실천방법론은 이론적 기반으로 해석학을 모두 채용하고 있다.[70] 이 방법론들은 모두 존재와 행함, 이론과 실천, 그리고 이론신학과 실천신학, 테오리아(*theoria*)와 포이에시스(*poiesis*), 에피스테메와 테크네를[71] 상호 교환적으로 통합하는 것이다. 더 나아가 그들은 경험과 전승을, 규범과 상황을, 텍스트와 컨텍스트를, 설명과 이해, 과학과 신학, 특수와 보편, 경험적인 측면과 신학적인 측면,[72] 명료성과 적용 등을 상호 연관시킨다. 이와

---

[69] With the birth of nineteenth century the 'encyclopedic' era began, typified by Edward Farley as 'the triumph of the fourfold pattern.' [Edward Farly, *Theologia: The Fragmentation and Unity of Theological Education* (Philadelphia: Fortress Press, 1983), 99.]

[70] The connectedness between hermeneutics and practical theology is explained in the following book. Matthew Foster, *Gadamer and Practical Theology: The Hermeneutics of Moral Confidence* (Atlanta: Scholars Press, 1991).

[71] The allusion of Aristotle's *theoria-praxis-poiesis and episteme-phronesis-techne is shown in the book of* Nichomachean Ethics, Book 6 of Aristotle himself.

[72] Practical Theology according to relationship between the empirical and the theological

같이 실천철학과 실천신학은 모두 그것의 기반으로 해석학을 강조하고 있다.

3) 이런 실천신학과 기독교 사회봉사 실천의 방법론은 해방 신학의 방법론으로서의 분석(analysis)-반성(reflection)-실천(practice)의 구조를 가진다. 물론 방법적 구조에서는 일치하지만 그 내용의 전개에서 서로 다른 면이 많다.

4) 루터(Martin Luther)는 "신성은 사용과 실천 속에 존재하며, 사변과 묵상 속에 존재하지 않는다."는 말을 한 적이 있다.[73] 이 말과 같이, 실천신학자들과 기독교 사회 윤리 학자들은 신학적 작업에서 실천을 강조한다. 실천과 적용이 없는 학문은 죽은 학문이라는 것이다. 이에 프락시스 지향적인 신학으로 더욱 견고하게 발전할 필요가 있을 것이다.

5) 실천신학이 그 안에 모든 신학 분야들을 통합하는 것과 같이, 기독교 사회봉사 방법론도 그 안에 전 신학 분야를 통합한다. 그러므로 우리는 실천신학이나 기독교 사회봉사 방법론을 신학의 한 분야로만 생각할 것이 아니라, 전 신학 분야를 엮는 구조로서 파악할 필요가 있다. 기독교 사회봉사 방법론을 위해 여타 신학 분야의 많은 정보들이 요청되는 것으로 보다 포괄적인 연구가 있어야 할 것이라 생각된다.

---

is referred in the book, Johannes van der Ven, *Practical Theology*.
[73] *The Table Talk of Martin Luther*, William Hazlitt, trans. (London: Bell, 1895), 179.

5. 헤셀(Dieter T. Hessel)의 사회적 목회(social ministry) 방법론

이미 검토한 것과 같이 현대 해석학에는 몇 가지의 강조점들이 있다. 과거의 전승과 현재의 경험의 융합, 이론과 실천의 하나 됨, 지성과 정서 등 인간의 총체적인 면을 포괄하는 해석학적 경험의 개념 등이 그것이다. 필자는 이런 강조점들에서 해석학을 구성하는 주요한 요소들을 간추렸다. 현재의 경험, 과거의 전승으로서의 성경와 교리, 행함으로써의 실천 등이다. 이에 해석학적인 기독교 사회봉사 실천방법론은 이와 같은 요소들을 그 속에 포함하여야 할 것이다. 실천(praxis)을 향한 방향 정립, 현재의 경험에 대한 분석(analysis), 성경과 전승을 통한 현재의 경험에 대한 반성(reflection)의 요소가 제기되는 것이다. 현재의 경험과 성경의 내용이 만나 변증법적인 해석이 가해지게 된다. 이에 있어 이러한 세 가지의 요소를 포괄하는 교회의 사회봉사 실천방법론의 전거를 필자는 미국의 신학자 헤셀(Dieter T. Hessel)의 '사회적 목회'(social ministry) 이론에서 찾았다.

헤셀은 자신의 사회적 목회의 방법적 과정을 그의 책 『사회적 목회』에서 다음과 같이 서술하였다. 먼저 이슈(issue selection)의 선택이 필요하다. 다음으로 분석(analysis)의 과정이, 그리고 교육(education)과 행동(action)의 과정으로 이어진다. 헤셀은 교회가 이슈를 정하는 과정에 원칙이 있음을 설명하였다.[74] 다음으로 분석의 과정 중엔 신학적이고 윤리적인 반성의 단계가 포함된다. 이후 행동의 실천이 이어지며, 마지막 단

---

74 Dieter T. Hessel, *Social Ministry*, revised edition. (Louiseville: Westminster/ John Knox Press, 1992), 193-194.

계로 수행한 실천에 대한 피드백 과정이 계속된다. 그는 이 같은 각 과정 중에 제기되는 질문들을 그의 책 『사회적 행동 입문』에서 설명하고 있다.[75] 먼저 우리가 직면하고 있는 특별한 사회적 문제는 무엇인가라는 질문이 이슈의 선택 단계에서 제기된다. 다음으로 분석의 단계에선 왜 이런 문제가 존재하는가라는 질문을 할 수 있다. 셋째 단계의 질문은 다음과 같은 것들이 된다. 우리는 그것에 관하여 무엇을 할 수 있는가? 어떠한 처방이 필요하며, 그것을 지원할 수 있는 방안은 무엇인가? 우리는 변화를 위해 어떤 정책과 실천을 수행하여야 하는가? 누가 힘을 가지고 있으며, 누가 힘을 필요로 하는가? 네 번째의 질문은 우리가 그것을 얻기 위해서 어떻게 움직여야 하는가의 문제다. 누가 무엇을 언제 어디서 누구와 같이 하여야 하는가 등의 작동 단계들에 대한 구체적인 기획이 필요하다는 것이다. 마지막의 질문은 어떻게 그 행동이 상황을 변화시키는가의 문제다. 그 결과는 무엇이며, 그러한 해결책에서 새롭게 야기되는 문제는 없는가를 검토하는 것이 다음 단계로 중요하다.

사회적 목회를 위해서는 이와 같이 먼저 사태를 파악하고 사회적 문제에 대한 분석을 수행하여야 한다. 다음으로 그 분석에 따른 그에 대한 성경적이며 신학적인 반성이 요청된다. 그리고 실행이 이어진다. 이에 있어 교회와 기독교인은 그의 실천이 목회적인 것이 되도록 해야 한다. 필자의 견해는 이렇다. 사회경제적 분석과 성경적 신학적 고찰을 거친 다음, 그것은 목회의 차원에서 실천되어야 하는데, 그것의 중심이 예배여야 한다는 것이다. 교회의 사회적 행동은 예배와 함께 시작되어야 하며 예배를 통해 배태되어야 한다.

---

75 Dieter T. Hessel, *A Social Action Premier* (Philadelphia: Westminster Press, 1972), 68.

그룹은 그의 '나눔의 기독교적 실천'이란 방법론에서, 이슈의 선택, 현재의 경험을 분석하기, 과거 성경의 전승에 대해 이야기하기, 과거 전승과 현재 경험 사이의 변증법적 해석, 실천으로서의 결단의 과정들을 언급하였다. 이 같은 그룹은 방법은 헤셀에 있어 같은 과정으로 이어지고 있다. 헤셀은 이슈의 선택, 사회적 분석, 성경적 신학적 윤리적 반성, 그리고 사회적이며 목회적인 실천을 강조하였는데, 해석학적 시야에서 조망될 수 있는 방법론이라 할 수 있다.

필자는 헤셀의 방법론을 예배 중심적인 이론으로 재구성하였다. 예배를 통해 우리는 우리의 총체적인 체험 앞에 서게 된다. 예배는 우리에게 기독교의 전승을 총체적 입장에서 전수한다. 예배는 지성적인 반성뿐 아니라, 정서적이며 의지적이고 실천적인 반성을 통해 행하여진다. 예배 속에 있는 상징과 은유와 메타포(metaphor)로서의 언어는 하나님이 인간에게 주시는 총체적 계시와 우리의 총체적 경험을 감축함이 없이 재현하고 있다. 예배에서 우리는 하나님과의 만남을 나 자신과 이웃과의 만남의 문제로 재해석하게 된다. 예배는 우리 사회와 문화의 반영이며 본질(essence)로서, 우리는 예배 안에서 사회를 바라보며 변혁하게 된다. 예배와 목회 속에서 우리의 삶과 사회가 해석되고 있는 것이다.

헤셀은 우리의 목회에 사회적인 행동이 부가되어야 한다고 말한 것이 아니며, 우리의 목회 자체가 사회적이야 함을 주장한 것이다. 우리의 신앙과 목회는 우리의 현실적인 삶과 동떨어진 것이 되어서는 안 된다. 땅의 문제를 도외시한 채, 천상적인 언어로만 우리의 신앙을 기술한다면, 우리의 목회는 우리의 삶과 무관한 것이 되고 말 것이며, 또한 그것은 출애굽과 예수 그리스도의 성육신의 의미를 무시하는 일이 될 것이다. 우리의 하나님과의 관계는 우리의 이웃과의 관계 및 자연과의 관계로 이어져야 하며, 우리의 눈에 보이는 문제들이 우리의 눈에 보이지 않는 영적이며 신비한 것들과 연결되어 있음을 인식하는 것이 필요하다. 오늘 우리 목회의 위기는 설교와 전도가 우리의 삶에 구체적인 자유와 해방을 가져다주지 못하는 데에 있다. 사회적 문제를 다루고 설교할 수 있도록 하는 신학 교육, 우리의 삶의 문제, 심리적인 갈등 등이 우리의 예배를 통하여 변화되는 일을 드러내는 실천적 신학에 대한 연구가 필요하다고 보겠다. 우리는 이러한 영과 육의 연결, 하늘과 땅의 연결, 신앙과 삶의 연결에 대해 더욱 치밀히 연구할 필요가 있을 것이다.

1) 사회적 분석

먼저 사회적 분석 문제에 대해 설명하고자 한다.[76] 사회적 분석은 사회적 상황의 역사적이며 구조적인 관계성들을 탐색함에 의해서 그 사회적 상황에 대한 더 완전한 모습을 그려내기 위한 노력으로 정의될 수 있다.[77] 이에 있어 기독교의 사회적 실천을 위해서는 이러한 분석의 단계가 선행되어야 한다. 사회적 분석이 없는 신학적인 반성이나 결단은 환상적이며 낭만적인 것이 되어 그릇되고 무관한 판단이 되고 만다. 사회적 분석은 복음을 선포하는 교회의 목회를 보다 원활하게 한다. 사랑은 상황의 분석을 요청한다. 그렇지 않을 경우 사랑한다는 열정이 남을 파괴하는 행동으로 귀결될 수도 있다. 남을 진정 사랑하는 자는 사랑의 대상이 처한 환경에 무관심할 수 없을 것이다. 또 사회적 분석을 통해 우

---

[76] Joe Holland and Peter Henriot, *Social Analysis: Linking Faith and Justice*, revised and enlarged edition (New York: Orbis Books, 1983), 14 ff.
[77] 위의 책, 14.

리의 이웃이 처한 상황을 분명히 알게 되고, 그로 인하여 진정으로 남을 사랑할 수 있게 되는 것이다. 이그나티우스 전통에 따른 영성적 용어에 '판별하는 사랑'(discreta caritas)이라는 말이 있다.[78] 그 사랑이 충분한 것이라면 사회적 분석을 통한 판별을 게을리 하지 않을 것이라는 말이다. 필자는 우리의 목회가 이 같은 사회적 상황에 대한 분석 노력을 통해 진일보할 수 있을 것이라 생각한다. 사회적 분석을 바탕으로 하는 설교나 선교는 더욱 힘 있을 것이라 여긴다. 물론 사회적 분석 자체가 하나의 답변이 되는 것은 아니다. 그것은 답변을 위한 반성에 정보와 사실의 자료들을 제공하는 하나의 도구적인 역할을 하는 것뿐이다. 그러나 이 같은 도구적인 역할이 선행됨이 없는 신학적인 답변은 공허한 것이 되고 말 것이다. 질문을 통해 답변은 더욱 초점을 갖게 된다.

이 사회적 분석에는 여러 가지 차원이 있다. 실업, 인플레이션, 굶주림과 같은 사회적 이슈(issues)를 다루는 차원, 실업 대책이나 통화규제 등의 사회 정책(policies)을 다루는 차원 및 정치적, 경제적, 사회적, 문화적인 제도들의 체계(systems)를 다루는 차원 등의 세 가지이다. 특히 이 중에서의 마지막 차원인 사회적 체계의 분석에는 시간적인 분석으로서의 역사적 분석(historical analysis)과 공간적인 분석으로서의 구조적 분석(structural analysis)의 두 가지 분석이 포함된다. 역사적인 분석은 사회 체계의 변동에 대한 분석이다. 구조적 분석은 주어진 시간에 나타난 체계의 틀거리에 대한 단면을 제시한다. 또한 이 사회적 분석 단계에서 고려되어야 할 것은 객관적 분석과 주관적 분석으로서의 구분이다. 객

---

78 Fred Kammer, *Salted with Fire: Spirituality for the Faith-justice Journey* (New York: Paulist Press, 1995), 42.

관적 분석은 다양한 조직 관계, 행동 패턴, 제도 등의 내용분석에 의해 수행되며, 주관적인 분석은 의식, 가치, 이데올로기 등의 분석을 통해 이루어진다. 그러므로 우리가 어떠한 실상을 분석해 낼 때마다 그에 개입되는 이 같은 주객관적 전제들에 대해 주목할 필요가 있을 것이다.[79]

홀랜드(Joe Holland)는 사회적 분석을 위와 같이 역사적인 면과 구조적인 면으로 구분하였다. 역사적인 분석은 그러한 상황이 생기게 된 과거의 배경과 그에 따른 오늘의 상황 및 미래에 대한 전망을 통해 파악되어진다. 또한 구조적인 분석을 위해서는 경제적인 구조, 정치적인 구조, 사회적인 구조와 관계성, 문화적인 구조 등 다차원적인 구조에 대한 인식이 요청된다. 이런 사회적 분석은 분석자가 가지고 있는 전망(perspective)과 사실에 대한 기술(description)의 방법 및 그가 사용하는 이론(theory)적 방법 또는 그것의 받침이 되는 가치(value)관에 영향을 받기 마련이다.[80] 사회의 어떤 한 문제를 다룬다고 하여, 사회적 분석을 그 문제에 대한 고찰만으로 마무리하는 것은 무모한 일이 된다. 어떤 한 문제는 다른 차원의 사회 제도 및 구조와 긴밀히 연관되어 있다. 그러므로 우리는 한 문제를 다룰 때, 그것을 정치, 경제, 사회, 문화, 종교, 교육, 윤리 등, 제반 분야와의 연관 관계에서 서술하여야 할 것이다. 캠머(Fred Kammer)는 사회적 분석이 궁극에 있어 하나의 관계성의 그물망(the web of relationship)을 도출하는 데 있음을 강조한 바 있다.[81] 사회적 분석은 모든 것이 하나로 연결(connection)되는 존재론적 구조(ontological structure)를 하고 있음을 파악하는 데에까지 이르러야 한다.[82]

---

79 사회적 분석의 구체적인 방법에 대해서는 위의 책, 98 이하를 참조하시오.
80 Joe Holland, Peter Henriot, *Social Analysis*, 98-100.
81 Fred Kammer, *Salted with Fire*, 44.
82 예를 들어 보프(Leonardo Boff)는 그의 책 『생태신학』(*Ecology and Liberation*)에서, 생태 문

2) 성경적, 신학적, 윤리적 반성

이와 같은 사회적 분석은 다음 과정에서 신학적이며 성경적인 반성(reflection)으로 이어진다. 이에 있어 사회적 분석과 신학적 반성은 서로 엄밀히 구획되는 것은 아니다. 사회적 분석에는 이미 신학적인 반성과 성경적인 가치관이 개입되어 있는 것으로, 양자가 서로 무관하게 독립적으로 수행되지는 않는다. 우리의 신앙과 가치관, 교회의 전통과 가르침은 우리의 사회적 분석을 향한 질문에 방향성을 제시한다. 반대로 우리의 신학적인 반성은 내적으로 사회적인 분석에 영향을 받기 마련이다. 신학적인 반성은 그가 속해 있는 전통과 사회 구조에 의해 영향을 받는다. 특히 우리는 이러한 신학적인 반성의 일을 진척함에 있어, 그것이 기도와 함께 진행되어야 할 필요가 있음에 유의해야 할 것이다.[83]

헤셀이 말하는 반성은 일종의 해석학적인 차원을 갖는다. 반성을 위해서, 우리는 우리의 현재적 체험을 과거의 기독교적 전승에 비추어 보아야 한다. 오늘의 사회의 문제점을 분석하고, 그에 대한 성경적인 이야기와 전망을 검토하는 일은 변증법적 해석의 과정을 통해 수행된다. 우리는 이 반성의 과정을 그룹이 제기한 '나눔의 기독교적 실천'이란 성경 탐구 방법을 이용하여 진행시킬 수 있을 것이다. 우리의 현재의 상황에

제에 대한 신학적인 반성을 하면서, 그 같은 생태문제가 다른 여러 측면들과 연결되어 있음을 언급한다. 생태 문제는 과학 기술의 문제에서 야기된 것임과 동시에, 정치와 사회적인 측면에서, 윤리적인 면에서, 더 나아가 정신적이며 영성적인 차원에서 야기하는 것임을 말하였다. 그는 그러한 연관성을 생태기술학, 생태정치학, 사회생태학, 생태윤리학, 정신생태학, 우주적 신비의 생태학이라는 용어를 사용하여 표현한다. [레오나르도 보프, 『생태신학』, 김항섭 역 (서울: 가톨릭출판사, 1996), 27 ff.]

83 Joe Holland, Peter Henriot, *Social Analysis*, 103-104를 참조하시오. 여기서 저자는 신학적 반성의 단계가 하나의 성경 묵상 방법과 비슷한 양식으로 진행됨을 말하고 있다.

서의 이야기와 비전을, 그리고 우리가 하는 행동을 성경의 이야기와 비전의 빛 아래서 살펴볼 수 있다. 우리의 이야기와 성경의 이야기, 우리의 현재적 결단과 성경에 나오는 인물들의 당시적 결단, 우리의 비전과 성경에 나타나는 비전을 상호 대화시키며, 우리는 우리의 반성의 작업을 진척하여 갈 수 있다.

사회적 분석 이후의 반성의 단계는 성경적 반성(biblical reflection), 신학적 반성(theological reflection), 윤리적인 반성(ethical reflection)으로 진행된다. 성경은 반성을 위한 유용한 행동의 규범을 제시한다. 그러나 성경은 오늘의 세세한 문제에 대한 답변을 포괄하고 있는 책은 아니다. 오히려 이 같은 작금의 문제들은 성서신학자들보다 동시대의 조직신학자 및 기독교 윤리 학자들의 견해에서 더 확실한 답변을 얻을 수 있다. 특히 기독교 윤리 학자들의 사회 문제에 대한 논의에서 많은 반성의 자료들을 얻을 수 있을 것이다. 헤셀은 교회가 공적인 역할을 잘 수행하기 위해서는 윤리학자의 입장과 역사학자의 입장이 서로 만나 어우러질 필요가 있다고 하였다.[84] 윤리학자는 오늘의 현실을 분석하고 그것에서 윤리적인 결단을 이끌어내려 하는 바, 그러한 일의 수행을 위해서는 과거를 고찰하는 역사학자의 통찰이 어우러져야 한다는 것이다. 이미 교회는 역사를 통해 우리가 지금 직면하고 있는 비근한 일들을 처리한 경험이 있으며, 우리가 그러한 교회의 대처들을 고찰함으로써 오늘의 현실에서의 교회의 사회적 역할을 보다 원활히 수행할 수 있을 것이다.

---

84   Dieter T. Hessel and James Hudnut-Beumler, "The Public Church in Retrospect and Prospect," Dieter T. Hessel, ed., *The Church's Public Role* (Grand Rapids: Eerdmans, 1993), 296 ff.

3) 목회적, 사회적 실천

다음으로 실천의 단계가 이어진다. 사회적 목회에 있어 이론과 실천은 하나다. 실천에는 크게 두 가지의 실천이 있는데, 하나는 목회적 실천이며 다른 하나는 사회적 실천이다. 물론 이 둘의 구분은 형식상의 구분이며, 실제에 있어 이 둘은 하나로 보아야 할 것이다. 목회적 실천엔 '케리그마', '코이노니아', '디아코니아', '디다케', '레이투르기아'의 제반 요소들이 포함된다. 그것들은 증거, 교제, 봉사, 교육, 예전 등의 교회의 사역을 말한다. 사회적 실천의 일에는 두 가지의 일이 포함된다. 먼저는 사회봉사(social service)이며, 다음은 사회 정책(social policy)적인 면의 개선 및 사회적 행동(social action)의 일이다. 사회봉사는 사회에 있어 경쟁에 뒤처진 자들을 보호하며 격려하는 사회 사업으로서의 일이며, 사회 정책의 일이란 그러한 경쟁의 낙오자를 양산한 사회의 구조를 비판하고 정책적인 대안을 제시하고 개선하는 사회적 행동(social action)이다.

사회 정책적인 일들은 사회봉사의 일들과 함께 병행되는 것이 좋다. 실업을 통해 고통당하는 사람들에 대한 구체적인 도움을 주지 않으면서, 법적인 장치만을 바꾸라는 구호를 외쳐대는 것은 공허한 일이다. 고통당하는 사람들을 현실적으로 도우면서, 바른 법제화의 길을 제시하는 것 또한 요긴하리라 생각한다. 그러므로 사회 구호 없는 법제화의 노력은 공허하며, 법의 개정을 도외시한 일방적인 사회봉사로는 부족한 것이다. 더 나아가 교회는 이런 일들을 위해 분석 연구 교육하는 일을 하여야 한다. 사회적 이슈에 대한 교회적인 세미나를 개최하고 교육 및 예배 프로그램을 만드는 것이 필요하리라 생각한다. 사회봉사는 사적이며 시혜적인 것으로 끝나서는 안 된다. 그것은 구조의 문제로서 제도의 개혁은 우리의 책임이며 당위의 문제인 것이다.

4) 피드백(feedback)

사회적 목회는 예배를 통해 시작된다. 그리고 그 예배는 사회적 실천과 행동으로 이어진다. 교회의 목회는 위에서 언급한 바대로 여러 가지의 사역으로 구성되어 있다. 그러나 그러한 사역의 중심은 하나님께 드리는 예배다. 우리는 사회적 선교의 일을 복음의 전파나 사회적인 봉사의 일로 시작할 수 있다. 하지만 그러한 사역은 예수 안 믿는 자들을 교회에 초대하고, 특히 하나님께 예배드리는 일에 참여하게 함으로써 구체적인 결과를 얻게 된다. 이러한 사회적 목회로서의 사회적 실천은 다시 예배를 통해 피드백되고 수렴되는 것이 필요하다. 이후의 교회의 예배는 사회적 실천 안에서 역사하신 하나님의 은총을 고백하는 모임이 된다. 모든 하나님의 일에는 기적이 따른다. 하나님의 은사에 따라 우리에게 주어진 기적들에 대해 간증하는 순서를 가지는 것이 좋다. 실천을 거친 기도는 이전의 기도와 같을 수 없다. 이웃을 사랑하고 하나님을 사랑하는 실천의 행동을 통해 우리는 하나님의 더 크신 은총을 경험하게 된다. 그러한 경험은 하나님에 대한 우리의 찬양을 고무한다. 그리고 우리는 그 같은 실천을 통해 더 적극적인 실천을 예비할 수 있게 되고, 참다운 실천에로 나아가게 된다.

사회적 실천에 대한 평가 방법에는 두 가지가 포함된다.[85] 먼저는 우

---

[85] 위의 책, 110-112.

리 노력의 외부지향적인 효과(the effectiveness)에 대한 질문이며, 두 번째는 우리 노력의 내부지향적 가치(the value)에 대한 질문이다. 전자는 우리의 실천이 우리 외부에 영향을 미친 바를 탐색하는 것이며, 후자는 우리의 실천을 통한 우리 자신 내의 변화를 평가하는 것이다. 사회적 실천을 통해 우리의 주변이 변하는 것도 중요하지만, 일하는 우리 스스로의 생각과 삶의 스타일이 변화하는 것이 그에 못지않게 중요하다는 것이다.

6. 기독교 사회 윤리의 제3의 길: 해석학적 접근

피처(Alvin Pitcher)와 윈터(Gibson Winter)는 그들의 논문, "종교적 사회 윤리에서의 전망들"에서, 세 가지의 기독교 사회 윤리 방법론을 제시하고 있다.[86] 그 세 가지는 존재론적 접근(the ontological approach), 행동적 접근(the actional approach), 해석학적 존재론(hermeneutic ontology)의 접근인데, 그들은 세 번째의 것을 가장 선호하였다. 존재론적 접근은 선험적인 질서를 강조하는 반면, 행동적 접근은 인간의 결단과 자유를 강조한다. 존재론적 접근은 우리에게 이미 주어진 이성의 보편적 질서나 자연 질서가 있다고 생각하며, 그러한 과거에 우리에게 주어진 합리적 규범과 논리에서 사회 윤리의 문제를 탐색한다. 이에 반해 행동적 접근은 그러한 근원적인 원리보다는, 오늘의 현실에서 구체적으로 하

---

86 Alvin Pitcher and Gibson Winter, "Perspectives in Religious Social Ethics," *The Journal of Religious Ethics*, vol. 5/1, Spring 1977, 73 ff.

여야 할 일이 무엇인가를 모색하려 한다. 후자의 접근 방법은 종교에서 어떤 판단의 근거나 규범을 찾으려고 하지 않는다. 그 방법은 성경을 통해 우리 행동의 패러다임(paradigms)이나 모델(models)을 찾는 정도에 그친다. 종교는 우리가 오늘의 현실에서 바르게 행동할 수 있는 동기(motivation)를 부여하며, 그러한 성향(disposition)을 양육시키는 역할에 더 충실하여야 한다고 말한다. 전자의 접근 방법은 아우구스티누스, 토마스 아퀴나스, 헤겔, 스트라우스(Leo Strauss), 신칸트주의자들, 비치(Waldo Beach)에 의해 채용된 방법이며, 후자는 플레처(Joseph Fletcher), 레이먼(Paul Lehmann), 숄(Richard Shaull) 등에 의해 채용된 것이다. 다음으로 이 두 가지를 통합한 제3의 길이 있는데, 그것은 해석학적 존재론으로, 하이데거, 틸리히(Paul Tillich), 가다머, 화이트헤드(Alfred North Whitehead), 스택하우스(Max L. Stackhouse), 벨라(Robert Bellah) 등에 의해 선택된 방법이다.

피처와 윈터는 사회 윤리를 구성하는 세 가지의 요소가 있다고 말하였다. '에토스'(ethos)와 '사회 정책'(social policy)과 '실천'(practice)이다. 에토스는 철학적인 작업을 통해 수행되는 반면, 사회 정책은 사회 과학적인 입장에서 처리된다. 사회 윤리의 작업을 위해서는 사회 정책의 근거가 되는 근본적인 에토스에 대한 질문이 선행되어야 한다. 정의와 자유와 평등, 질서, 평화 등이 의미하는 바가 무엇인지를 깊이의 차원에서 질문하여 보아야 하며, 그러한 질문에 대한 것이 사회의 에토스라는 것이다. 그러한 근본적 의미에 대한 질문 다음에 행해져야 할 질문은 사회 정책에 대한 것이다. 경제, 정치, 법, 사법체계, 사회복지, 건강, 커뮤니케이션 등의 구체적인 정책에 대한 연구가 사회 윤리의 두 번째의 요소가 된다. 마지막으로 실천은 사회 윤리의 가장 구체적인 차원이다. 우리는 도덕적 결단(moral decision)과 반성(reflection)의 과정을 거쳐 이 같은 실천에 이르게 된다.

스태슨(Glen H. Stassen)은 포터(Ralph Potter)의 정책 결정을 향한 분석체계를 검토하여, 종교적 사회 윤리(religious social ethics)의 입장을 정리하였다.[87] 스태슨은 포터의 이론에서, 사회 윤리를 구성하는 네 가지 차원의 요소를 분석하여 냈다. 첫째는 상황(situation)에 대한 경험적인 정의(definition)로서, 사실에 대한 사회적이며 상황적인 분석을 요한다. 둘째는 도덕적인 규칙(rule)에 대한 차원이다. 셋째, 그러한 상황과 규칙의 바탕이 되는 철학적인 차원이다. 그것은 일반화된 윤리 이론(theory)이나 사회이론에서 얻어진다. 네 번째 차원은 신학적이고 실존적인 차원의 내용이다. 이 차원에서는 의미의 근거(the ground-of-meaning)가 질문되는데, 존재론적인 성격을 띠게 된다. 사회 윤리의 위와 같은 네 가지의 요소는 다음의 두 가지의 것으로 구분될 수도 있다. '사회 윤리'라는 용어는 '사회'와 '윤리'라는 말의 합으로 되어있다. 사회적 이론의 측면과 윤리적인 이론의 측면의 결합체를 말한다. 상황주의(situationism)의 입장에선 사회정치적인 분석이 강조되며, 규범적 원리(normative principle)를 강조하는 입장에선 철학적이며 윤리적인 가치가 부각된다. 이에 있어 사회 윤리의 핵심적 문제는 이 두 가지의 논리가 서로 연결되는 데에 있다. 사회적 상황에 있어 행동을 결단하기 위한 과정이 사회적 이론과 사회 과학적 분석에만 의존하여서는 안 되며, 윤리적 가치와 신학적 근본의미에 의해 정해져야 한다는 것이다. 사회적 이

---

87 Glen H. Stassen, "A Social Theory Model for Religious Social Ethics," *The Journal of Religious Ethics*, vol. 5/1. Spring, 1977, 9-32.

론의 적용과 윤리적 가치판단의 문제를 분리하여 생각하지 않는 것, 경제나 정치를 그 자체만의 논리로 생각하지 않고, 그것이 철학적 윤리 문제와 결부되어 있음을 깨닫는 것이 오늘을 사는 우리에게 중요한 것 같다.

에버리트(William W. Everett)는 종교적 사회 윤리에 있어 두 가지의 입장이 있음을 언급하였다. 행동주의자(actionists)와 반성주의자(reflectionists)이다. 행동주의자들은 사회를 변혁하는 행동을 강조하며, 그러한 행동을 통해 세상을 바로 알 수 있다고 말한다. 그러나 반성주의자들은 윤리가 행동의 학문이 아니라 사고의 학문이라고 한다. 윤리학자가 세상의 일에 이해관계로 얽혀 열정을 가지고 개입하는 것은 좋지 못하다는 것이다. 물론 반성주의자들은 행동을 무능하게 만들려는 것은 아니며, 다만 그런 행동은 다른 영역과 집단에 맡길 수 있음을 말한 것이다.[88]

윈터와 스태슨과 에버리트의 기독교 사회 윤리에 대한 견해들을 종합하면, 다음의 요소들이 추출된다. 행동과 실천, 에토스와 반성, 사회적 분석, 윤리적인 가치규범, 신학적이며 실존적인 의미 등이다. 기독교 사회 윤리는 먼저 사회적인 분석으로 시작되고, 다음으로 신학적이고 윤리적인 반성을 요하며, 행동과 실천으로 이어져야 한다는 것이 그들의 주장인 것이다. 존재론적인 접근 방법은 행동의 근거가 되는 에토스 및 철학적이며 신학적인 가치에 대한 반성을 강조하는 반면, 행동적 접근 방법은 사회를 변혁하는 구체적인 행동과 그 행동에 대한 직접적

---

[88] William W. Everett, "Vocation and Location: An Exploration in the Ethics of Ethics," *The Journal of Religious Ethics*, vol. 5/1, Spring 1977, 91-92.

인 분석에 초점을 맞춘다. 그러나 윈터의 말대로, 사회 윤리에서의 가장 바람직한 것은 해석학적 존재론으로서, 일면에서는 현재의 상황과 경험에 대한 분석을 강화하고, 다른 한 면에선 그에 따른 역사적이며 신학적인 반성에 관심을 갖는 것으로서의 방법이다. 분석과 반성이 어우러진 해석학의 과정이 사회 윤리의 방법에 있어 중요하다는 것이다. 지난 백여 년 간의 한국교회의 모습은 두 가지의 대조적인 것으로 나타난다. 먼저는 사회적인 분석과 실천은 있지만 신학적이며 영성적인 강조가 빈약한 교회의 모습이고, 다른 하나는 신학적인 반성과 성찰은 있지만 행동과 실천 및 사회에 대한 관심엔 부족하였던 교회의 모습이다. 그러나 오늘 우리는 해석학적 기독교 사회 윤리 방법에 대한 논의를 통하여 이 두 가지가 분기하여 서로 무관한 것으로 남는 것이 우리에게 불리함이 된다는 것을 파악하였다. 과거의 성경과 교회의 전통이 오늘의 우리의 체험 및 사회적인 상황에 적용되고, 그런 작업을 통해 우리의 체험과 성경의 전승이 다시 창조적으로 재해석될 수 있도록 하는 것이 요청된다. 우리는 오늘을 보기 위해 과거를 살펴야 하며, 오늘의 경험을 통해 과거의 유산을 바로 볼 수 있게 되는 것이다. 우리는 남과 주변을 경험함으로 나를 이해하게 된다. 그리고 나를 앎을 통하여 남과 주변에 대한 이해에 이르게 된다. 다음의 성경 말씀으로 마치고 싶다. "나는 알파와 오메가라 이제도 있고 전에도 있었고 장차 올 자요 전능한 자라."(계 1:8)

7. 사회봉사 실천방법론에 대한 정리

위에서 철학적 해석학에 기반하여 기독교 사회봉사 실천방법론을 어느 정도 정립하였다고 생각한다. 이 장을 통해 설명하다 보니 그 내용이 너무 복잡한 것 같아 말미에 간단히 정리하고 싶다. 오늘의 우리 마을에서 우리는 무엇을 어떻게 하고 왜 해야 할 것인지를 찾으려면, 우선 우리 동네의 상황에 대해 살펴야 한다. 물론 교회가 국가 전체를 위해 할 일이 무엇인가를 찾아볼 수도 있지만, 언제나 우리의 실천은 로컬을 기반으로 행해질 때 더 힘이 있다고 생각한다. 그러한 지역 사회를 위한 마을목회의 구체적인 일이 한 지역뿐 아니라 전국에 걸쳐 확산되게 되면 국가적인 일이 될 것이다. 아무튼 이런 할 일을 찾기 위해서는 먼저 상황에 대한 분석이 필요하다.

이 같은 상황에 대한 분석은 시간적 공간적 구분을 갖는다. 먼저 시간적 요소가 고려될 필요가 있다. 우리나라의 개화 시대에 할 일이 있었으며, 일제 강점기, 민주화 시대, 경제부흥기, 국제화 시대 등 나라가 발전해가는 각 시기가 있는데 이때마다 교회의 할 일이 달랐을 것이라 생각한다. 개화 시대에 항일운동을 한다면 좀 이상하다. 일제 강점기에 민주화 운동을 하는 것도 그렇다. 교회는 시대에 따라 중점적으로 할 일이 있다. 오늘의 시대엔 통일과 복지 문제가 우리 시대의 중심과제가 아닌가 생각한다.

다음으로 우리가 오늘에 있어 교회가 하여야 할 일을 찾을 때 중요한 것은 지역마다 그 할 일이 같지 않다는 것이다. 우리가 사회봉사의 일을 하며 압구정동에 무료급식소를 세우는 것은 아니라고 생각한다. 시골 농촌에 어린이집을 짓는 것도 그렇다. 어느 교회가 어린이집을 세워 교회가 활성화되었다고 하여, 그 교회가 어느 지역에 있는 것인가를 파악하지도 않고 동일한 어린이집을 지어 봉사하려고 한다면 그 일이 그 지역에 적합하지 않을 수 있음을 고려하여야 한다는 것이다. 이와 같이 교회가 그 지역에서 효과적인 봉사를 하려 한다면 시간적 상황 분석과 공간적 분석을 하여야 한다. 이를 위해서는 사회 과학 분야의 도움이 요청되는 것으로, 일반 학문을 하는 사람들의 견해들에 대한 폭넓은 경청이 필요할 것이다.

다음 단계로 그러한 컨텍스트에 대한 분석을 텍스트에 비춰보는 노력이 필요하다. 우리의 실존적 환경을 성경 말씀에 조명해보는 단계다. 우리가 상황의 현실들을 잘 파악하였다고 하여, 우리가 하여야 할 일이 무엇인지를 금방 찾을 수 있는 것이 아니다. 그 상황을 읽는 눈을 가지고 그것을 반성하여야 그 다음의 단계로 나아가게 된다. 빈부격차가 점점 벌어지는 요즈음 우리 교회는 과연 어떤 노력을 하여야 하는지에 대한 실천의 방향을 정하려면, 그러한 격차를 바라보는 시야가 필요하다. 일종의 세계관, 가치관, 철학 및 성경에 대한 이해가 없인 이러한 상황을 읽어 낼 수 없다. 성서적이며, 교리적이고, 신학적이며, 기독교 윤리적인 기초에서 이 같은 상황에 대한 반성이 가능해진다는 것이다. 기독교인의 이 세상에서의 사명과 비전에 대한 나름의 이해가 없인, 한 상황에서의 실천적 행동에 대한 결정이 쉽지 않다는 것이다.

다음으로 이런 노력을 통해 교회가 할 일을 정한 다음에는, 그것을 실천하고 이행에 옮길 과학적인 절차가 필요하다. 필자는 그것을 위해 전략적 기획의 방법을 사용하고 있는데, 그 전략적 기획의 방법 속엔 앞의 상황에 대한 분석과 기독교인의 미션과 비전을 정하는 일이 전제되어 있다. 이 같은 전략 기획의 구체적 방법론에 대해서는 차후 설명할 것인데, 그것 또한 해석학적 실천방법론에 기초하는 것임을 먼저 말해 두고자 한다. 이 같은 전략 기획을 하며 우리는 각 실천할 일에 투여되는 인력과 재정을 생각하지 않을 수 없다. 어떤 일이 되려며 그것을 위한 재정 계획과 인력투여 계획을 세우지 않고는 불가능하다. 이에 이 같은 전략 기획은 기획의 단계, 이행의 단계, 평가의 단계의 삼 단계를 거치게 되는데, 이에 대해서는 제5장에서 자세히 설명할 것이다.

8. 사회봉사 방법론 적용의 한 사례: IMF 시대의 사회봉사 실천

위에서 헤셀이 제기한 사회적 목회의 방법론에 대해 언급하였다. 우리는 그 같은 사회적 목회의 방법에서 사회봉사의 구체적 내용을 정할 수 있게 된다. 일례로 1997년 IMF 경제 위기 상황 속에서 교회의 사회봉사 실천이 어떠해야 할 것인지를 한 예로 들어 설명하려 한다. 이를 수행함에 있어 앞서 제시한 방법의 순서에 따라 IMF 시대의 사회봉사의 구체적인 방안에 대해 검토하도록 하겠다.

1) IMF의 실상에 대한 분석

먼저 사회적 분석의 문제에 대해 설명하고자 한다. 목회자가 사회적 이슈(issues)들을 선택하여 자기의 목회 속에서 고려 대상으로 삼는 것은 쉬운 일이 아니다. 특히 한국의 교단들과 같이 사회적인 이슈에 대해 쉽게 결단하지 못하는 상황에선 더욱 그렇다. 한국의 목회자들은 이런 문제를 혼자 연구할 수밖에 없으며 혼자 기획하여야 한다는 점에서 짐이 무겁다. 이에 두 가지의 제안을 하고자 한다. 첫째, 교단적인 입장에서 오늘의 사회 상황들을 분석하여, 연구결과물을 각 교회의 목회자들이 이용할 수 있도록 노력하자는 것이다. 이를 위해서는 총회와 노회 단위의 세미나와 연구가 필요하다. 둘째, 사회적인 문제를 분석함에 있어 각 교회와 교단 내에 있는 평신도 자원을 이용하는 것이 중요할 것이다. 21세기의 목회는 목회자 혼자만의 독단적인 목회여서는 안 된다. 평신도들을 목회의 일에 끌어들여 함께 봉사하는 평신도 목회(lay ministry)로 발전됨이 필요하다.[89] 물론 평신도들에게 목회자의 고유한 일은 맡길 수는 없다. 그러나 사회적인 문제를 분석하는 일은 평신도들이 더 잘 할 수 있다고 본다. 목회자는 평신도들의 역량을 이용하여 사회의 일들을 분석하는 세미나 등을 교회 내에서 개최하고, 그것의 결과를 자신의 목회에 반영할 수 있어야 한다.

이전 IMF 위기를 분석하는 일이란 결코 쉬운 것이 아니다. IMF 위기와 같은 어떤 사회 문제를 분석하는 데에는 세 가지의 단계가 필요하다. 먼저는 근본적인 질문을 하는 것이다. 다음으론 오늘의 현실을 인정하는 한도 내에서 우리의 나아갈 방향을 정해보는 것이고, 마지막으로 실천적 질문을 하는 것이다.

(1) 근본적인 질문들: 사회적 체계(social system)에 대한 분석

첫째, 이러한 위기가 신세계 질서를 통해 자신의 이권을 챙기려는 미국의 패권주의에 기인한 것인지, 아니면 필연적인 세계화 추세에 바로

---

[89] 헤셀은 세 가지의 목회를 말한다. 평신도에 의한 목회(a ministry by the lay people), 제도적인 교회를 통해서 이루어지는 목회(a ministry through the institutional church), 제도적인 교회 속에서 일어나는 목회(a ministry within the institutional church)이다. 세 번째의 목회는 예배, 교육, 상담, 선교, 행정 등으로 구성되며, 두 번째의 목회는 사회적 봉사와 사회 정책적 개선의 노력으로 구성되고, 첫 번째의 목회는 평신도들의 사회 속에서의 삶을 통해 이루어진다고 하였다. 헤셀은 사회적 목회가 위와 같은 세 개의 차원을 갖는다고 하면서, 평신도들의 사회 속에서의 정의를 위한 행동을 목회의 차원으로 끌어올리고 있다. (D. T. Hessel, *Social Ministry*, 137.)

적응하지 못한 우리 자체 내에 책임이 있는 것인지를 밝히는 것이란 쉽지는 않지만 중요한 일이다.

둘째, 오늘의 신자유주의의 시장 경제 체제를 인정하고, 그에 순응하는 것이 옳은 것인지, 아니면 대안적 이데올로기나 세계 질서를 모색하는 것이 필요한지를 결단하는 것도 쉽지 않다. 오늘과 같은 신자유주의적 경제 체제 속에서의 WTO, IMF 체제를 받아들이는 것이 타당한가, 아니면 그에 저항하고 나름의 다른 세계 질서를 모색 추구할 수도 있는 것인지를 계속적으로 분석하는 것이 필요할 것이다.

셋째 오늘과 같은 경제제일주의와 물질주의적 사고방식 및 문화구조가 과연 올바른 것인지를 질문하는 것도 중요하다. 결국 오늘의 이런 문제들의 저변엔 윤리적이며 영성적인 문제가 개재되어 있다. 보프(Leonardo Boff)는 그의 책 『생태학과 해방』에서[90] 생태-정의(eco-justuce)의 문제를 검토하면서, 그것이 다차원적인 문제임을 언급한 바 있다. 과학 기술의 측면, 사회적인 측면, 윤리적인 면, 정신적인 측면, 마음과 영성의 측면 등이다. 보프는 환경의 문제가 오늘의 과학 기술의 문제만으로 보는 것을 천박한 견해로 생각한다. 그것은 사회 구조적인 문제이며, 종교와 영성의 문제에까지 연결되어 있다는 것이 그의 생각이다. 경제의 문제도 그렇다. 경제의 문제는 얼핏 보면 눈에 보이는 물질적인 문제인 것 같아 보이지만, 그 내면을 분석하면 그것이 사회 구조적인 문제이며 종교적이며 영성적인 문제임을 파악할 수 있다. 왜 경제적인 물질의 문제가 신앙의 문제이며 신학의 문제인지를 파악하는 데에는 혜안이 필요하며, 이를 위한 신학 교육의 방향정립이 필요하다고 생각한다.

---

90 레오나르도 보프, 『생태신학』.

(2) 현실적인 질문들: 사회적 이슈(social issue)와 정책(policy)으로서의 분석

지난 정부와 지난 정부의 일을 맡았던 사람들이, 기업들이 좀 더 주의하였더라면 오늘의 위기에까지는 오지 않았을 것이라는 견해엔 이견이 없는 것 같다. 정부의 외환 관리에 대한 실정, 기업의 방만한 경영, 관치금융의 문제, 불합리하고 비효율적인 법률 및 행정 체계 등, IMF의 상황하에서라도 잘만 하였더라면, 위기를 맞지 않을 수 있었던 일을 그르치게 한 그러한 문제들을 드러내며, 다시는 그러한 오류에 빠지지 않게 하는 일이 중요할 것이다.

(3) 실천적인 질문들

실천적인 질문이란 오늘의 이런 상황에서 나와 내가 속해 있는 단체가 할 수 있는 일이 무엇인가를 질문하는 것에서 비롯된다. 사회적 분석은 그 자체로 마무리되지 않는다. 그것은 실천을 향해 정위되어야 하는 것으로, 그런 의미에서 사회적 분석은 사회적 실천의 준비단계라 할 수 있다. 이에 있어 실천적 질문은 사회적 분석과 사회적 실천 사이를 매개하는 것이라 볼 수 있다.

2) 성경적, 신학적, 윤리적 반성

다음으로 목회자는 위와 같은 연구와 분석을 토대로 하여, 나름의 신학적이며, 성경적인 반성을 가할 필요가 있다. 특히 이 부분에 있어서는 목회자의 역량이 요구되는 것으로, 목회자는 이런 과제를 평신도들에게 위임할 수는 없을 것이다. 목회자는 경제적 위기에 대한 문제를 성경적 규범을 통하여 먼저 고찰하여야 하며, 다음으론 신학적 전통 속에서, 마지막으론 오늘의 신학자들의 견해를 종합하여 그에 대한 반성을 마무리할 수 있을 것이다.

예를 들어 부의 문제에 대한 신앙적인 반성은 성경적 반성만으로 마무리되지는 않는다. 부의 문제에 대해 기독교 교회는 기나긴 전통을 가지고 있다. 초대 교회의 급진적인 견해로부터, 부에 대해 허용적인 이후의 견해에 이르기까지, 교회는 부의 문제에 대해 갈등적 견해를 제기하여 왔다. 목회자는 이런 문제들을 다룰 때, 역사적 교회의 윤리적인 문제들에 대한 해명에 귀를 기울일 필요가 있다. WTO나 TNCs(초국적 기업)에 대한 연구도 마찬가지이다. 이전 성경의 시대엔 세계무역기구니, 초국적기업이니 하는 것들에 대한 논의가 필요 없었다. 그럼에도 목회자가 이런 경제적 이슈에 대한 답변을 성경에서 찾으려고만 한다면 문제가 야기될 것이라 생각한다. 성경은 우리에게 유용한 행동의 규범을 제시한다. 그러나 성경은 오늘의 세세한 문제에 대한 답변을 포괄하고 있는 책은 아니다. 오히려 이 같은 작금의 문제들은 동시대의 신학자들의 견해에서 더 확실한 답변을 얻을 수 있다. 특히 오늘날의 기독교 윤리학자들의 이 문제에 대한 논의에서 많은 유익을 얻을 수 있을 것이다.

3) 교회의 목회적, 사회적 실천

사회적 목회의 다음 단계는 실천(praxis)의 단계다. 이것엔 두 가지의 내용이 포함된다. 먼저는 목회적 실천이며, 다음으론 사회적 실천이다. 우선 목회자는 목회적 실천을 통하여 오늘의 IMF의 문제를 포섭할 수 있어야 한다. 경제적 문제를 다루는 교회 교육, 경제적 위기에 처한 사람들에 대한 목회 상담, 이러한 위기의 시기에 우리의 결단을 향한 예배의 구상, 오늘의 상황에서의 하나님의 구원의 의미에 대한 조명 등 목회적인 여러 실천의 일이 요청된다. 다음으로 이 실천의 단계 중엔 사회적 실천이 포괄되어야 한다.

(1) 사회적 실천의 내용을 정하는 원칙

교회의 사회적 실천(social practice)은 두 가지로 구성된다. 사회 구호적 봉사(social service)의 일과 사회 정책(social policy)적이며 사회 개량적 측면에서의 사회 구조적 봉사의 일이다.[91] 전자는 경쟁에 뒤처진 사람들을 위한 배려이며, 후자는 부정의한 사회 구조를 변혁하기 위해 법제화의 일을 하는 것을 말한다. 오늘과 같은 사회적 어려움의 시기에 교회가 할 수 있는 봉사의 일과, 제시할 수 있는 정책적 대안은 무엇인가? 교회는 IMF의 파고를 넘기 위해 처절히 투쟁하고 있는 사람들을 위해 과연 무엇을 할 수 있는가? 먼저 그러한 사회적 실천 운동으로 무엇을 할 것인가의 내용을 정함에 있어 몇 가지의 원칙을 만들어 볼 수 있을 것 같다. 필자는 IMF 당시의 예를 들어 이러한 사회적 실천의 구체적인 내용을 정하는 데 있어서 몇 가지 원칙을 세워보았다.

첫째, 소극적인 입장의 표현을 배제하라는 것이다. 교회와 교인이 하여야 할 일들은 적극적인 내용의 것들이 좋다. 무엇을 하지 말라는 전략보다는 무엇을 하라는 전략이 바람직하다. 사치하지 말라는 표현보다는 가난한 사람들을 돕자는 표현이 더 적극적이다. 남을 돕기 위해서는

---

[91] 이삼열, "사회봉사의 신학과 실천 과제," 『사회봉사의 신학과 실천』, 17ff.

자신의 씀씀이를 당연히 줄여야 하기 때문이다.

둘째, 그 일을 정함에 있어 논란의 대상이 되는 것들은 가급적이면 실천 운동의 내용으로 피하는 것이 좋다. 오늘의 신자유주의 세계 질서를 그대로 인정하여 나갈 것인가, 아니면 근본적인 저항을 하여야 하는가에 대해서는 학자들의 의견이 통일되어 있지 않다. 그러한 의견이 갈리는 문제를 교회의 구체적 실천 과제로 정하기는 어렵다. 정확하지 않은 분석, 확신 없는 진단은 문제를 복잡하게 만들 뿐이다. 물론 이러한 말이 오늘의 전체적 경제 체제에 대한 비판적 고찰을 소홀히 하라는 뜻은 아니다. 교회는 더 나은 경제 체제를 찾기 위해 연구를 게을리해서는 안 된다. 그러나 논란이 되는 일은 그것에 대한 충분한 검토가 이루어진 후 운동의 내용으로 삼는 것이 좋다.

셋째, 무엇보다도 이웃을 사랑하며 용서하라는 하나님의 명령을 구현하는 입장에서 행동강령을 정하는 것이 좋을 것이다. 기독교적인 사랑과 용서의 정신을 반영하는 전략이 바람직하다. 악덕 기업인들을 감옥에 넣어야 한다고 주장하며 투쟁하는 일이 교회의 주된 실천이 되어서는 곤란할 것 같다.

넷째, 가능한 대로 실천의 목표는 단순한 것일수록 좋다. 너무 복잡하면 그것을 실천하는 데에 어려움이 있을 것이다. 교회가 하여야 할 일을 여러 개로 정하는 것은 실천을 복잡하게 만든다. 가능한 대로 한 가지의 실천 과제를 정하여 초점 있게 일을 추진하는 것이 좋다. 그런 의미에서 어느 한 목표의 실천 항목을 여러 가지로 늘어놓는 것은 가급적으로 피하는 것이 바람직하다.

다섯째, 하나의 상징성을 가지는 일을 택하여 추진할 것을 제안한다. 부분적인 작은 일이지만, 전체적인 문제를 그 속에 담고 있는 일을 선정함이 필요하다. 오늘의 자유주의 경제 체제의 핵심적 주장은 사람을 경쟁시킨다는 데에 있다. 교회는 그러한 경쟁의 역기능을 파악하고, 그 문제를 해소하는 방식을 찾아야 한다. 교회는 사회의 모든 문제를 한꺼번에 다룰 수 없다. 어차피 그 많은 문제들 중에 한 문제를 정하여 실천의 일을 할 수밖에 없다. 그러한 한 가지의 일을 하다 보면, 그 일이 사회의 여러 문제들과 연관되어 있음을 금방 파악할 수 있게 된다. 교회의 사회적 봉사는 분명하고 단순한 하나의 일에서 시작하는 것이 좋으며, 그것에 대한 성실하고 진지한 실천은 그것의 실천 범위를 확장할 것이다. 미국교회가 벌인 중앙아메리카에서 미국으로 불법 이주하는 난민을 돕기 위한 '피난처(sanctuary) 운동'은 이러한 하나의 예가 되고 있다. 교회는 처음 불법 이민자를 돕는다는 단순한 발상에서 그 일을 시작하였으나, 그 문제는 사회, 문화, 정치, 경제의 다양한 면에 연계되는 것임을 인식하게 된 것이다. 독립된 별개의 문제란 없다. 모든 문제는 하나의 큰 구조로 얽혀져 있다. 그러므로 부분의 문제를 다루는 것은 전체의 문제를 다루는 것이다.

여섯째, 전 교회들과 교인이 쉽게 동참할 수 있는 일을 목표로 정하는 것이 필요하다. 몇 명만 참여하고 나머지 사람들은 그 일에 참여하기 어려운 일을 선택하는 것은 지양하여야 한다. 예를 들어 IMF 시대에 교회의 행정을 간소화하기 등의 운동은 국한된 몇 명의 논의로도 충분히 될 수 있는 일이다. 그러한 일들은 교회의 직원 및 행정 당사자들의 사적인 일일 수는 있어도, 전체적 운동의 전략으론 부족한 감이 있다.

일곱째, 사회적 실천의 일은 교인들에게 헌신을 요구하는 일이어야 한다. 실제적 봉사를 필요로 하는 일을 전략적인 과제로 선택하는 것이 좋다. 헌금과 봉사를 통해 자신의 시간과 물질을 구체적으로 투여하여

하는 일들이 실천 운동으로 바람직하다.

여덟째, 사회적 실천의 일들은 추상적인 것이 되어서는 안 되며 구체적인 제시가 따라야 한다. 오늘의 시대에 이웃의 아픔에 동참하자라는 막연한 말로는 곤란하다. 구체적 실천이 따르지 않는 것은 하나의 구호에 불과하게 된다.

아홉째, 몇 주 만에 끝나는 일보다는 상당 기간 지속하여 할 수 있는 일들이 좋다. 하루의 행사로 끝나는 헌신이 되어서는 안 된다. 예를 들어 IMF의 극복을 위해, 교회가 일 년에 한 번 바자회를 열어 일회적인 행사로 모든 일을 다 하였다고 생각해서는 안 된다. 또한 실업자를 돕기 위한 한 주의 헌금으로 모든 일을 마무리하였다고 생각해서도 안 되겠다. 모든 일은 계속하여 지속적으로 할 때 큰 힘을 낼 수 있다. 그리고 행사는 지속적 실천을 위한 붐을 조성하는 수단으로 기획되는 것이 좋겠다.

열째, 어떤 사람이나 단체의 잘못을 들추어내는 것이 주목적이어서는 곤란하다. 예를 들어 IMF 위기는 기업인에게서, 또는 정치인에게서, 금융인에 의해 비롯되었다는 등의 책임 추궁이 교회실천의 주된 목표가 되어서는 부족하다는 것이다. 물론 이런 사태에 이르게 한 당사자들의 책임을 정치적인 차원에서 추적하는 것은 필요하나, 그것이 교회의 주된 목표여야 하는지에 대해서는 의문이다.

열한째, 그 일을 통해 가시적인 도움을 사회 및 어려운 이웃들에게 줄 수 있는 일을 사업으로 전하면 좋다고 생각한다. 예를 들어 IMF 시대에 검소하게 살자는 등의 구호는 가시적 실천을 야기하지 못한다. 구체적으로 남들에게 가시적인 도움을 줄 수 있는 일들을 목표로 함이 필요하다.

열둘째, 교회의 사회적 실천의 일을 정하는 문제에 있어 가장 중요한 것은 그 일을 기도 중에 정하라는 것이다. 목회자는 여러 일들의 목록을 놓고 어느 것이 우리 교회의 할 사업인가를 정함에 있어 하나의 직관과 상상력을 발휘할 필요가 있다. 하나님 앞에 그 문제를 놓고 기도하는 중에 할 일을 정하는 것이 중요하리라 생각한다.

(2) 오늘과 같은 경제 위기 시대의 교회의 사회적 실천의 내용

이러한 원칙에 의거, 오늘과 같은 IMF 시대에 교회는 다음과 같은 일을 정할 수 있을 것이라 생각한다. 먼저 사회적 봉사의 일에 있어 교회는 '양식 은행'(food bank)을 설립할 수 있을 것이다. 무료급식소만의 운영으론 충분하지 못하다. 무료급식소 앞에 줄을 서서 차례를 기다린다는 것은 자존심이 상하는 일이다. 그러한 무료급식소와 함께 가공치 않은 양식을 어려운 주민에게 주는 것을 포함한 양식 은행의 체계가 요구된다.

그러나 사회적 실천은 사회 구호적 사회 사업의 일로 마무리되지 않는다. 그것은 사회 정책적인 법제화의 문제로 이어진다. 오늘 우리의 경제적인 위기를 대처하는 데에 가장 시급하게 고쳐야 할 사회 구조적인 문제는 무엇인가를 고찰하고, 그것에 대한 법제화를 논의하는 것이 중요하다. 물론 모든 법을 한꺼번에 다 고칠 수는 없다. 먼저 시급하게 하여야 할 상징적인 일을 하나 선택하여 노력하는 것이 마찬가지로 필요하다. 법제화의 문제 선정에 있어서도 위의 열두 가지의 원칙들이 적용될 수 있을 것이다. 그런 각도에서 생각하여 볼 때, 오늘에 있어 교회의 법제화의 노력에서 당면 주제는 무엇인가? 필자는 그것이 실업 문제를 다루는 입법이라고 생각한다. 작금에 주장되는 노동 시장의 유연성을 견지하기 위해서는, 실업에 대한 대책으로서의 '사회안전망'(social safety net)의 형성이 전제되어야 한다. 사회안전망이 없는 정리해고, 노동 시장의 유연함이란 노동자들을 죽음으로 모는 일이다. 그러한 실업에 대한 사회보장법의 마련은 광범위한 세제개혁을 수반하는 것임은 말할 필요가 없다.

사회 정책적인 일들은 사회봉사의 일들과 함께 병행되는 것이 좋다. 실업을 통해 고통당하는 사람들에 대한 구체적인 도움을 주지 않으면서, 법적인 장치만을 바꾸라는 구호를 외쳐대는 것은 공허한 일이다. 그러므로 사회 구호 없는 법제화의 노력은 공허하며, 법의 개정을 도외시한 일방적인 사회봉사로는 부족한 것이 된다. 더 나아가 교회는 이런 일들을 위해 분석 연구 교육하는 일을 동시에 하여야 한다. 양식 은행 및 사회안전망의 문제에 대한 교회적인 세미나를 개최하고 교육 및 예배 프로그램을 만드는 것이 필요하리라 생각한다. 사회봉사는 사적이며 시혜적인 것으로 끝나서는 안 된다. 그것은 구조의 문제로서 그에 대한 개혁은 우리의 책임이며 당위의 문제이다.

사회적 목회의 실천에 있어 마지막으로 중요한 일은 이런 일을 위해 주변의 기관 단체들과 연대하는 것이다. 개교회만의 노력이 아니라, 노회적이며 총회적으로 할 수 있는 일들에 대한 검토, 지역의 주변교회들과의 연대, 교파와 종교를 초월한 사회에 대한 실천 등은 우리의 일들을 더욱 활기 있게 할 것이다. 또한 교회는 범세계적인 교회 단체들과 연대하는 것도 필요하다. 비종교적인 사회 운동 단체들과의 연대 및 그들에 대한 직간접적인 후원 또한 요긴한 일이 될 것이다.

4) 새로운 대안적 경제 체제 모색

　사회적 실천은 다양한 영역들을 포함한다. 정치, 경제, 사회, 문화, 교육 등 제반 분야에 대한 사회 선교적 접근이 가능하다. 특히 본문에 있어서는 경제 분야에 있어서의 사회적 선교의 입장이 부각되어 설명되고 있다. IMF 경제 위기에 있어서 사회적 선교의 과제는 사회봉사로서의 양식 은행의 운영이며, 사회 정책적인 면에서의 사회안전망의 구축이라고 언급하였다. 그러나 사회 선교의 내용은 이 둘의 과제로서 마무리되지는 않는다. 또 하나의 남은 문제는 우리의 세계 경제 체제의 대안에 대한 모색이다. 인류는 그간 여러 가지의 경제 이데올로기에 대한 실험을 계속하여 왔다. 그러나 아직도 이상적인 경제 체제의 실현에는 요원한 느낌이다. 이에 우리는 우리의 현 경제 질서에 대한 계속적인 비판을 통하여, 보다 나은 사회 발전을 모색하려 노력해야 할 것이다. 오늘의 경제 체제의 문제는 무엇이며, 그에 대한 대안은 어떤 것이 되어야 하겠는가의 문제를 진단하는 것은 결코 쉽지 않은 것으로, 여러 분야의 학자들의 공동 연구가 필요하리라 생각한다. 그러나 이 같은 일을 누가 우리 대신 해주지는 않는 것으로, 우리는 우리의 현실에 적합한 경제 체제를 향한 실험에 게을리해서는 안 되겠다.

　19세기 중반 이후 도시화와 산업화를 경험하면서, 기독교는 자본주의 속에 있는 모순을 발견하고, 사회주의적인 경향을 갖게 되었다. 그러나 그 사회주의의 낙관론과 이상주의는 1, 2차 세계대전을 거치며, 더 이상 버티지 못하게 된다. 이후 신학자들은 그 같은 사회주의를 수용 극복하며, 인간의 죄성과 사회의 한계를 인식하면서 기독교현실주의를 태동시켰다. 60년대 들어 이전의 사회복음 운동과 전 시대의 기독교현실주의에 대한 통합의 움직임이 나타났는데, 그러한 입장에 서 있는 신학자들이 프레스턴과 워거만이라 할 수 있겠다. 80년대 말 공산주의가 무너지면서, 신자유주의와 신보수주의의 경향이 득세하게 되었으며, 그러한 연장선상에서 우리의 IMF 위기가 발생하였다고 보는 것이 타당할 것이라 생각한다. 신자유주의의 운동은 극히 우편으로 편향된 입장의 사상으로서 그리 오래 가지 못하였으며, 미국의 주요 교단들도(mainline churches) 이 입장의 주장을 받아들이지 않는 실정이다. 물론 오늘의 경제 위기가 서구의 신자유주의 사상에 전부 책임이 있음을 말하는 것은 아니다.

이제 인류는 더욱 바람직한 경제 체계를 세우기 위해 진통하고 있는 바, 대체적 결론은 다음에 도달하고 있다. 먼저 경제적 효율을 위해 시장 경제의 큰 축이 유지될 것이라 생각한다. 그러나 철저한 자유 방임의 시장 경제 체제엔 많은 모순이 있음을 알게 되었으며, 그러한 시장의 논리에 통제를 가하는 여러 장치들을 부가되어 왔다. 자본주의의 폐해는 노동과 자연자원의 착취라는 두 가지 큰 문제로 나타난 바 있다. 이에 국가가 어느 정도 기업과 시장의 횡포를 견제하여 노동의 착취를 제재하고, 또한 생태친화적인 시장 경제로의 노력이 필요한데, 그런 입장의 시장 경제가 사회-생태적 시장 경제라 할 수 있다.

더 나은 경제 체제를 위한 노력의 방향을 정하기 위해, 최근 출판된 큉(Hans Küng)의 책 『세계 윤리』의 내용을 소개하고자 한다.[92] 첫째로 큉은 경제 논리가 모든 논리에 우선하는 것으로 보지 않는다. 그는 시

---

92 Hans Küng, *A Global Ethics for Global Politics and Economics* (Oxford: Oxford University Press, 1998).

장 경제가 궁극의 목적이 될 수 없으며 그것은 인간의 필요에 봉사하여야 한다고 말하였다. 그러한 인간적 시장 경제(human market economy)는 정의의 구현을 통해 인간의 위엄을 지키고, 공동체(community)의 규범적인(normative) 면의 강화를 통해 사회적 목표(social goal)를 구현해 나가는 체제이다. 그러므로 우리는 시장 속에 내재된 자유경쟁의 보이지 않는 손(invisible hand)을 절대화하거나 신화화(mythologizing)해서는 안 된다. 경제 자체도 하나의 서브 시스템(sub-system)으로서, 정치, 법률, 과학, 문화, 윤리와 대등한 관계에 놓여 있음을 그는 언급하고 있다. 경제가 모든 것을 좌우해서는 안 된다.[93] 그는 오히려 정치의 논리가 경제 논리에 우선하여야 하며, 더 나아가 윤리가 이 같은 정치 경제의 논리에 선행하는 것임을 말하였다.[94] 우리는 경제학을 크게 두 가지로 구분할 수 있다. 하나는 실증경제학(positive economics)이며, 다른 하나는 규범경제학(normative economics)이다. 실증경제학은 어떤 현실적(실제적) 상황이나 가상적(잠재적) 상황의 해석을 시도하며, 때로는 이러한 상황의 어떤 측면이 변화를 일으켰을 때, 어떤 현상이 벌어질 것인가를 예측하기도 한다. 그러나 이러한 상황을 평가하거나, 그러한 상황이나 변화가 좋다든가 나쁘다든가 하는 판단을 하지는 않는다. 한편 규범경제학은 실제적인 상황이나 가상적인 상황의 변화에 대한 평가와 가치판단을 시도한다. 전자는 어떤 상황이 실제적 사실(what is)이든 가상적 사실(what might be)이든 있는 그대로 설명하고, 후자는 여러 가지의 상황을 비교하여 가장 이상적인 상황은 어떠해야 하는가(what ought to be)를 평

---

[93] 위의 책, 208. 큉은 경제가 모든 것을 좌지우지하는 것을 경제제국주의(economic imperialism)라는 말로 표현하였다.
[94] 위의 책, 209-215.

가하고 판단한다.[95] 실증경제학은 사실에 근거한 경제의 효율(efficiency)에 강조점을 두는 반면, 규범경제학은 당위에 근거한 가치(value)평가로서의 윤리 문제에 그 강조점을 두고 있는 것으로 이 둘은 서로 영향을 미치는 관계에 있다. 경제학은 가치중립적인 분야가 아니며, 시장의 효율과 함께 부의 고른 분배에까지 관심을 두어야 하는 도덕 과학이 첨예하게 부각되는 분야인 것이다. 이 같은 경제에 대한 규범적이며 윤리적인 접근은 그간 구미의 학자들의 하나의 관심이었다. 미국에서는 지난 1975-85년 즈음에 기업윤리(business ethics)에 대한 논의가 활발했다. 이에 신학자들도 이러한 논의에 참가하여 경제에 대한 기독교 윤리학적 접근을 시도하였는데, 맥코이(Charles McCoy), 맥칸(Dennis MaCann), 스택하우스(Max Stackhouse), 워거만(Philip Wogaman), 스텀(Douglas Sturm) 등이 이러한 작업에 앞장섰다. 조금 늦게 독일에서도 이러한 기독교적인 규범경제학 분야에 관심을 표명하였다. 독일에서는 이 분야가 경제 윤리(Wirtschaftsethik)라고 칭하여졌으며, 리히(Arthur Rich), 슈피겔(Yorck Spiegel), 두크로(Ulrich Duchrow) 등이 이를 위해 노력하였다.

큉이 두 번째로 제기한 것은 세계화(globalization)의 문제이다.[96] 세계화를 미국이나 일본 또는 어떤 어두운 세력의 음모로 보고 그것은 추진되지 않아야 할 것으로 보는 견해들이 있다. 슈피겔지의 두 명의 편집위원이 쓴 『세계화의 덫』이나 초스토프스키(Michel Chossudovsky)의 『빈곤의 세계화』는 어느 정도 이런 입장의 생각을 반영한다.[97] 그러나 세계

---

95 김세열, 『경제 윤리』(대전: 한남대출판사, 1985), 50-51.
96 H. Küng, *A Global Ethics*, 159ff.
97 한스 피터 마르틴, 하랄드 슈만, 『세계화의 덫』, 강수돌 역 (서울: 영림카디널, 1998). 미셀 초

화는 그러한 부정적인 시야로만 보아서는 안 되며, 오늘의 피할 수 없는 현상이란 것이 큉의 설명이다. 또한 경제학자들도 위의 책들이 경제적 분석이나 이론적 통합성에서 부족한 것이 적지 않다고 말한다. 세계화는 서구의 과학 기술과 경제 발전의 당연한 귀결로서, 교통과 통신수단이 발달되고 무역의 규모가 커짐에 따른 피치 못할 결과라는 것이다. 이러한 혁명적 변혁을 다시 되돌린다는 것은 어느 정도 무모한 일이며 헛된 일이다. 물론 이 세계화는 두 가지의 얼굴을 하고 있음에는 분명하다. 그것은 우리에게 새로운 가능성을 줌과 동시, 여러 가지의 위험도 동시에 표출시키고 있다. 문제는 이런 세계화에 있어 부정적인 요소는 가급적으로 줄이고, 긍정적인 요소를 높여나가는 길을 찾는 것이 중요하다고 생각한다. 물론 세계화의 방향이 모두 예측 가능한 일은 아니다. 그러나 그 세계화가 전혀 통제될 수 없는 것도 아님을 염두에 둘 필요가 있겠다. 세계화는 기상의 문제와 같이 우리가 전혀 손을 쓸 수 없는 그런 문제가 아니다. 또한 노력한다면 기상 예보 이상의 어느 정도 자세한 예측이 가능한 분야이다.

 무역 규모가 커져 경제가 국제화됨에 따라, 이전의 국내적 경제 규제들(national economic regulations)만 가지고는 감당할 수 없게 되었다. 1929년의 세계 공황은 국제적 경제질서의 필요성을 인식시켰으며, 이에 제2차 세계 대전을 전후하여 세계 경제를 통제하는 두 개의 커다란 체제가 결성되었는데, 먼저는 국제 무역의 문제를 담당하는 '관세와 무역에 관한 일반협정'(GATT)이며, 다음은 국제적인 통화의 질서를 위한 '브레튼우즈 체제'이다. '국제통화기금'(IMF)은 1944년 발족한 브레

스도프스키, 『빈곤의 세계화』, 이대훈 역 (서울: 당대, 1998).

튼우즈 체제(Bretton Woods System)에 의해 1947년부터 업무를 개시하였고, '가트'도 같은 해에 발족된 바 있다. 1995년에 가트는 '세계무역기구'(WTO)로 개편되어 오늘에 이르고 있다. 세계는 이제 이전보다 훨씬 복잡한 경제규모로 전환되었으며, 또한 기존의 경제 체제 속에 있는 모순을 어느 정도 느끼고 있는 실정이다. 이에 우리는 보다 나은 국제 경제의 관계 정립을 위한 제도화의 일에 노력을 기울여야 한다. 그러기 위해 먼저 힘써야 할 일은 그러한 경제 질서의 바탕이 되는 가치 체계로서의 세계 윤리(global ethics)에의 구상이다. 큉은 바람직한 세계 윤리를 '세계적, 경쟁적, 사회적, 환경적 질서'(a global, competitive, social and environmental order)로 표현하고 있다.[98] 그 말은 '인간적, 사회 생태적, 민주적 시장 경제'(humanitarian, socio-ecological democratic market economy)의 세계화를 의미하는 것이기도 하다. 이에 있어 이 같은 세계 윤리의 구상을 실현하기 위해서는 규제력이 있는 국제법이나 국제 기구의 운용에 대한 연구가 있어야 할 것이라고 본다.

마지막 세 번째로 오늘의 위기에 있어서의 구체적인 대응책에 대해 검토하여 보자. 장상환 교수는 그 대응책을 네 가지로 제시하고 있는데, 그것들은 모두 세계화의 시야에서 조망되는 내용들이다.[99] 첫째, IMF는 스스로가 지적하는 것처럼 국제 금융 위기 시 국내의 파산법과 같은 채무 해결을 위한 법적 장치가 없다. 이에 국제적 채무 해결 과정에 대한 하나의 질서를 세우는 것이 긴요할 것이다. 둘째, 국제적 투기 자본에 대한 강력한 규제가 필요하다. 특히 헤지 펀드(hedge fund)와 같은 도

98　Hans Küng, *A Global Ethics*, 217.
99　장상환, "국제금융기관의 본질과 IMF 경제 체제," 『신학사상』, 제 101집 (1998 가을), 41ff.

박성이 큰 단기성 투기자금에 대해서는 각 나라가 국가적 안전의 차원에서 규제하여야 할 줄로 안다. 셋째, 점진적으로 자본의 자유화가 수행되어야 한다. 마지막 네 번째, 아시아 국가의 통화 협력 강화가 필요하다. 오늘의 IMF 체제는 상대적으로 제3세계 국가에 대해 불리한 점이 많다. 이에 아시아의 여러 국가들을 포함한 제3세계의 국가들이 연대하여 나름의 협력 체제를 구축할 필요가 있다고 생각된다. 이상에서 보는 대로 오늘의 경제 문제는 상품의 수출입을 통한 무역에서의 문제보다는, 금융시장에 확산되는 세계화가 문제인 바, 특히 국제적 자본에 대한 합리적 규제가 필요할 것이라 생각한다.[100]

이상에서 필자는 해석학적 기독교 사회봉사 방법론에 의거하여, IMF 경제 위기를 한 사례로 들어, 교회가 하여야 할 구체적인 실천적 행동에 대해 설명하였다. 이와 같이 이 해석학적 방법론을 현실 문제들에 적용할 수 있는 것으로, 작금에 있어서도 당면한 다양한 문제들에 맞서 교회가 하여야 할 일들을 이 방법론에 의거하여 궁구해낼 수 있을 것이라 생각한다.

---

[100] 앤서니 기든스, 『제3의 길』, 한상진, 박찬욱 역 (서울: 생각의 나무, 1998), 70.

5장

전략 기획 방법

5장 전략 기획 방법

1. 전략 기획의 틀거리

이 장의 내용은 이전 총회한국교회연구원에서 출간한 책, 『마을목회 매뉴얼』, 제11장에서 가져온 것이다. 이런 전략 기획(strategic planning)의 방법은 그 책에 더 자세히 설명되어 있으므로 이를 참조하면 좋을 것이다. 교회의 사회적 실천은 과학적인 방법론을 사용하는데, 그것의 시행을 위해 전략 기획 방법론을 채용하고 있다. 이에 각 교회가 사회의 문제와 씨름하며 사회봉사 실천을 하려 할 때에는, 이와 같은 전략 기획의 방법에 의거하여 계획하고 시행하며 평가하는 3단계의 과정을 밟을 필요가 있다.

특히 이 같은 전략 기획의 방법은 구청이나 시에서 하는 마을 만들기 응모를 위한 제안서를 쓰는 데 참고가 될 것이라 생각한다. 이 같은 교회의 사회적 실천에 있어서는 네트워크가 강조되는 것으로, 관청이나 주변의 교회들이나 학교, 기업체와의 협력을 통한 사역을 중시하며, 이러한 네트워크를 위해선 이 방법론을 먼저 숙지해두는 것이 필요할 것이다. 먼저 아래에 전략 기획 방법에 대한 대체적 틀거리를 표를 만들어 설명하였다.

<전략 기획 틀거리>

전략 기획의 과정	주요 개념	비고
1. 수립 과정 설명	새로운 발전 계획을 하게 된 이유에 대해 밝힌다.	이전의 발전 계획 등에 대해 분석한다.
2. 기획 과정 계획 (planning plan process)	기획팀(planning team, task force team)의 구성. 먼저 전반적인 경영 분석이 수행되는 것이 바람직하다.	발전 계획의 틀을 정한다. 발전 계획 수립을 위한 작업계획표(worksheet)를 마련한다. 전산화를 통한 솔루션을 만든다.
3. 의견 수렴 과정 (consensus process)	발전 계획의 결과물 속엔 의견 수렴 과정을 언급하여야 한다.	전략 기획 수립 과정을 보인다. 자료 수집 과정에 대해서도 설명한다.
4. 핵심 가치 (core value) 설정	사명과 비전은 교회가 '무엇'(what)을 해야 하는지를 설명하는 것이라면, 가치는 그것을 '왜'(why) 해야 하는지를 설명하며, 전략을 그것을 어떻게 하여야 하는지를 말한다.	핵심 가치는 다음의 질문을 수반한다. - 우리는 누구인가? - 우리에게 무엇이 중요한가?
5. 사명(mission)에 대한 진술	사명 선언문(mission statement)의 작성 필요	미션으로서의 사명은 한시적인 비전과는 달리, 시간에 따라 변치 않는 영원한 목적을 의미한다.
6. 목적(purpose)	사명을 이루기 위한 세부 목적을 세울 수 있다.	
7. 환경 분석(상황 분석, environmental analysis)	외부 환경 분석과 내부 환경 분석으로 구분된다. SWOT 분석이 포함된다. - 지금 우리는 어디에 있는가?	환경에 대한 분석은 다층적으로 다양한 영역에서 수행되는 것이 좋다. 교회에 대한 사람들의 요구(need)들을 수렴한다.

8. **비전**(vision) 수립	비전은 일정기간 동안의 발전 계획의 전반적인 방향을 말한다. 비전선언문(vision statement)의 작성. 비전선언문은 일면 감정에 호소하는 내용이어야 한다. - 우리는 어디에 있기를 원하는가? (상황에 대한 이해를 포함한다.)		비전선언문 작성법: 상황-기간-미래 할 일 (분명한 목표를 제시)- 그것을 성취하는 방법 도전적이며 감성에 호소, 하나 됨을 고취함
9. **발전 목표**(objective) 설정	발전 목표는 비전에 의거 각 부서의 제안들을 수렴하여 정한다. 각 부서에서 제안된 발전 목표들을 수합하여 조정한다. - 우리는 무엇을 할 수 있는가?		현실과 비전 사이의 간격을 확인한다. 비전의 내용에서 발전 목표를 간추린다. 우선순위(priority)의 문제를 정한다.
10. **발전 전략** (strategy)	발전 전략은 발전 목표를 단계적으로 접근하는 것이다. - 어떻게 그것을 해야 하는가? (단계적 전략) - 언제 그것을 할 것인가? (시간의 문제) - 누가 할 것인가? (인적 자원과 물적 자원)		예를 들어 6년의 중기발전 계획일 경우, 발전 목표를 2년 단위로 나누어, 세분하여 발전 전략을 정할 수도 있을 것이다.
11. **세부 발전 전략**	세부적 '사업 과제'라고도 한다.		발전 전략을 세부적인 내용으로 구분한 것이다.
12. 상세한 **사업 계획** (action plan): **실행 계획** (executive plan, tactical plan) 이라고도 한다.	자원(resource) 할당에 대한 사항이 포함되어야 한다. 재정적 자원(financial resource)과 인적 자원(human resource) 투여 계획. 사업 과제별로 아래의 사항들에 대해 해당 부서별로 구체 계획을 세우도록 한다. 오늘의 상황/ 목표 설정/ 시행 기간과 단계별 접근/ 예상되는 결과/ 예산과 담당 부서/ 유의점		미래 필요한 인력 고용계획을 세우면서, 현재의 인력에 대한 교육 계획도 포함시킬 필요가 있다. MBO(목표관리, Management by Objectives)를 사용하여 사업 계획을 세울 수도 있을 것이다. 모의 실행 계획의 수립/ 최종 실행 계획의 수립
13. **재정 소요 분석과 재정 확보 계획**	재정이 뒷받침되지 않는 계획은 공허한 계획이 된다.		
14. 발전 계획 달성 후의 **미래상**	발전 지표에 대한 설명		평가를 정량화 하는 주요 발전 지표들을 제시한다.

15. **돌발 사태**들에 대한 대비 (contingency plan)	위험 요인 분석(risk analysis)	새로운 위기가 예상될 경우, 전략 및 실행 계획 등을 유연하게 수정 보완한다.
16. **이행** (implementation)	계획에 대한 실천	
17. **평가** (evaluation)	평가는 실천이 다른 사람에 미친 결과와, 그것의 실천에 참여한 사람들이 배운 점을 포괄한다. - 우리는 잘 하였는가? - 하나님을 기쁘게 해드렸는가?	평가에 대한 기획: 평가 방향, 평가 기간, 평가 내용 등에 대한 설명이 필요. 가능한 대로 정량적 평가를 할 수 있도록 계획한다.(측정 지표 (metric)에 대한 고찰 필요)
18. **차기 기획**에 사용 (improve planning process)	이후의 계획을 위해 자료들을 정리하여 사용한다.	

2. 사례: 지역 내 자원봉사가 필요한 기관이나 복지 기관 등의 리스트를 만들어 지역 청소년들이 안전하고 보람되게 자원봉사를 할 수 있도록 체계를 만들어 운영하는 일을 위한 전략 기획

위의 전략 기획 방법을 잘 이해하기 위해 한 사례를 들어 설명하려 한다. 많은 교회들이 마을목회의 경험을 가지고 있다. 그 교회들이 추진하였던 마을목회의 사례들이 여기저기에 소개된 바 있는데, 그중 가장 인상이 남는 것 중 하나는 교회 학교 중고등학생들의 자원봉사를 교회가 중재하여 실시한 것이다. 교회가 지역의 사회봉사를 할 만한 기관들을 조사하여 그 각 곳에 교회의 청소년들을 보내 보람된 자원봉사를 하게 하였는데, 이런 기획력 있는 노력이 그 마을을 행복하게 하는 데 많은 공헌이 되었다고 생각한다. 아울러 지역의 이런 자원봉사 기관이나 복지 기관의 리스트를 가지고 있으면, 어려운 교인들과 주민들을 효율적으로 그 기관들과 연결하는 데에도 유용하리라고 생각한다. 필자는 이에 대한 실천을 위한 전략 기획을 앞에서 설명한 순서에 따라 서술해보려 한다.

1) 지역 사회를 위한 봉사는 과연 필요한가?

교회의 사회봉사로서 마을목회를 실천하기 전에 목회자는 교회가 마을을 위한 봉사의 일을 하는 것이 필요한가에 대한 성경적이고 신학적인 설교나 강의를 할 필요가 있다. 교회는 복음만 전하면 되지 그런 일까지 할 필요가 없지 않느냐는 질문에 대한 목회자 나름의 신학적 정돈이 있어야 한다. 또한 마을목회에 대한 신학적 이해를 위해 교수나 전문가들을 초청하여 세미나를 열 수도 있을 것이다.

실제 한국교회는 많은 사회봉사의 일을 하는 교회로 새삼 이 문제가 질문될 필요는 없으나, 그러나 다시 한번 이 견해를 확실히 하는 입장에서 목회자가 설교를 통해 잘 설명하는 것이 필요하다는 것이다.

교회가 사회적 실천을 할 때 가장 중요한 점은 교육이라 생각한다. 교인이 이런 일을 왜 하여야 하며 어떻게 하여야 하는지에 대한 확신이 없다면 일이 바로 진척되지 않는다. 그러므로 교역자와 교회의 중직자들은 이런 교육의 필요성을 깨닫고 사회봉사로서의 마을목회를 진행하는 중에 지속적으로 교육 프로그램을 시행하는 것이 좋을 것 같다. 교회가 새로운 의미 있는 일들을 성공적으로 수행하기 위해서는 그 일에 대한 신학적이며 기술적인 교육이 요청되는 것으로, 이를 위해 목회자들의 꾸준한 연구가 필요하다.

2) 교회 청소년들의 자원봉사 활동을 위한 전략 기획팀 선발

한 교회가 지역 사회 봉사 활동을 하기 위해선 그것의 기획을 담당하는 전략 기획팀의 선발을 먼저 해야 한다. 이 팀은 마을목회의 신학에 대한 이해가 있어야 하며, 아울러 교회가 사회봉사를 수행하는 데에 있어 고려하여야 할 점들을 미리 파악하고 있어야 할 것이다.

3) 전략 기획팀 회의

전략 기획팀을 선발하여 먼저 할 일은 회의다. 이런 회의 시 목회자는 기독교의 사회에 대한 봉사와 청소년들의 자원봉사의 당위성과 필요성에 대해 더 자세히 설명할 시간을 가질 수 있다. 5-6번의 회의를 소집하여 우리 지역과 교회가 하고자 하는 청소년 봉사 활동의 대강의 틀을 한 번 그려보는 기회를 가지면 좋을 것이다. 회의 시 팀장과 서기를 먼저 정하여 서기는 의논한 내용들을 상세히 기록하여 두는 것이 중요하다. 인터넷이나 밴드 등에 논의한 내용을 공유할 수도 있을 것이라 생각한다. 서기는 회의할 때마다 회의 장면을 사진으로 남겨두어야 한다.

4) 교동협의회의 발족

교동협의회가 관청과 교회가 협력하여 할 일을 구체화하기까지는 어느 정도의 시간이 필요하다. 먼저 지역 내의 목회자들이 연대하여 정례적인 친교와 회의를 갖는 것을 통해 지역 내에서 교회들이 힘을 합쳐 할 일의 내용을 정하는 것이 중요하다. 먼저 지역 교회들이 연대한 후 동이나 관이 합세하는 것이 좋다. 어떤 구체적 결정을 하지 않더라도 지역의 교회와 관청이 함께 모여 이야기를 한다는 것 자체가 매우 큰 진전이 된다.

오늘 우리는 너무 개교회 중심적인 목회를 하고 있다. 한 지역 내의 다른 교회들은 무엇을 하고 있는지 모른 채, 자기 교회가 할 일만을 계속 밀어붙이는 상황이다. 이런 파편화되고 불행한 목회를 극복하기 위해 한 지역의 목회자들이 모여 그 지역을 복음화하고 행복하게 하기 위한 길에 대해 함께 생각해본다는 것은 많은 의미를 갖는다 생각한다. 너무 성급히 서두르지 말고 먼저 교제와 소통을 늘려나가는 것이 전제되어야 할 것이다.

한 교회 내의 전략 기획팀과 지역 교회들이 연합한 교동협의회의 일이 중복될 수 있으나, 상호 일을 잘 분담하면 교통정리 될 것이라 생각한다. 먼저 큰 틀을 교동협의회가 정하고 각 교회의 전략 기획팀이 실천 부분을 나누어 맡으면 좋을 것이다. 이 같은 원활한 실천을 위해 교동협의회에 목회자만 참석할 것이 아니라, 각 교회에서 목회자와 평신도가 1인씩 2명이 참석하면 좋을 것이다. 필요하면 지역의 모든 교회들의 전략 기획팀들이 함께 모여 회의하는 때도 있으면 한다.

중요한 것은 지역의 교회와 관청이 서로 유대적 관계를 강화해나가는 것이다. 이런 친근한 관계를 위해 동내의 여러 교회들이 성가합창제도 같이 하고, 부활절 새벽 예배도 동 단위로 같이 드리며, 사경회도 지역의 체육관을 빌려 같이 하는 등 공동의 행사를 한다면 서로에게 격려가 되고 힘이 될 것이다. 지역 내의 교회들이 하나 되어 서로 도우면서 살면 그 지역의 목회가 더욱 건강해질 것이라 생각한다. 다른 지역의 교회들을 돕는 것도 좋지만, 같은 지역 내의 교회들을 도우면서 목회하는 것은 더 아름다운 모습이 될 것 같다.

　이에 청소년들의 자원봉사를 위한 일을 할 때에도, 한 교회가 하는 것보다 지역의 여러 교회들이 힘을 합쳐 기획도 하고 실행도 하면 더 큰 성과를 낼 수 있을 것이다. 이런 청소년들의 사회봉사 팀을 조직하여 일하는 것은 한 교회에만 해당되는 것이 아니며 모든 교회들에 필요한 것으로 함께 이 일을 하면 더 효율적일 것이라 생각한다.

5) 기획 과정 계획

　기획 과정 계획은 전략 기획을 어떤 순서와 방식으로 할 것인가에 대해 미리 생각해보는 과정이다. 실천계획을 세우는 전체적인 틀거리를 점검하는 과정이라 할 수 있겠다. 지역 사회 봉사는 개교회가 독립적으로 할 수도 있으며 교동협의회가 힘을 합쳐 할 수도 있다. 개교회가 독립적으로 할 때에는 교회 내에 구성한 전략 기획팀의 활동이 중요해질 것이며, 교회가 연합하여 할 경우에는 교동협의회의 역할이 중요할 것이다. 그러나 교동협의회가 전체적인 추진을 한다고 하여도 각 교회 내의 전략 기획팀이 함께 가동되어 협력하여야 일이 더 잘 진행되어질 수 있다. 청소년들의 자원봉사에 대한 전략 기획을 하며 먼저 전체적인 순서를 미리 생각해보는 것은 중요한 일이 된다.

　교회가 이러한 자원봉사의 일을 조직하며 교회 내의 청소년들만 대상으로 하는 것은 무미건조한 일로 교회 밖의 청소년들도 이 일에 동참하게 하는 것은 필수적인 일이다. 특히 이런 일에 대한 전략 기획 시 해당 청소년들을 미리 참석하게 하여 함께 계획을 짜보는 것도 참여의식을 더하게 할 것이라 생각한다. 청소년들의 자원봉사를 좀 더 보람있게 하는 일에 교회에 잘 안 나오는 교인들의 자녀들도 참석하게 하면 교회 내의 청소년 부서들이 더욱 활기를 가질 것이다.

6) 의견 수렴 과정

교동협의회와 함께 각 교회의 기획팀이 모여 마을목회를 위해 할 수 있는 일들이 무엇인지 의견을 들어보는 시간을 갖는 것이 요청된다. 청소년들의 자원봉사 기관을 리서치 하기 위해 적절하다고 생각되는 기관들을 방문해보는 것도 필요할 것이다. 동이나 구청에 이런 봉사를 할 수 있는 어떤 기관들이 있는지 물어보면서 의견을 나누는 시간들이 있으면 좋겠다. 아울러 마을의 어려운 사람들을 돕는 관청의 복지적 장치들에 대해서 함께 살피는 것도 유용한 일이 될 것이다.

7) 핵심 가치 정하기

의견 수렴 과정 중 포함하여야 할 한 가지는 핵심 가치를 정하는 것이다. 기독교인의 삶을 결정하는 핵심 되는 가치가 무엇인지 생각해보게 된다. 이런 핵심 가치에 대한 질문은 우리가 왜 세상에서 살아야 하며, 어떤 일을 하며 살아야 하는지에 대한 답변과 연결된다.

기독교인은 그 핵심 가치를 성경으로부터 발견하게 되는데, 성경은 크게 두 가지를 삶의 핵심 가치로 언급한다. 하나님 사랑과 이웃 사랑이다. 우리가 기독교 교육이나 목회를 통해 구현하고자 하는 것은 다른 것이 아닌 이 두 가지의 핵심 사항이다. 우리는 이 지역에 살며 이웃을 사랑하는 일은 무엇인지, 그리고 하나님께 참된 영광을 돌리는 일은 무엇인지를 이러한 기획을 하며 줄곧 물어야 한다.

교회의 사역 가운데에서 성경이 말하는 핵심적 가치들을 계속 상기하여야 하며, 그 내용의 요약이 하나님 사랑과 이웃 사랑이라는 것을 시작부터 끝까지 마음에 두어야 할 것이다. 우리는 이웃을 진정 사랑하고 있는지, 그리고 우리가 하는 이 일이 진정 이웃을 사랑하는 일인지를 서로에게 질문하며 이 기획을 진행해야 할 것이다.

8) 사명에 대한 진술

왜 지역 사회를 위한 목회를 하여야 하는지에 대한 분명한 사명 진술이 있어야 이런 일이 바르게 추진될 수 있다. 우리는 기독교의 구원의 내용을 크게 두 가지로 간추릴 수 있다. 복음 전도를 통한 영혼의 구원과 하나님의 나라를 이 땅에 구현하는 것이다. 이 두 가지의 내용은 장로회신학대학교의 교육 목적에도 언급된 내용으로서 지상의 교회가 잊지 않고 수행하여야 할 과업이다.

우리는 성경의 말씀을 이 세상 사람들에게 선포함을 통해 그것을 믿음으로 주님의 구원을 받아들이게 하며, 아울러 믿음의 사람들을 훈련하여 이 세상을 아름답게 변하게 하는 일에 최선을 다해야 한다. 교회는 그런 선교의 기관으로, 말씀을 선포하며 주님께 온전한 예배를 드리는 것과, 아울러 성도가 서로 교제하고 교육함을 통해 그들이 주님의 뜻을 바로 이해하게 하여야 하며, 이 세상을 위한 봉사의 일에 헌신케 하여야 한다. 이런 교회의 세상을 향한 봉사의 일은 구호적인 것만으로 끝나서는 안 되는 것으로, 마을을 변화시키고 정책들을 개선하여 보다 행복한 마을을 만드는 일에 교회로 하여금 일조하게 하는 것이 필요하다.

9) 목적 세우기

이 프로젝트의 중심된 목적은 교회를 통해 청소년 자원봉사를 효율화하는 것에 있다. 오늘날 우리나라의 중고등학생들은 자원봉사를 필수적으로 하도록 되어 있다. 하지만 그 자원봉사가 형식적으로 수행되고 있어 그 의미가 퇴색되는 중이다. 이런 상황에서 교회는 자원봉사가 잘 될 수 있도록 도울 수 있다. 기독교가 강조하는 사랑의 정신으로 자원봉사를 잘 조직한다면, 학생들은 보람된 봉사를 할 수 있을 것이며, 지역 사회는 보다 밝아지게 될 것이다.

10) 환경 분석

다음으로 마을목회에서 필요한 과정은 환경 분석이다. 만약 교회가 청소년들의 자원봉사 프로그램을 하려면, 먼저 교회 내 청년들의 이에 대한 의견들을 수렴할 필요가 있다. 봉사를 위한 교회의 준비 정도를 파악하는 것이다. 현재 청소년들이 하고 있는 자원봉사들엔 어떤 것들이 있는지, 그것의 문제는 무엇인지 등에 대해 사전 조사하는 것이 필요할 것이다. 이 프로그램을 하였을 때 참여할 수 있는 학생들은 어느 정도인지 등의 구체적인 상황에 대한 조사도 요청된다. 더 나아가 우리 마을의 인구분포, 신자의 비율, 지역 내의 봉사 대상 기관들에 대한 조사 등, 자원봉사 전에 필요한 기초적인 분석들이 선행되어야 할 것이다.

11) 비전의 수립

비전은 사명과 달리 일정 기간 동안 교회가 진력하여야 할 사역에 대한 내용을 진술하도록 되어 있다. 이 비전을 통해 교인들을 그 사역의 중요성을 깨닫고 함께 일하여야겠다는 결심을 할 수 있게 될 것이다. 지역 내 청소년들이 안전하고 보람되게 자원봉사를 할 수 있도록 지원하는 체계를 만들어 운영하는 것을 위한 교회의 비전을 진술하면 다음과 같이 될 것 같다. 아래 비전의 예는 청소년들의 자원봉사를 의미있게 하기 위한 교회의 비전이라 할 수 있다.

〈비전진술문의 예〉

우리는 주님께서 생명의 주인이심을 믿는다. 그는 포도나무의 줄기요 우리는 가지로 그 안에서 하나 될 때 우리는 풍성한 열매를 맺게 된다. 하나님께서는 참 생명을 주시기 위해 그의 독생자를 우리를 위해 보내셨다. 우리는 주님을 모르는 자에게 주님 안에 있는 이 생명과 주님의 참 사랑을 전할 의무가 있다.

교회 밖의 많은 사람들이 이 사랑을 깨달을 수 있도록 우리는 사랑을 실천하는 자들이 되어야 한다. 그들의 영혼을 사랑할 뿐 아니라, 그들의 이 세상에서의 삶이 행복할 수 있도록 노력하는 교인들이 되어야겠다.

오늘 우리 교회가 이 지역 사회를 위해 가장 효율적으로 할 수 있는 사랑의 실천 중 하나는 청소년들로 하여금 지역 사회를 위해 의미 있게 봉사하는 길을 가르치는 것이다. 젊은이들이 지역의 일에 관심을 갖고 지역을 위해 보람 있게 자원봉사할 수 있도록 안내하는 일은 이 지역에 생명을 풍성하게 하는 지름길이라 생각한다.

이에 향후 5년간 우리 교회는 이 일을 위해 최선을 다하려 한다. 지역의 기관들과 주민들 모두 힘을 합하여 우리 교회가 이 일을 할 때, 생명이 되시는 하나님께서 기뻐하시리라 생각한다. 지역의 주민들에게 마음의 고향이 되고 안식처가 되는 교회가 되도록 열심히 노력하는 지역의 교회들이 되어야 할 것이다.

12) 발전 목표의 설정

발전 목표란 위의 목적을 보다 구체적으로 세분한 것이다.

〈발전 목표의 예〉

- 사랑을 실천하는 교인이 되도록 훈련하자.
- 지역을 위한 봉사의 실천을 위해 지역의 교회 및 기관들과 연대하는 교회가 되자.
- 지역에서 청소년들이 봉사할 수 있는 기관들을 물색하고 그곳에서 청소년들이 봉사할 수 있도록 안내한다.
- 교회 밖의 청소년들도 참여하게 하여 그들도 주님의 뜻을 배우도록 한다.
- 이런 지역을 위한 봉사의 활동이 지역 밖으로 확산될 수 있도록 함께 노력한다.

13) 발전 전략

발전 전략은 발전 목표를 구체적이며 단계적으로 성취할 수 있는 기획을 말한다. 우리는 우리가 세운 청소년 자원봉사 활동 지원에 대한 발전 전략을 다음과 같이 구상할 수 있을 것이다.

〈발전 전략의 예〉

- 청소년 자원봉사 활동 매뉴얼을 만들어 교육한다.
- 봉사할 수 있는 기관들의 리스트를 만든다.
- 이러한 기획에 대해 교회 안팎으로 홍보한다.
- 봉사할 청소년들을 효율적으로 배치할 수 있는 길을 찾는다.
- 이들이 자신의 봉사에 대해 피드백하는 방식에 대해 가르치고, 기관과 봉사자 양측으로부터 평가서를 받는다.

14) 세부 발전 전략

위의 발전 전략에 대한 세부계획서를 만든다.

- 중고등학생 자원봉사 매뉴얼을 만들어 교육한다.
- 봉사할 수 있는 기관들의 리스트를 만든다: 병원, 복지 기관, 구청, 동 주민센터, 시민 단체, NGO, 요양원 등으로 세분하여 리스트를 만든다.
- 이러한 기획에 대한 교회 안팎으로 홍보한다: 주보, 지역신문, 구청 홍보물, 학교 등을 통해 홍보한다.

- 봉사할 청소년들을 효율적으로 배치할 수 있는 길을 찾는다: 자원봉사 지원서 양식을 받고, 후보자들에게 자원봉사 시 유의사항, 자원봉사에 대해 설명하는 책자 등을 주어 자원봉사가 효율적인 것이 될 수 있도록 한다.
- 이들이 자신의 봉사에 대해 피드백 하는 방식에 대해 가르치고, 기관과 봉사자 양측으로부터 평가서를 받는다: 피드백 양식, 평가 방법 안내 책자 등을 마련한다.

위의 이런 자료들은 개교회가 만들기 어려우면 교동협의회가 용역을 주어 만들 수 있을 것이다. 곧 교동협의회가 이런 전략 기획에 대한 내용을 정리하여 개교회들이 바로 쓸 수 있도록 구체적인 매뉴얼을 만들면 좋을 것이라 생각한다. 교회가 할 수 있는 중고등학생 자원봉사 지원 과제들은 다양할 것이므로, 각 사업들에 대해 교동협의회가 세부적 매뉴얼을 만들 수 있을 것이다.

15) 상세한 사업 계획

교회는 위의 목표들을 달성하기 위해 할 일들을 세부 과제별로 나누어 분담시키며, 이를 위한 아래와 같은 상세 사업 과제에 대한 기획안을 만들어 볼 수 있다. 예를 들어 청소년 자원봉사를 안내하는 과제들을 우리는 다음과 같은 세부 과제들로 나눌 수 있을 것이다. 교육의 일, 자원봉사 대상 기관들에 대한 조사와 리스트를 만드는 일, 네트워킹 사역, 자원봉사자 모집, 자원봉사 방법에 대한 안내 책자 만들기, 자원봉사 결과보고서 양식 만들기, 실제 자원봉사팀을 안내하고 함께 가서 봉사의 일을 하게 하는 지도위원들을 양육하고 배치하기, 자원봉사자 모집을 위해 홍보하기, 자원봉사의 일에 드는 재정 마련하기, 이런 일을 지역의 교회들과 연대하기, 자원봉사의 일을 통해 주님의 사랑을 배우게 하기 등의 과제들이 있을 수 있으며, 이러한 세부 과제 기획을 위해 <표3>과 같은 자료를 사용할 수도 있다. <표3>에 제시된 양식은 세부 과제의 일을 담당한 사역자들로 하여금 기술하도록 한다.

16) 재정 소요와 재정 확보 계획

<표3>에서 제시된 사업 계획서를 수합하여 재정 소요, 인력소요에 대한 파악을 한 연후에 그에 대한 전체 계획을 세운다.

17) 발전 계획 달성 후의 미래상

예를 들어 청소년의 자원봉사를 마을목회의 주요 사업으로 정하였다고 할 때, 먼저 기획팀은 이런 이 일을 교회가 왜 해야 할 일인지를 신학적으로 설명할 필요가 있을 것이며, 이를 위한 구체적인 사업들을 계획한다. 이 기획을 시행한 후 이 사업이 종료될 시 우리는 어떤 미래상을 만들어 낼 수 있을지 그려볼 수 있다. 이 과제에 있어 생각해낼 수 있는 일차적인 미래의 변화는 지역 청소년들의 자원봉사를 체계화하겠다는 것에 있다. 이울러 이런 노력의 부대 효과들로서 우리는 기타의 변화들을 간추려낼 수 있을 것이다. 이와 같은 미래상을 그리는 것은 그 과제 수행을 보다 구체적으로 하게 하며, 동시 과제를 마치고 수행의 결과를 평가하는 데에 있어 용이함을 줄 수 있을 것이다.

<표3> 사업 과제별 실행 계획표

세부 정책 과제명	( ) in 정책 과제 ( )		
단계적 추진 전략	단계	추진기간	추진내용
	1단계		
	2단계		
	3단계		
필요성과 신학적 근거	(여러 줄로 설명)		
과 제 분 석			
1. 지역의 상황 분석 (본 목표에 배경이 되는 통계적 자료 등을 제시)			
2. 추진 목표와 발전 전략			
3. 교회와 참여자들에 대한 기대 효과			
주관 부서		담당책임자	
협력 부서			
소요 재정	1단계		
	2단계		
	3단계		
재정 확보 계획			
추진 시 유의사항 (위험요인)			

18) 돌발 사태에 대한 대비

모든 기획을 진행하다 보면 처음 기획대로 되는 일은 없다. 어떤 때는 돌발적인 장애로 인해 그 기획대로 밀고 나가는 것에 어려움을 느끼게 된다. 이럴 때 우리는 우리의 계획안을 수정할 수밖에 없다. 함께 모여 현재 있는 장애 요인들을 확인하고, 기획을 수정하는 유연성을 갖는 것이 필요하다.

19) 이행

이행의 과정은 기획한 내용을 실천에 옮기는 것을 말한다. 우리는 정치가로서, 마을의 행정가로서, 자선 사업가로서 이 일을 수행하는 것은 아니다. 우리는 하나님의 백성과 자녀로서 이 일을 수행하는 것으로 일을 진행하며 이런 사랑의 정신과 봉사의 의미를 항상 염두에 두어야 한다. 우리의 최종 목표는 이들을 천국으로 인도하는 것이며, 이 세상에서 하나님의 나라를 맛보게 하는 것에 있다.

20) 평가와 그 결과를 차기 기획에 사용하는 일

우리나라 사람들이 가장 약한 부분이 평가다. 우리들은 일을 하며 평가나 피드백과 같은 작업을 수행해 본 적이 거의 없다. 평가란 우리의 한 일이 잘 되었는지 못되었는지를 살피는 것임과 동시에 우리가 미래의 그와 같은 일을 다시 할 때 시행착오를 줄여 더 잘 할 수 있는 길을 찾아주는 역할을 한다.

평가는 크게 세 가지로 구분될 수 있을 것 같다. 그 일을 통해 지역 주민이 얻은 유익은 무엇인가? 교회는 그 일을 통해 어떤 변화를 가져오게 되었는가? 그 일에 참석한 교인들과 주민들에겐 어떤 유익이 있었으며, 어떤 배움이 되었는가 하는 것들이다.

이런 평가를 하기 위해선, 먼저 평가의 방향을 정하고, 다음으로 평가 기간을 산정하며, 구체적인 평가의 내용을 기술하는 것이 필요하다. 가능한대로 정량적으로 평가할 수 있도록 평가지표를 미리 만들어 보는 것도 중요한 일이라 생각한다. 그런 정량적 평가가 어려울 시는 정성적인 평가 방법의 도입이 필요하다.

3. 마치는 글

필자는 실제 마을목회를 할 때 가장 중요한 점이 네트워킹하는 것이라고 말했다. 지역의 교회들이 네트워킹하고 또한 지역의 교회와 관청, 학교, 병원, 기업 등이 네트워킹하는 것이 이 사업의 핵심 전략이다.

이 같은 청소년들의 자원봉사에 대한 마을목회를 기획하며 우리는 전략 기획의 방법을 채용하였는데, 그 과정은 대개 다음의 내용으로 간추릴 수 있다. 크게 보면 계획과 이행과 평가다. 우리는 기획과 평가하는 점에 있어 취약점이 있다는 것도 언급했다. 아무런 계획도 없이 선뜻 실천부터 하는 것이 우리에게 습관같이 되어 있다.

우리는 이러한 우리의 약점을 극복할 필요가 있으며 먼저 철저한 계획부터 할 것을 주문하고자 한다. 기획을 위해 전략 기획팀을 구성하며 교동협의회를 설립하는 것의 중요성도 언급했다. 먼저 이런 기획팀을 가동하여 기획 회의를 하고, 사업안을 작성하며, 이에 따라 실천에 옮긴 다음, 마지막으로 평가를 하는 일련의 과정을 항상 기도하는 마음으로 진행해 나간다면 주님께서 이 일을 도우시리라 믿는다.

6장

대한예수교장로회
총회(PCK)
2030 정책 과제
분석

6장 대한예수교장로회 총회(PCK) 2030 정책 과제 분석

다음의 내용은 몇 년 전 대한예수교장로회 총회의 직원들과 함께 작업하였던 '2030 정책 과제'에 대한 내용을 정리한 것으로, 당시 필자는 그 정책의 초안을 구상하며 제목으로 "복음으로 지역 사회를 품고 지구생명 공동체를 살리는 교회"(The Church to Brood Our Local Communities and Save the Global Community of Life with the Gospel)로 제안한 바 있었다. 이 작업은 상당히 진행되다가 마무리되지는 못하였는데, 변창배 사무총장 및 여러 직원들의 노고가 사장되는 것이 아쉬워 내용을 다시 정리하여 실어보았다. 물론 이 문서는 완성된 내용이 아니며 계속 연구 중에 있는 것으로 서로 간의 논의가 필요할 것이라 생각된다. 우리는 이러한 작업을 통해 향후 우리 한국교회가 사회봉사를 위해 무엇을 하는 것이 좋은가에 대한 답을 얻어 낼 수 있을 것이다.

1. 서언

본 교단은 2019년부터 2023년까지 4년간 '복음'을 총회 주제의 중심 내용을 할 것을 정했다. 2019년 제104회기 총회의 주제는 '말씀으로 새로워지는 교회'로서 말씀과 혁신을 두 축으로 한다. '개혁교회는 계속 개혁되어야 한다'(Ecclesia Reformata, Semper Reformanda)는 명제가 아니더라도 우리 한국교회는 미래를 바라보고 혁신해야 하는 긴급함 속에 서 있다. 이에 따라 총회는 변화와 혁신을 위해 총회미래비전위원회를 조직하고, 전국을 8개 지역으로 나누어 2030 정책세미나와 신년목회세미나를 하며 이 일을 추진해 왔다.

복음을 통하여 나 자신을 변화시키고 교회를 개혁하며 사회와 세상을 혁신하여 모든 피조물들이 서로 조화롭고 평화롭게 생명을 영위할 수 있도록 하는 일을 위해 교단의 역량을 집중키로 한 것이다. 우리는 하나님의 말씀과 성령이 우리 개인의 품성과 인격을 변화시켜 하나님을 사랑하고 이웃을 사랑하게 할 수 있음을 확신한다. 이웃을 사랑하여 전도하며 사회 정의를 위해 노력함으로써, 이 세상을 보다 아름다운 세상으로 변화시킬 수 있음을 믿는 것이다.

오늘의 시대를 향한 복음의 의미를 밝히며 이를 우리의 삶과 세상에 적용시킴으로, 우리 인류가 이기적인 삶에서 벗어나 공생의 삶으로 전환되기를 바라는 것이다. 이에 본 교단은 이러한 복음을 통한 혁신의 일을 위해 '마을목회'를 정책적으로 펼쳐나가기로 하였다. 2018년부터 2022년까지 5년간을 이 일에 매진함으로 '주님의 진정한 사랑으로 마을을 품고 세상을 살리는 교회'를 만들기 위함이다. 지난 2012년부터 2022년까지의 기간에 본 총회는 '치유와 화해의 생명 공동체 운동'을 전개하기를 정하였으며, 이러한 10년 동안의 운동을 하는 중 마지막 5년간을 '마을목회 운동'의 기간으로 정한 것이다.

생명 공동체를 만드는 일에 있어 중요한 것은 우리의 마을을 하나의 생명망 공동체로 이룩해 나가는 것이다. 교회와 마을이 분리되어 있는 것이 아니라 하나의 유기체적 네트워크로서 연결되기를 기대하면서 그간 우리 총회는 마을목회 운동을 전개하여 왔으며, 이런 운동이 우리의 지역 사회와 세계를 보다 행복하고 안전하며 건강한 마을로 만드는 데 일조하기를 바라면서, '2030 정책 문서'의 주제를 '복음으로 지역 사회를 품고 지구생명 공동체를 살리는 교회'(The Church to Brood Our Local Communities and Save the Global Community of Life with the Gospel)로 제안한 것이다.

오늘날 지구상의 생명체들은 유례 없는 위기 상황에 놓여 있다. 마태복음 24장 3-14절에서 사람들은 예수 그리스도께 세말의 징조에 대해 물었다. 그리스도께서는 그에 답하시며 몇 가지의 키워드를 제시하셨다. 미혹, 난리, 자연재해, 온갖 재난들, 핍박, 사랑이 식음, 불법의 횡행 등이다. 난리와 재난 등은 물리적인 징조들이라면, 미혹과 불법과 사랑의 식음은 영적이고 정신적인 징조들이라 할 수 있다. 결국 인류는 전쟁과 재해, 그리고 속임과 부정의함, 미움의 커짐에 의해 멸망하여 새로운 세상을 맞이할 수밖에 없을 것이라는 말씀이다.

난리에 대한 소문은 인류 종말의 시작을 나타내는 첫 번째 징표 중 하나다. 핵 전쟁의 문제, 테러리즘과 난민의 문제 등이 오늘 우리 인류를 종말로 이끌 수 있는 중요한 난제들이다. 특히 북한의 핵 문제로 우리나라는 전쟁의 위험 속에 노출되어 있어 한반도의 평화 정착이 요원한 상황 가운데 있음을 우리는 인지하고 있다.

다음으로 우리 인류를 위태하게 하는 문제들로 우리는 경제적 양극화 현상을 들 수 있다. 오늘 우리는 가난한 이들이 얼마나 어렵게 살고 있는지를 공감하지 못한 채, 자신들에게만 특정하게 주어진 풍요를 생각 없이 누리며 살고 있다. 나만 잘 되고 나의 자녀들이 잘 되는 일이라면 어떤 일도 서슴지 않는 피도 눈물도 없는 존재들이 작금의 우리들이다. 약자의 목소리는 들리지 않고 강자의 큰 목소리만 난무한 반민주적인 환경이 우리를 지배하고 있다. 서로의 다양한 의견들이 무시된 체, 모두 나와 동일한 생각을 하여야 한다는 주장으로 인해 세상은 더욱 삭막하게 변하고 있는 것이다.

예전 모두가 다 못살던 시대에는 갈등의 상황들이 많지 않았지만, 오늘날에 있어서는 사회 구성원들 사이의 갈등들이 증폭되고 있다. 노사 간의 갈등, 지역 간의 갈등, 종교 간의 갈등, 남녀 사이의 갈등, 빈자와 부자 사이의 갈등 등 우리 사회 내의 갈등은 점점 커지고 있으며, 이를 해소하기 위한 비용도 다른 어느 나라들보다 많은 편이다. 여러 갈등의 현상들이 사회 내에서 표출되고 있는 가운데 그중 특히 주목해야 할 갈등 중 하나는 세대 간의 갈등이라 할 수 있다. 이에 우리는 이런 세대 간의 간극을 줄여나가는 일을 하여야 하는데 그런 노력들 중 가장 중요한 것이 서로 간의 소통이라 생각한다(엡 2:12-22).

지나친 경쟁적 사회의 분위기와 경제적 불안정이 결혼과 출산을 포기시킴에 따라, 우리 사회는 저출산 초고령 사회를 맞게 되었으며, 이에 가족을 유지함 자체도 큰 난관에 봉착하고 있다. 더 나아가 성 정체성에 대한 혼란과 성적 문란함은 우리 사회가 건전한 가정을 지켜나가는 것을 점점 더 어렵게 하고 있으며, 이에 가족에 대한 전통적 개념들도 많은 변화를 겪고 있는 상황이다.

또한 인류의 욕심과 낭비로 인한 기후 변화와 환경의 위기는 우리들을 백척간두의 위기로 내몰고 있다. 에너지 위기와 물 부족, 기아, 그리고 각종 생태계의 오염에도 불구하고 우리는 윤리적 판단을 그르치며 지구의 종말 시계를 계속 돌리고 있는 것이다. 동물들을 학대하는 공장식 농장으로 인해 동물들의 면역력은 한계에 봉착하였고, 이로 인한 코로나19와 같은 인수 전염병의 위험이 우리 발밑을 노리고 있다. 이러한 환경위기에 봉착하여 우리는 우리 개인들의 삶의 스타일을 변화시킬 뿐 아니라, 환경친화적 공공 정책을 펴 나가야 할 것이며, 더 나아가 생태 영성을 고양하는 문화를 발전시켜 나가야 할 것이다.

아울러 과학의 발전으로 인류는 4차 산업 혁명 시대를 맞이하여 어떤 면에선 우리의 삶에 진보를 주기도 하였지만, 그것은 생명체에 대한 또 다른 위기를 불러일으키고 있다. 인공지능이 인간의 지능을 뛰어넘는 상황이 될 경우 우리는 어떻게 되는 것인지에 대한 적확한 대비도 없이 우리는 인공지능의 한계에 계속 도전하고 있다. 생명 공학에 의한 유전자 및 생명체에 대한 조작은 우리들을 어떤 생소한 위험에 직면하게 만들 수도 있음에도 불구하고, 인류는 무분별하게 생명을 조작하며 하나님의 창조에 도전하고 있는 중이다. 특히 금번 코로나19 팬데믹으로 말미암아 비대면 사회로 전환되며 IT 기술의 사용이 확산되었는 바, 이로 인한 양극화가 또 하나의 걱정으로 대두되고 있다.

혜성의 충돌, 태양의 팽창과 폭발, 외계 물질의 유입 등의 우주적 재앙들도 인류를 종말의 구렁텅이로 몰고 갈 수 있는 또 다른 중요한 요인이다. 이 우주가 어찌 보면 안정되고 안전한 것 같지만 가만히 들여다보면 어떻게 될지 모르는 불안함이 상존하는 것으로, 우리는 이 같은 정황을 검토하며 우주적 위험에 대비해야 할 것이다.

마지막으로 세계화와 후기 세계화 과정에서 소외된 다수의 대중들이 양산되면서 진보적 그룹에서는 세계화의 정의롭지 못한 면들을 많이 지적하였다. 세계화가 인류에 더 큰 부를 안겨주기도 하였지만, 그 부가 분배되는 과정에서 많은 왜곡들이 있었음이 비판받기도 하였다. 한국교회는 그간 세계화의 부정적 측면을 줄여나가는 일에도 적지 않은 노력을 해왔다. 세계화 추세에 발맞춘 이런 한국교회의 선교적 노력들은 우리 사회에 상당한 긍정적 영향을 미쳤으며, 다문화 선교의 활성화에 발판이 되기도 하였음을 우리 모두는 잘 알고 있다.

이러한 세속화와 탈종교화 및 생명 멸절 시대의 상황 가운데에서 우리 교회가 어떤 개혁을 해야 할 것인가 묻게 된다. 이 같은 변화의 소용돌이 속에 있는 사회 속에서 우리의 목회를 어떤 방향으로 끌고 나갈 것인가를 판단하여 이에 따라 총회의 구조를 개혁하는 것이 필요할 것이다. 교단과 총회는 마땅히 이러한 상황 속에서 새롭게 해석된 공공신학적 표현을 발전시킴과 동시 이에 걸맞는 건강한 제도와 정책을 만들어내야 할 의무를 갖고 있다.

우리는 우리가 논의하고 있는 '2030 정책 문서'에 따라 우리 교회를 갱신한다면, 우리 교회가 초기 한국교회의 역동적 모습으로 변화될 것이며, 보다 민주적인 의사결정 구조를 갖춘 교회, 동반성장 균형성장 지속 가능한 성장을 추구하는 교회, 공존과 공생의 가치를 추구하는 공동체성이 강화된 교회, 지역 사회와 소통하며 함께 하는 교회, 우리 사회의 약자와 소외된 자들에 더 많은 관심을 갖는 교회, 교회 안으로 폐쇄된 교회가 아니라 마을을 향해 열린 교회가 될 것이라 믿는다. 부디 이런 우리의 작은 노력이 주님께 영광이 될 뿐 아니라 한국교회에 유익이 되길 희망하는 것이다.

2. 2030 정책 문서 작성 목적과 경위

1) 후기 정보화 사회의 사회 환경

한국 사회는 역사상 유례없는 변화를 겪고 있다. 100여 년 전 3.1운동 당시 한반도 인구는 1,700만 명을 넘지 않았다. 하지만 6.25 전쟁 이후 베이비붐 세대인 1959년부터 1971년까지 13년 동안 해마다 100만명 이상의 신생아가 태어났으며 1960년엔 1,080,535명이 출생하여 정점을 이루었다. 하지만 1998년 IMF 사태 이후 출산율이 계속해서 낮아져 2020년에는 출생아 수가 27만 2400명이 되었으며, 가임여성 1인당 출산율도 0.84명을 기록하게 되었다.

한국 사회는 환경 문제와 출생률 저하 및 고령화 이외에도 세계화, 다문화화, 세속화, 비인간화, 양극화, 정보화, 핵 전쟁의 위험, 지방분권화, 상호신뢰 저하 등 다양한 상황에 처해 있다. 다문화화도 빠르게 진행되고 있는 중이다. 2019년엔 국내 거주 외국인 수가 250만 명을 넘어서게 되는데, 해마다 20만 명씩 증가하고 있다. 또한 지난 10년 동안 1분위 가구(하위 20%)의 월평균 소득이 97만 원에서 129만 원으로 증가한 반면, 5분위 가구(상위 20%)의 월평균 소득은 703만 원에서 1,015만 원으로 증가하여, 10년 사이에 소득의 양극화가 더 심해졌음을 알게 된다.

2) 21세기의 한국교회

오늘 우리 사회의 탈종교화는 심각한 수준이다. 2015년 센서스에서 기독교 인구가 19.7%로 최대의 종교 인구 비율을 기록한 반면, 무종교인 비율이 56.1%로 처음으로 절반을 넘어섰다. 2007년부터 통계상 교인이 감소하는 교단이 나타나기 시작해, 2011년 이후에는 거의 모든 교단이 감소세를 기록하고 있다. 이에 있어 기독교인의 고령화는 다른 종교보다 심각한 상황에 있다. 교회 규모의 양극화도 문제다. 우리 총회의 경우 2014년을 기준으로 교인 1만 명 이상의 교회가 26개(0.3%), 5천 명 이상의 교회가 60개(0.7%), 1천 명 이상의 교회가 511개(5.9%)인 반면, 절반 이상의 교회는 교인 63명 미만인 것으로 나타났다.

교회에 대한 신뢰성 저하도 한국교회 위기의 중요 요소다. 한국 사회 지도층의 기독교인 비율은 40%를 넘나들고 있는 데 비해, 교회 지도자나 기독교인에 대한 신뢰도는 매우 낮은 편이다. 이는 비기독교인의 한국교회에 대한 이미지에서 더 확실히 확인된다. 지용근 대표의 보고에 따르면 "남을 잘 돕는다, 약자 편에 선다, 도덕적이다, 교회 밖 세상과 잘 소통한다" 등의 긍정적인 이미지는 5.6%-15.6%인 반면, "이기적이다, 물질중심적이다, 권위주의적이다" 등의 부정적인 이미지는 56.5-73.6%를 점해 양자가 뚜렷이 대조되고 있다. 한국교회가 근대 문화의 형성과 사회 발전에 미친 많은 영향에도 불구하고, 오늘날에는 사회로부터 불신 받고 있는 것이다. 한국교회는 전반적으로 '도덕적 실패'의 늪에서 헤어나지 못하고 있는 상황으로 개혁 이상의 혁신이 요청된다.

3) 지난 반세기 동안 총회의 중장기 정책 개발과 기구 개혁의 경과

총회는 합리적인 운영을 위하여 중장기 정책을 기획하고 시행해왔다. 1964년에 한국복음화추진위원회가 '3천만을 그리스도에게로'라는 주제로 초교파 복음화 운동을 시작하면서, 이에 부응하여 우리 총회도

전국적으로 전도 운동을 전개했다. 1971년에는 선교 100주년을 앞두고 제1차 5개년 계획을 세우며 '전국복음화운동'을 펼쳤다. 1992년엔 총회 창립 100주년을 준비하며 교세배가운동으로 '만사운동'(1만 교회, 400만 신도운동)을 추진하였으며, 2008년엔 이를 '예장300만성도운동'으로 발전시켜 실천하였다. 총회는 해외 선교를 위하여 1984년부터 1994년까지 10년간 348명의 선교사 파송을 목표로 설정하고 세계 선교를 위해 많은 노력을 하였다. 2002년에는 '생명살리기운동10년'을 시작하였고, 2012년에는 '치유와 화해의 생명 공동체운동 10년'으로 이어갔다. 2005년에는 미자립 교회 교역자 생활비 평준화 사업을 '교회자립사업'으로 실시하였으며, 2016년엔 이를 '교회동반성장사업'으로 전환한 바 있다.

그간 총회는 합리적인 교단 운영과 계속적인 발전을 위해 다양한 기획을 해왔다. 1973년에 총회는 호주장로교회, 미국 남장로교회, 미국연합장로교회와 함께 '상호 협정서'를 체결하고 해외 교회협력위원회를 설치하였으며, 재단법인 대한예수교장로회 총회유지재단을 설립하여 재정과 기구적인 자립의 기초를 놓았다. 1979년에 시작한 '선교100주년 기념사업'의 일환으로 1984년에 한국교회 100주년기념관을 개관하는 한편, 1984년 9월 20일에 잠실실내체육관에서 '한국교회100주년기념대회'를 개최하여 총회 발전의 구심점을 마련하였다. 1989년 제74회 총회는 '2000년대를 향한 교단 발전 장기 계획 기본 계획'을 채택하고, 선교 자원 개발과 강화를 위하여 핵심 사업 과제의 추진을 허락했다. 1996년 제81회 총회는 '21세기 교단발전을 위한 정책 제안서'를 통해 총회 정책의 정비와 기구 개혁에 노력하였다. 2003년 제88회 총회는 '총회본부기구 조직안'을 채택하여 4부, 1본부(3국), 1훈련원으로 개편하였다. 이후 2018년 제103회 총회는 총회본부를 5개 처로 개편하여 기구를 축소 조정하였다.

2014년 제99회 총회에서 설치한 '교회성장운동지원본부'는 교세 감소에 대응하기 위하여 동반 성장, 균형 성장, 지속가능 성장의 3가지를 핵심 가치로 삼고 큰 교회와 작은 교회의 동반 성장을 추구하였으며, 다음 세대 청년 세대 중장년 세대 노년 세대의 4세대별 균형 성장을 이루어, 복음의 회복과 상생의 협력 관계를 만들어 지속 성장을 추구하는 운동을 전개하였다. 아울러 총회는 1980년대 이후 지속적으로 기구를 개혁하였으며, 이를 위해 기구 개혁위원회와 기획조정위원회 등을 설치 운영하였다. 선교 100주년을 맞는 1984년에 '한국교회100주년기념관'을 완공하고 총회 본부와 각 부 사무실을 이전하면서 기구 개혁에 대한 논의를 본격적으로 시작하였으며, 총회행정의 합리화, 선교비 창구 일원화, 총회헌금실시를 통한 재정통일, 미자립 교회 자립화 사업 실시, 직원직제 개편, 총회 행정의 신학적 방향 정립 등의 개혁안을 추진하였다.

2013년 세계 교회협의회(WCC) 제10차 부산총회를 마친 다음 우리 교회는 교회 성장이 멈추었다는 현실을 직시하며 2014년부터 기구 개혁의 방향을 바꾸었다. 총회 기구 개혁위원회와 정책개발위원회, 정책기획기구 개혁위원회의 논의를 통하여 이전 교회 성장 시대의 방만한 경영을 탈피하기 위해, 기구 개혁을 통해 핵심역량은 보존하되 불필요한 기구를 정비하는 방향으로 기구 개혁의 일을 선회했던 것이다. 3년간에 걸친 교세 감소에 대한 대응 방안에 대한 연구 끝에 루터의 종교개혁 500주년을 맞는 2017년 제102회 총회는 결의를 통해 총회의 운영을 다음과 같이 대폭 정비하였다. (1) 제1재심재판국 제2재심재판국 특별재심재판국 기소위원회의 폐지를 통한 총회 재판제도의 정비 (2) 연금 기금의 고수익 고위험 투자 금지, 직접투자 금지, 연금수급률의 20%

삭감 등을 골자로 하는 총회연금제도의 정비 (3) 7개 신학교를 연구중심 훈련중심 선교중심 등으로 특성화하는 문제와 해외유학생유치, 재단 통합, 신학 교육부 실행위원회와 7개 신학교 총장 이사장 등으로 구성된 회의를 통해 신학 교육을 개편하는 것에 대한 논의 (4) 공교회 중심으로 운영되는 NCCK로 방향 전환 (5) 사이비 이단으로부터 자유로우며 교단장 회의를 중심으로 운영되는 '한국교회총연합'(한교총) 발족 (6) 아시아 시대를 대비하는 세계 교회 경영을 위한 준비 (7) 총회 행정조직을 5개 처로 개편하며, 임금피크제를 실시하는 등의 총회 직원 직제의 개혁 (8) 아동성찬, 유아 세례 연령 변경, 교육목사제 실시 등의 헌법 개정 (9) 자립대상교회 지원 방안 정비 등이다.

4) 총회 혁신의 방향과 과제

총회 혁신의 방향은 21세기의 한국 사회의 변동을 주시하고, 한국교회의 사회적 신뢰도 하락과 교세 감소에 대해 분석하며, 그간의 총회 개혁의 내용들을 감안하여 정해져야 할 것이다. 첫째, 총회의 혁신은 코로나19 팬데믹으로 인한 지구생명 공동체의 위기 상황 가운데에서 복음의 의미를 다시 확인하는 혁신이 되어야 한다. 그리스도인 한 사람 한 사람이 예수 그리스도의 복음에 대한 믿음을 새롭게 하며, 한국교회가 하나님께 예배하는 종교 공동체로 바르게 설 때 이런 혁신은 가능해질 것이다. 설교와 성례전을 담당한 목회자가 하나님의 말씀을 삶에서 실천하며, 평신도들의 역량을 강화하고, 청년과 여성들이 정책 결정 과정에 활발하게 참여하는 교회가 될 때 이런 개혁은 더 수월해질 것이다. 둘째, 총회 혁신을 위해 교단, 연합 기관, 대형 교회 간의 새로운 영적 거버넌스를 창출해야 한다. 한국교회의 주요 교단들은 지난 10년 동안 10-20%의 교세 감소와 총회 내부의 갈등으로 인해 고통을 겪고 있다. 2010년대 이후엔 대형 교회의 지도력도 급격하게 하락하였다. 한국교회 교세 성장의 결과 한국 사회에서 지도적인 역할을 감당하고 있는 기독교계의 병원, 학교, 언론, 출판사, NGO 등의 기관들은 탈기독교 시대에서 기독교 정체성을 벗어나려 하고 있다. 상당수의 연합 기관은 사유화되거나 사사화되는 경우들이 많아지고 있는데, 이에 대한 대처 방안도 필요한 상황이다. 이에 우리의 개혁은 실추된 목회자와 교회 지도자의 도덕적 신뢰를 회복하여 한국교회의 사회적 신뢰를 회복하는 혁신이 되어야 할 것이다. 셋째, 총회 혁신은 기왕의 총회 기구 개혁을 통해서 확인한 미완의 개혁 과제들을 완수해야 할 것이다. 미완의 개혁 과제 중에는 (1) 남북 관계를 포함한 세계 선교의 교류 협력 모델로의 전환 (2) 출구 전략, 멤버 케어, 선교 지원 행정 개선 등을 통한 세계 선교의 재편 (3) 총회, 노회, 교회 간의 거버넌스 개혁 (4) 신학 교육과 목회자 양성 과정의 개혁 (5) 목회자와 평신도 지도자를 위한 계속 교육의 업그레이드 (6) 총회연금의 안정적 운영과 연금 미가입 목회자와 미자립 교회 목회자의 노후 생활을 위한 안전 장치 마련 등에 관한 것들이다.

5) 미래를 향한 비전

한국교회는 한국 사회의 신뢰를 회복하고 우리 민족을 복음적 실천으로 이끄는 데 앞장서야 한다. 이는 하나님을 향한 믿음을 새롭게 하여, 사회로부터 종교적 경건성에 대한 신뢰를 회복하는 데서 시작된다. 성장 쇠퇴기에 접어든 한국교회가 부흥 성장의 방향으로 전환하는 것은 기술적인 접근으로는 불가능한 것으로 근본적인 신앙적 성찰과 변화를 요구한다. 이에 우리 총회는 부분적 개혁을 넘어서는 근본적인 혁신과 회심을 통해 세계 교회에 희망을 주는 교회가 되어야 할 것이다.

국내적으로 한국교회는 통일을 대비하여 남북의 교류 협력과 국민들의 복지 향상을 선도해야 한다. 우리의 선배들이 순교적 각오로 3·1운동에 참여하고 신사 참배 불참 운동을 전개하여 한국교회가 민족의 신뢰를 얻었듯이, 남북의 교류 협력 시대에 새로운 가치를 한민족에게 제시함으로 민족의 희망이 되는 교회로 발돋움해야 할 것이다. 경제적 양극화로 고통당하는 후기산업사회의 우리 국민들을 향해 우주의 온 피조물들과 함께 잘 사는 기독교 생명 복음의 원리를 전하는 것이 필요하다. 아울러 우리 총회는 저출산 고령화와 가족붕괴 시대에 가정복지를 제고하는 교회가 되어야 할 것이다. 이에 우리가 추구하는 혁신은 마을을 품고 세상을 살리는 것을 위해 주민의 자치역량을 강조하는 '마을목회'의 운동으로 이어진다. 마을목회는 현금의 비복음적이며 반생명적인 우리의 상황을 역전시켜, 미래 지구생명 공동체를 이룩하는 데에 크게 공헌할 것이라 믿는다.

'선교적 교회론'(missional church)과 '교회의 새로운 표현'(Fresh Expression of Church) 등과 같은 세계 교회의 새로운 교회 운동들을 검토하여, 후기산업사회에 접어든 세계 교회의 생태계를 새롭게 할 의무가 우리들에게 있다. 우리는 이 정책 문서를 실천함으로써 점점 쇠퇴하고 있는 서구 교회, 동아시아의 교회, 최근 성장하고 있는 아프리카의 교회 등 세계의 모든 교회들을 향해 상생의 복음의 능력을 알리는 역사변혁적 공동체로서의 한국교회가 되어야 할 것이다.

3. 본 교단 총회의 사명(mission)과 핵심 가치(core value)

1) 본 교단 총회의 사명

"오직 성령이 너희에게 임하시면 너희가 권능을 받고 예루살렘과 온 유대와 사마리아와 땅 끝까지 이르러 내 증인이 되리라 하시니라."(행 1:8)

"여호와께서 아브람에게 이르시되 너는 너의 고향과 친척과 아버지의 집을 떠나 내가 네게 보여 줄 땅으로 가라. 내가 너로 큰 민족을 이루고 네게 복을 주어 네 이름을 창대하게 하리니 너는 복이 될지라. 너를 축복하는 자에게는 내가 복을 내리고 너를 저주하는 자에게는 내가 저주하리니 땅의 모든 족속이 너로 말미암아 복을 얻을 것이라 하신지라."(창 12:1-3)

◆ 사명진술문(Mission Statement)

본 교단은 복음 전파를 통하여 영혼을 구하고, 지역 사회와 함께 온 세계에 하나님의 나라를 구현하는 것을 변치 않는 사명으로 한다. 하나님의 말씀과 성령의 능력 안에서 교회 구성원들을 주님의 제자로 양육하여 모든 피조물들을 참 생명의 길로 인도하고, 이 세상 가운데에서 주님께서 원하시는 바의 정의와 평화의 샬롬을 이루어나가는 것이 우리 기독교인과 교회의 사명인 것이다.

2) 기독교의 핵심 가치

신구약 성경에 나타난 복음에 대한 개괄을 통해 우리는 기독교의 핵심 가치를 다음의 몇 가지로 간추리게 된다.

(1) 구원과 복음(행복)
(2) 하나님 사랑과 이웃 사랑
(3) 은혜와 믿음
(4) 성령과 사랑의 역사 가운데 성도의 공동체성을 이룸
(5) 말씀 훈련과 예배 훈련을 통한 제자 양육
(6) 교회 공동체와 지역 공동체의 유대 강화
(7) 말씀 선포로서의 전도와 사회적 실천으로서의 섬김
(8) 지역 사회를 품고 지구생명 공동체를 살리는 교회
(9) 정의, 평화, 생명의 보전

4. 환경 분석(environmental analysis): 교회 내부 환경과 교회 외부 환경에 대한 분석

1) 교회 내부 환경과 교회 외부 환경에 대한 분석

코로나19로 모든 것들이 얼어붙었다. 경제는 이전 IMF 때보다 더 어려울 것이라는 예측이 많다. 문화 행사를 비롯한 모든 모임들이 줄이어 취소되고 있다. 지구 위의 모든 생명체들이 이번 감염병으로 인해 움츠

리고 있으며, 그 기간이 얼마나 갈지 몰라 두려워 하고 있는 중이다.

정말 하나님의 은총이 필요한 때이다. 인간 능력의 한계 선상에 서서 우리는 주님께 기도 드리게 된다. 대한예수교장로회 총회(통합)는 2021년의 주제를 "주여! 이제 회복하게 하소서."로 정했다. 본래 창조의 아름다운 모습으로, 아니 종말의 완성된 창조물의 모습으로 우리들이 새로워지기를 바라는 주제다.

오늘 우리 인간을 위시한 지구생명체들은 예전에 겪어보지 못한 심각한 위기 속에 빠져 있다. 인구 증가와 기아의 문제, 핵 전쟁의 위기, 기후 변화, 인수공통감염병, 가정의 붕괴, 경제 양극화, 자원의 고갈 등의 문제로 우리 인류가 더 존속할 수 있을까 하는 염려를 하는 때가 되었다. 과학의 발전은 우리 인류에게 편리함은 주었지만, 그로 인해 우리가 알지 못하는 위험들에 더 노출되어 있는 실정이다. 이런 상황 가운데에서 교회의 내부 환경과 외부 환경에 있어 어려운 면들을 다음의 표와 같이 분석하였다.

<교회 내부 환경과 외부 환경에 대한 분석>

구분	환경 분석
1) 교회 내부 환경	- 코로나19 시대의 비대면 예배의 증가 - 코로나19 영향에 따른 교회들의 쇠퇴 - 재정이 열악한 교회들의 어려움 - 영적 침체와 세속화 - 종교 인구의 감소와 교회 성장 정체 - 교인 수 감소와 교회의 재정 감소 - 신자의 노령화 - 청소년층 신자의 감소와 다음 세대의 위기 - 농촌 교회와 작은 교회들의 재정적 악화 - 선교사들의 철수 - 해외 선교의 문제점 노출 - 가나안 교인의 증가 - 신학대학들의 위기-특히 교회 청년들의 감소에 따른 위기 증대 - 전통 문화와 전통 종교에 대한 관심 증가 - 타 종교와의 갈등 증가 - 종교 내 근본주의적 주장들의 확산 - 한기총 등의 교단 연합 기관들의 문제 - 교회들의 대사회 이미지와 신뢰도 악화 - 문화 선교에의 요청 - 교회 목회자들의 도덕성과 리더십 문제 확대 - 신학의 발달 - 안티기독교 세력의 증가 - 이단의 증가 - 미자립 교회의 지원에 따른 기존 교회의 부담 증가 - 기독교 시민 운동과 NGO 운동의 활성화 - 총회의 비효율

2) 교회 외부 환경	(1) 국내의 사회적 환경	- 코로나19 팬데믹 - 자살률 증가 - 이혼율 증가 - 폭력성의 증가 - 출산율 저하 - 평균수명의 연장 - 인구구조의 변화 - 고령사회로의 진입 - 노인 1인 가구의 급증 - 노노(老老) 부양의 증가 - 황혼 육아 - 가계 부채의 증가와 노후 파산 - 대학 진학자 수의 감소 - 1인 가구 시대 - 양극화 현상과 사회 갈등이 심화되는 사회 - 이념 갈등의 심화 - 보수와 진보의 대립 첨예화 - 여성 역할의 증대와 남녀 사이의 갈등 - 세계화 - 외국인 근로자 및 이주 여성의 증가 - 다문화 사회로 진입 - 주5일 근무제 등으로 인한 근로 시간의 단축 - 중독자 및 정신질환자들의 증대 - 복지 증대에 따른 국가 재정의 악화 - 내년의 대통령 선거 - 택배 문화의 확산 - 실업률 증가 - 삼포 시대, N포 시대
	(2) 과학 기술의 발달과 정보화 사회	- 4차 산업 혁명과 정보화 시대 - 생명 과학과 의학의 발전 - 신경 과학(뇌과학)의 급속한 발달 - 물리학의 발전 - 교통과 통신 기술의 발전
	(3) 코로나19(전염병)의 만연과 생태적 위기	- 인수공통감염병으로서의 코로나19의 만연에 따른 전 세계의 경제, 사회, 교육 등 전 분야의 변화(침체)와 비대면 사회의 도래 - 코로나19로 인한 재택근무와 학교 교육에 있어 비대면 수업의 증가 - 새로운 질병의 출현에 따른 지구생명체들의 위기 고조 - 여행자들의 감소와 서비스 산업의 약화 - 기후 변화 등의 지구생태계 전반의 위기 - 자원과 에너지원의 고갈

		- 식량 위기 - 생태계 전반의 오염 - 오존층의 파괴 - 핵폐기물을 통한 오염과 원전 관리의 위험성 - 수자원의 부족과 오염
	(4) 정치외교적 환경	- 미국 정치 세력의 변화 - 북한 핵위기 - 동북아의 전쟁 위험 고조 - 주변 강대국들과의 외교적 마찰 - 한중일 간의 새로운 관계 설정의 과제 - 홍콩 문제 등에 따른 중국의 균열 - 서구와 이슬람 세력 간의 지속적인 갈등 - IS, 북한 등 위험 국가들의 문제 - 한반도 평화 정착의 어려움 - 남북통일을 위한 대비
	(5) 경제적 환경	- 10대 경제 대국으로의 진입으로 인해 풍족해진 경제 생활 - 빈곤층의 증가로 인한 경제 양극화 - 실업률 증가로 인한 사회불안 요소의 고조 - 청년 실업의 증가 - 한국 기업들의 경쟁력 약화 - 세계 경제의 불안 요소 증가 - 민족주의와 자국 우선주의적 경향과 보호 무역의 확산 - 미중의 무역 마찰 - 브렉시트 등으로 인한 유럽 공동체의 분열 - 통일 경제에 대한 기대 - 아프리카의 경제적 성장과 미래 시장으로서의 중요성 - 국가 간의 기술 경쟁의 심화
	(6) 윤리적 환경	- 동성애 등으로 인한 가정 파괴 - 성적인 문란과 윤리 의식의 약화 - 낙태에 대한 윤리 의식의 약화 - 공직자들의 부패 - 소극적 안락사의 문제
	(7) 기타 주요 환경	- 세계 분쟁을 통제할 수 있는 세계 윤리에 대한 모색 필요 - 종교 내 근본주의자들의 득세에 따른 종교 간의 갈등의 심화 - 정보 통신의 발달로 인한 빠른 소통의 가능성 - 약물의 남용

2) SWOT분석

강점(strengths)	약점(weaknesses)
- 한국교회의 지난 날의 성장 - 교회가 가지고 있는 인프라들의 상존 - 한국 내에서 제1의 종교 인구를 가진 종교로 자리매김 - 국민들은 개신교가 앞으로도 성장할 것이라는 기대감 - 종교에 대한 충성도가 강한 개신교 신자 - 능력 있는 신학자들이 많아짐 - 여성 사역자들의 역할증대	- 목회자의 지도력 상실 - 목회자와 신자들의 부도덕한 삶 - 공적 종교로서의 책임 의식의 결여 - 물량주의와 번영주의 - 교회의 신뢰도 저하 - 교인들의 신앙 약화 - 경제 성장으로 인한 여가 선용의 확대 - 개신교 내에 상존하여 있는 샤머니즘적 요소들 - 공격적 선교의 문제 - 이단들의 득세 - 교회 재정 사용의 불투명성 - 교회들 간의 과다경쟁 - 세례자 교육의 약화 - 교단들의 난립 - 무자격 목회자들의 양산 - 비효율적 총회의 구조 - 코로나19 팬데믹으로 의한 비대면 사회로의 전환
기회(opportunities)	위기(threats)
- 코로나19 팬데믹 상황에서 교회가 할 일들이 더 많아짐 - 다문화사회로의 전환에 따른 이주자들에 대한 선교 가능성이 커짐 - 남북통일이라는 기회 - 양극화, 지나친 경쟁, 사회적 갈등 구조로 종교적 화해의 의미가 더 커짐 - 사회적 소외와 폭력의 증강에 따른 기독교 영성에의 필요성 증대 - 사회 내에 불행한 사람들이 점점 많아져 종교적 위로의 중요성이 더 커짐 - 교회의 재정적 위기에 따른 교회의 각성 - 그동안 지속적인 교회 성장 정체에 대한 대안 마련 - 오늘의 한국 사회가 공동체성의 중요성을 더욱 인식하게 됨 - 교회 개혁에 대한 안팎의 요구들이 더 커짐 - 고령 친화 목회의 필요성 증대 - 4차 산업 혁명 시대와 비대면 사회로의 변화에 따른 새로운 온라인 교회 교육의 장으로의 변환	- 코로나19로 인한 교회의 어려움 - 4차 산업 혁명 시대를 대비하는 데에 있어서의 작은 교회들의 어려움 - 기독교 인구(학령 인구)의 감소 - 가나안 교인의 증가 - 종교 인구의 감소 - 청소년층 신자의 감소 - 교회 재정의 약화 - 미션스쿨에서의 성경 교육의 어려움 - 군선교의 외연이 협소해짐 - 청년층의 교회에 대한 외면 - 만연하여 있는 개교회주의 - 사회 내 세속화의 강화

5. 미래 비전(vision)

본 교단 총회는 2002년부터 2012년까지 '생명살리기운동10년'의 길을 걸어왔고, 2012년부터 2022년까지는 '치유와화해의생명 공동체운동10년'의 일을 감당해왔다. 생명을 살리는 일은 기독교 구원의 핵심요소로서(요 3:16), 그간 총회는 생명을 살리는 구원의 사역이 무엇인지를 분명히 하면서 그 일의 실천에 힘써 왔던 것이다. 총회는 10년 동안의 생명살리기 운동을 하며, 그 일의 결국은 우리의 마을들을 생명이 넘치는 공동체로 만드는 것임을 깨닫게 되었다(고전 12:27). 이 같은 20년의 운동을 통해 총회는 그런 일의 중심에 생명의 담지체로서의 교회가 있어야 하며, 이에 교회를 먼저 생명력 있는 유기체로 만드는 일이 선행되어야 함을 알게 된 것이다(고전 12:12). 그런 의미에서 생명 살리기 운동은 생명 공동체를 형성하는 운동이며, 더 나아가 생명력 있는 교회를 만드는 운동이다. 이 같은 생명 운동은 그 시발이 교회론을 확실히 하는 것으로부터 시작된다.

2002년부터 2012년까지 '생명살리기운동10년'은 그 운동을 전개하여 10가지의 주제 영역을 설정하였다. 그 내용은 (1) 일치와 갱신 (2) 민족복음화 (3) 사회 선교 (4) 세계 선교와 에큐메니칼 연대 (5) 교육목회 및 훈련 (6) 신앙과 경제 (7) 한반도에서의 나눔과 평화 (8) 기독교와 문화 (9) 정보화 시대의 언론홍보 (10) 지속 가능한 성장을 위한 정책 등으로서, 우리가 금번 정책 문서의 정책 과제를 세우는 데에 있어 많은 참고가 된다. 2012년부터 2022년까지는 '치유와화해의생명 공동체운동10년'은 정책 과제를 보다 구체적으로 기술하였다. 그 정책 과제의 내용은 다음과 같다. (1) 치유와 화해의 생명 공동체로서의 지역 교회 사역 모범사례의 발굴과 개발 (2) 치유와 화해의 생명 공동체로서의 지역 교회를 위한 예배 이해와 목회론 교회론 선교론 기독교 교육론의 연구 개발 (3) 치유와 화해의 생명 공동체로서의 지역 교회를 위한 설교 자료집, 절기 예배 자료집, 성경 연구 교재, 기도 묵상집의 발간과 보급 (4) 치유와 화해의 생명 공동체로서의 지역 교회를 위한 기독교 교육 공과와 수련회·세미나 프로그램의 개발과 보급 (5) 치유와 화해의 생명 공동체로서의 지역 교회가 가난한 이, 장애인, 다문화가족을 비롯한 사회적 소수자를 섬기는 모범사례 발굴과 확산 (6) 가정과 교회를 위한 치유와 화해의 목회 프로그램 개발 및 모범사례 발굴 (7) 녹색 신앙 운동과 교육을 통한 녹색교회 운동 확대 (8) 지역 교회들이 연합하여 지역 사회를 섬기는 모범사례 - 지역학교 살리기, 지역경제 활성화하기, 지역문화 일으키기 등 - 발굴과 확산 (9) 민족공동체의 치유와 화해를 위한 대북 인도적 지원과 북한 지역 사회 개발 지원, 북한이탈주민을 위한 치유와 화해 사역의 모범사례 발굴과 확산 (10) 치유와 화해 사역을 위한 프로그램 개발 및 갈등 해결을 위한 지도자 양성 (11) 청년과 여성을 포함한 생명 공동체 운동을 위한 전문인력 양성 (12) 치유와 화해의 생명 공동체 운동의 모범사례와 신학을 아시아와 세계 교회와 나누고 세계 선교 현장에 적용하는 것 등이다.

20세기 말 교회의 목적을 분명히 하고 그에 따라 전략 기획을 한 교회들이 성장한 실례들을 우리는 알고 있다. 그들은 교회의 기능적인 목적으로서의 복음 전도, 교육, 예배, 성도의 교제, 사회봉사의 다섯 가지를 언급하였으며, 그중 말씀의 선포와 복음 전도를 교회의 가장 중요한 사명으로서 강조하였다. 이러한 교회의 기능적 목적과 함께 우리는 교회의 본질적 모습으로서의 '그리스도의 몸'으로서의 유기체 교회론을 검토하여 왔다. 그러한 생명을 가진 몸으로서의 유기체 교회론을 잘 담은 성경 말씀이 고린도전서 12장인데, 우리는 그 본문을 통해 이상적 공동체(사회)와 교회의 모습이 무엇인지를 깨닫게 된다.

이 본문은 이상적 교회를 '그리스도의 몸'으로 은유한다. 교회는 하나의 기계나 생명이 없는 조직이 아니라, 생명을 담지하는 몸과 같은 유기체라는 것이다. 고린도전서 12장은 생명을 가진 유기체의 모습을 "여러 지체적 사역은 있으나 전체적으로 한 몸"이라는 말로 설명한다(고전 12:12, 20, 27). 삼위일체의 모습과 같이 나누인 개체들이 하나 되어 통전성을 이룰 때, 그 안에 생명력이 숨 쉬게 된다는 것이다. 그 나누인 것을 하나 되게 하는 힘은 성령(요 6:63; 갈 6:8)과 사랑의 힘(엡 4:16)으로서, 다른 존재들과의 연결됨이 없인 우리의 생명은 무의미하게 된다. 자기만을 바라보고 욕심내고 살수록 우리는 죽은 목숨이 되는 것이다.

그러한 생명이 역사하는 이상적 교회의 모습을 고린도전서 12장은 다음의 몇 가지로 정리한다. 상호의존(고전 12:21), 약자보호(고전 12:22-23), 분쟁제거(고전 12:24-25), 공감(고전 12:26)의 교회와 사회를 만드는 것이다. 자기만 즐거워하는 사회가 아니라, 함께 즐거워하는 사회가 되어야 함을 고린도전서 12장은 강조한다. 나의 성공이 너의 성공이 되고 너의 아픔이 나의 아픔이 되는 사랑의 공동체를 형성해야 한다. 나만 즐거운 사회가 아니라 모든 구성원들이 행복한 사회가 될 때 하나님께서는 더욱 기뻐하실 것이다.

우리는 이 같은 생명을 담지한 그리스도의 몸으로서의 교회와 사회의 모습을 통해, 우리 교회가 목회자만 일하는 교회가 아니라 성도 모두가 함께 일하는 교회가 되어야 함을 깨닫게 된다. 우리 몸에서 단 몇 분이라도 하나의 기관이 작동하지 않는다면 우리의 몸은 엄청난 위험을 맞게 되며 또한 죽음에 이르게 되는 것과 같이, 우리 몸이 건강하려면 전 구성체들이 상호유기적 관계성 속에서 활발히 움직여야 한다(고전 12:20-21). 이에 유기체 교회론은 평신도 사역을 강조하는 것으로, 평신도를 활성화하여 일하는 구역조직으로서의 세포 교회의 모습을 중시한다.

생명이 없는 기계는 자손을 증식할 수 없으나 생명이 있는 유기체들은 자연 증식의 길을 걷게 된다(고전 12:12-27). 자기 내적으로 유기적 네트워크를 가질 뿐만 아니라, 자기 밖과도 서로 내용을 주고받음으로 연결되어 있는 것이 우리의 몸이다. 우리의 몸은 자기 안으로만 폐쇄되어질 때 생명을 잃게 되며, 밖의 것을 받아들이고 소화하는 과정과 자기의 것을 밖으로 내놓은 열린 구조로서만이 생존할 수 있는 구조로 되어 있다. 이에 우리 교회는 교회 안으로만 움츠러들어서는 안 되며, 마을과 세상을 향해 열려 있으며 공존의 가치를 강조하는 생명 공동체로서의 교회가 되어야 할 것이다(롬 3:29).

교회 내적으로뿐 아니라 교회 외적으로도 서로 유기적으로 연결된 네트워크 사역을 하여야 하는 것으로, 동네 교회들이 초교파적으로 연대하는 지역 에큐메니즘의 정신을 구현할 필요가 있다. 교단이 위로부터 기구적으로 연합하는 것보다, 아래의 지역 현장에서 서로 하나 되는 사역을 해나갈 때 우리 교회는 보다 활력있는 사역을 감당할 수 있다. 교회들이 서로 재정적으로 도와주며, 사역을 함께 하고, 공동의 전도도 할 때 사회는 교회를 더욱 신뢰할 수 있을 것이다.

우리 인간은 홀로 살 수 없는 존재들로서, 서로 연결되어 전체적으로 하나를 이루고 있다. 이에 우리의 삶은 다양성 속의 일치와 전일적 통전성을 견지하는 것으로, 각자의 인격과 하는 일이 중요한 것처럼 다른 사람들의 인격과 권리도 동일하게 소중하게 존중되어야 한다. 우리는 이러한 자유와 평등의 삶의 기반을 성경의 교육을 통해 깨닫게 되며, 성경은 우리의 삶의 목적이 하나님 사랑과 이웃 사랑에 있음을 강조한다(막 12:30-31). 나만 행복한 개인주의적이 삶이 아니라 모두가 행복한 공동체적 삶이 중요하며, 이에 사회를 품에 안는 공적인 책임이 우리에게 요청된다. 우리는 하나님의 진정한 사랑으로 지역 사회와 함께 하며 코로나19 팬데믹으로 도탄에 빠진 지구생명 공동체를 살리는 선교에 책임을 갖는 것으로, 그러한 목표는 우리 총회가 현재 개진하고 있는 '마을목회'의 목표와도 일치한다.

그러므로 우리의 삶에서 사회를 건강하고 행복하며 안정하게 만드는 일은 신앙을 가진 모든 성도들에게 중요한 일이 된다. 이에 우리는 우리 사회의 고질적인 문제들을 찾아내어 주님의 복음으로 새롭게 하는 역사를 이뤄 나가야 할 사명이 있는 것으로, 이 사회를 변혁하여 아름답게 만들어야 할 것이다(마 5:13-14).

오늘날의 세계는 정보화와 운송수단의 발달로 인해 통신과 교통이 빠르게 발전함으로써, 정말 이 세계가 하나의 지구촌과 같은 친밀한 사회로 변모케 되었다. 이에 우리는 이러한 과학의 이기들을 이용하여 오늘 인류를 멸망시킬 수 있는 문제들을 더욱 정확하게 파악하게 되었으며, 주님의 말씀을 통해 이런 지구 생명체의 위기를 극복키 위해 다양한 목회적 접근을 하는 교회가 되어야 할 것이다.

이를 위해 우리 교단은 먼저 우리 총회의 구조를 이런 일을 하는 데에 효율적으로 만들 의무를 갖는다. 조직을 위한 조직이 아니라 일을 원활하게 처리하기 위한 유연한 조직으로 구성할 필요가 있다. 우리의 몸이 세세한 신경망 조직으로 하나로 연결되는 것과 같이, 오늘날 발전된 인터넷과 IT 기술을 통하여 교회 안팎으로 긴밀히 소통하는 구조를 만들어야 할 것이다. 우리의 몸은 예수 그리스도를 머리로 하는 평등한 조직으로 우리 교회도 그런 평등하고 민주적인 체제로 발전해 나갈 필요가 있으며,(막 10:42-45), 전근대적인 교회의 거버넌스를 극복해 나가야 할 것이다. 이에 본 정책 문서는 아래의 열 가지의 큰 틀을 통해 우리가 감당해야 할 정책 과제들을 정리한 내용이다.

정책 과제 1) 신학 영성 예배
정책 과제 2) 4차 산업 혁명 시대의 교회와 목회
정책 과제 3) 지역 사회와 목회
정책 과제 4) 교회 학교 교육과 세대별 교육의 강화
정책 과제 5) 교육과 지도력 개발
정책 과제 6) 교회 체제 개혁과 교단 행정의 효율화
정책 과제 7) 선교와 전도 그리고 성도의 교제 강화
정책 과제 8) 에큐메니칼 운동과 세계화
정책 과제 9) 대사회 전략
정책 과제 10) 평화와 통일

◆ 비전진술문(vision statement)

오늘 우리 한국교회의 중심문제는 개교회주의, 물량주의, 권위주의 등으로 분석된다. 우리 사회의 세속적 문제들이 우리 교회 내에도 그대로 반영되고 있다. 이런 교회의 세속화로 인해 공교회성이 무너지고, 이기적이며 비윤리적인 행태들로 교회가 쇠락하고 있으며, 교회의 사회적 신뢰도는 땅에 떨어져 한국교회는 쇠퇴의 일로에 서게 된 것이다.

이전 한국교회는 민족의 희노애락과 함께 하였던 민족의 동반자로서의 교회였다. 우리 교회는 근대 초의 개화운동, 일제강점기의 항일운동, 해방 후의 정부수립과 민주화 그리고 산업화에 대한 공헌과 근래 들어서의 세계화 및 통일운동 그리고 사회복지에 일조하였던 교회였다. 하지만 오늘의 한국교회는 성장의 동력을 상실한 채 표류하는 배와 같이 되었다.

이에 우리 교회는 국민에게 다가가는 교회가 되기 위해, 먼저 개교회주의를 탈피하고 공교회성을 회복함과 동시에 주변 교회들과 연대하여 주님의 복음을 함께 전하는 지역 에큐메니즘(local ecumenism)으로서의 연대적 체제를 만들 필요가 있다. 지역 사회에 소속되어 있는 교회들이 초교파적으로 하나 되어, 지역을 복음화하고 행복하게 만드는 데에 힘을 모아야 할 것이다.

복음과 성령의 능력을 통하여 우리의 인격이 새롭게 됨으로 이기성을 탈피하여 타자를 위하는 삶을 살아감으로써(갈 5:24) 우리의 비윤리성을 극복하며 개인주의와 인간 중심주의를 극복하여, 지구생명 공동체의 행복을 추구하는 우리의 삶이 되어야 하는 것으로, 우리 교회는 하나님의 진정된 사랑으로 지역 사회의 주민들을 돌보며 보듬는 마을교회로 거듭나는 것이 필요하다(마 18:12).

이러한 새로운 교회 공동체의 육성을 위해, 우리는 권위주의적 체제를 극복하고 모두가 주님의 나라를 이루는 데에 힘을 합하고 의견을 모으는 민주적 참여의 장을 만들어 나가야 한다. 몇몇만 일하는 교회가 아니라 교회 구성원 모두가 함께하여 평신도의 참여와 사역으로 활성화되는 교회가 되어야 할 것이다.

오늘 우리 사회의 근본 문제는 개인주의적이며 인간 중심주의적 행복론에 치우쳐 사는 우리의 삶의 행태에서 야기되는 경우들이 많다. 혼자만 잘 되며, 자기의 자녀들만 성공하고, 우리 인간만 번영하면 된다는 이전의 삶에서 돌이켜 온 피조물들이 함께 행복을 누리며 사는 지역 사회를 만들기 위해 노력하는 교회들이 될 때, 우리 한국교회는 이 사회의 소금과 빛으로서의 역할을 보다 성실히 감당할 수 있을 것이다.

6. 비전을 실현하기 위한 정책 과제(strategic tasks)와 세부 정책 과제

변화하는 사회 속에서의 복음 전파와 하나님 나라의 구현이라는 사명을 이루기 위해 상정된 미래비전의 정책 과제와 세부 정책 과제들은 다음과 같다. 아래 세부 정책 과제들을 2021년부터 2030년까지 총회가 집중해야 할 문제들이다. 이 목표들을 담당하는 총회의 부서들은 목표에 대한 이해를 분명히 하고, 이 목표를 이루기 위한 연구를 통해 구체적인 계획을 세울 필요가 있다. 2021년부터 2030년에 걸쳐 세 번 정도 각 목표에 대한 시행 계획들을 수정해가고, 이후 이 시행 계획들에 대해 이행을 한 다음 피드백을 하고 다시 수정기획을 하여 실천한 다음 재차 실행하는 순환구조를 가지고 지속적인 실천을 해나가야 할 것이다.

정책 과제 1) 신학 영성 예배

"사람아 주께서 선한 것이 무엇임을 네게 보이셨나니 여호와께서 네게

구하시는 것은 오직 정의를 행하며 인자를 사랑하며 겸손하게 네 하나님과 함께 행하는 것이 아니냐."(미 6:8)

이번 2030 정책 문서의 가제는 '복음으로 지역 사회를 품고 지구생명공동체를 살리는 교회'다. 이 주제를 구현하기 위해서 먼저 복음을 뜻하는 의미에 대해 분명히 할 필요가 있다. 사도 바울이 세계 선교에 앞서 기독교의 교리를 로마서나 갈라디아서 등의 서신서를 통해 정리한 것과 같이 복음의 의미를 정교히 하는 것이 우선적으로 요구되는 것이다.

오늘의 21세기라는 시대적 정황에서 복음의 의미를 해석할 필요가 있다는 것이다. 하나님께서는 우리가 잘 되며 행복하기를 바라는 분이시다(살전 5:16-18). 이에 주님의 구원은 우리를 향한 주님의 축복으로 인지된다(창 12:1-3). 우리는 우리의 죄가 미워 돌이켜 회개하는 것이기도 하지만, 더 나은 하나님의 나라에 대한 희망이 우리를 돌이켜 회개시키는 것임을 알고 있다(막 1:15). 구약은 우리가 주님의 행복 안에 거하려면 주님의 말씀에 순종하여야 한다고 강조한다. 그러나 우리는 이런 주님의 말씀을 순종할 능력을 상실한 죄인들이다. 이에 신약은 은혜 안에서 그리고 믿음으로 우리가 주님의 구원과 축복에 거하게 됨을 말한다. 그러나 우리가 은혜로 구원받는다고 하여 주님의 말씀을 준행할 책임이 면제되는 것은 아니다. 우리에게는 서로 사랑하라는 새 계명이 주어져 있다(요 13:34). 이와 같은 21세기에 다시 깨닫게 되는 성경이 언급하는 복음의 내용을 우리는 오늘의 시대에 다시 상기하여야 할 것이다.

기독교가 말하는 복음의 의미를 분명히 하기 위해 우리는 먼저 영성과 구원의 의미에 대해 정확히 할 필요가 있다. 20세기의 기독교 영성신학자들은 대체적으로 기독교인의 영적 성장을 나무가 성장하는 세 가지

운동에 유비하여 설명한다. 하나님과의 관계로서의 줄기로의 성장, 이웃과의 관계로서의 가지로의 성장 그리고 나 자신과의 관계로서의 뿌리로의 성장이다. 줄기로의 성장은 수직적 영성의 측면을 언급하며 가지로의 성장은 수평적 영성의 측면을 강조한다(막 12:30-31). 인간이 하나님을 사랑함을 통해 하나님을 만남으로, 내면적 인격과 덕성의 변화가 야기되며, 이로 인해 이웃을 사랑하게 되어 크게 두 가지의 일을 실천하게 된다. 먼저는 복음 전도이며 다음은 하나님 나라의 구현으로서 이 사회에 정의를 수립하고 사회를 변혁하는 일을 하게 된다는 것이다(미 6:8). 하나님을 만나, 자아가 변화하고, 복음을 전파하며 사회를 변혁하는 실천을 함으로써 우리의 영성이 자라나게 된다는 것이다(사 45:21).

그러므로 기독교의 예배는 이 두 가지의 영성을 함양하는 방향으로 정위될 필요가 있다. 예배를 통해 수직적 영성과 수평적 영성으로서의 통전적 영성을 고양하는 것이다(히 13:15-16). 예배란 단어는 두 가지의 뜻으로 성경에 기록되어 있다. 먼저는 하나님에 대한 경배와 복종이며, 다음은 인간에 대한 섬김과 봉사다. 전자는 수직적 영성과 관련되며 후자는 수평적 영성을 함의한다. 곧 우리의 하나님에 대한 복종으로서의 섬김은 이웃에 대한 봉사로서의 섬김과 이어져야 하며, 이 모두를 예배에서 구현하여야 한다는 것이다. 예배는 교회당에서의 예배로서만 마무리되지 않는다. 그 예배는 우리의 삶으로 이어져야 하는 것으로, 우리의 삶과 예배는 분리될 수 없다(고후 9:13). 하나님을 사랑하고 이웃을 사랑하여 삶이 예배가 되는 교회를 일구는 것이 필요하다.

이에 우리의 신학과 목회는 이런 통전성을 담보하는 것이 되어야 할 것이다. 우리는 성경의 말씀을 타계적 구원에만 연결되어서는 안 되며, 이 세상에서의 행복과도 맞물리게 하여야 한다(요삼 1:2). 이 세상에서의 행복한 삶을 추동하는 복음의 역동성이 요청되는 것이다. 이 같은 하나님 사랑과 이웃 사랑의 복음을 실천하는 교회가 되기 위해, 우리는 우리의 교리와 목회의 방향을 오늘의 시점에서 재정렬하는 것이 필요할 것이다.

세부 정책 과제	상세 과제	설명	비고
(1) 교단 신학의 정체성 확립하며 목회생태계 회복을 위해 노력한다.	① 변화하는 세상에 대응하는 신학 논의를 활발하게 전개한다.	- 복음에 대한 믿음을 회복하는 신앙 운동과 신학적 성찰을 강화한다. - 신학연구 진작을 위한 펀드를 만든다. - 교단 내 신학대학들의 도서관을 디지털화하여 일반인들도 사용할 수 있게 한다. - 신학 관련 서적의 발간과 자료 번역을 위한 신학연구 뱅크를 개설한다. - 실천신학의 연구를 강화한다. - 공공신학에 대한 이해를 증진한다. - 요리문답(교리문답)의 개선이 필요하다.	오늘의 시대에 교회론과 목회론을 새롭게 정립: 영국교회의 FxC(Fresh Expression of Church), 미국교회의 선교적 교회(missional church) 처럼 교회 성장에 치중하는 것을 지양하여 하나님의 선교에 입각한 교회론이 요구된다. 평신도 역량을 강화하며 전 성도가 함께 일하는 교회가 되는 것이 중요하다. 이를 위해 기존의 구역조직과 소그룹을 강화해나갈 필요가 있다.
	② 새롭게 대두하는 사회 문제에 대한 신학적 성찰을 진작한다.		

(2) 목회에 있어 예배와 예전을 강화하여 영적 공동체로서의 교회의 모습을 세운다.	① 말씀 선포와 성례전의 균형을 통해 예배공동체의 본질을 회복한다.	- 성찬을 절기별로 의미 있게 시행한다.	
	② 교회력에 따른 그리스도 중심적 예배를 강화한다.		
	③ 세대 통합적 예배를 강조한다.		
	④ 예배와 예전에 대한 교회 교육을 강화한다.		
	⑤ 유아 세례와 아동성찬의 문제를 숙고하여 세례자 교육을 강화한다.	- 세례식, 입교식의 예전적 의미를 강화한다. - 유아 세례를 받은 아동들이 성찬식에 참여하게 한다.	유아 세례자의 연령자격 규정 변경에 대해 검토한다. 입교의 나이를 낮추는 문제에 대한 검토가 필요하다.
(3) 말씀 선포의 효율화를 위한 성경 교육을 강화한다.	① 교단 전체의 성경 교육 프로그램을 정비한다.	- 성경 연구와 설교를 연결시킨다.	신학대학에서의 성경 교육을 강화한다.
	① 기독교 영성에 대한 재정의가 필요하다.		
	② 신학대학에서 영성 훈련을 강조한다.		

(4) 교단의 영성 훈련 시스템을 재고하여 강화한다.	③ 교회에서의 영성훈련을 강화한다.		
	④ 영성훈련 방안으로서 기도원 스테이를 검토한다.		
	⑤ 개인과 가정에서의 영성훈련 모델을 제시한다.	- 영성훈련을 위해 가정예배를 강화시킨다.	세속화된 사회에서 가정의 신앙생활 모범을 제시한다.
	⑥ 생태영성을 강화한다.		
(5) 예배 갱신을 위해 노력한다.	① 예배의 의미와 목적에 대한 신학적 의미를 명료화한다.	- 교회에서 행해지는 모든 사역들이 예배로 귀착되도록 한다.	
	② 예배 모범을 갱신한다.		성시교독문을 보강한다.
	③ 예배음악의 제고를 위해 노력한다.		
	④ 예배에 사용되는 예식기구들에 대해 연구한다.		
	⑤ 4차 산업 혁명 시대의 예배 갱신에 대해 연구한다.	- 특히 코로나19 시대의 온라인 예배 신학을 정립하고, 이에 따른 예배 매뉴얼을 교단적으로 만든다.	

정책 과제 2) 4차 산업 혁명 시대의 교회와 목회

"말씀이 육신이 되어 우리 가운데 거하시매 우리가 그의 영광을 보니 아버지의 독생자의 영광이요 은혜와 진리가 충만하더라."(요 1:14)

오늘날 인류는 4차 산업 혁명 시대를 맞게 되었는데, 그 변화의 추세는 코로나19로 인해 더욱 빨라지게 되었다. IT 산업의 발달과 교통 통신의 발전으로 정보화의 추세가 점점 더 강화되고 있는 것이다. 이에 교회는 이 같은 인공지능 시대에 우리의 선교와 교회 행정을 어떻게 변모시켜야 할지 고심할 필요가 있다.

신약성경 시대에 예수 그리스도의 복음이 세계화될 수 있었던 중요한 요인들 가운데 하나는 신약성경이 헬라어 코이네(Greek Koine)로 쓰였다는 데 있다. 성경이 그 당시 유대인의 언어로 쓰였다면 오늘과 같이 세계화하는 되기 어려웠을 것이다. 로마에 의한 세계정복의 결과 발생한 지중해 연안의 헬라어 사용과 광범한 고속도로의 정비는 예수 그리스도의 복음 전파의 좋은 수단이 될 수 있었으며 하나님께서는 그때를 기다리셨던 것이다(갈 4:4).

15세기 독일의 구텐베르크는 금속활자에 의한 새로운 인쇄기술을 발명했으며, 이러한 인쇄술로 인류는 대량의 서적들을 배포할 수 있게 되었다. 이전에는 배포된 성경의 숫자가 적으므로 성경해석의 권한이 사제들에게만 있었다. 그러나 인쇄술의 발견은 많은 평신도들의 성경 소유를 가능하게 하였으며, 이에 개신교는 성경해석권이 교회에만 있는 것이 아니라 일반 개인에게도 있는 것임을 말했다. 개신교는 당시의 새로운 미디어 기술의 발명에 맞춰 발 빠르게 움직였으며, 이로 인해 만인

사제설, 오직 성경으로만(sola scriptura), 오직 믿음으로만(sola fide)의 구원 등의 개신교 교리를 강화하게 되었던 것이다. 이와 같이 새로운 매체의 등장은 우리의 선교를 다시 살피게 한다. 오늘날 우리는 발전된 미디어를 사용함으로 복음 선교를 더욱 원활하게 할 수 있을 것이다(히 1:1-2).

세부 정책 과제	상세 과제	설명	비고
(1) 온라인을 통한 선교를 강화한다.	① 총회가 운영하는 포털 사이트를 만든다.		
	② 유트브를 비롯한 사이버 공간에서 기독교 선교를 확산한다.	- 온라인 교회 개척 플랫폼을 교단적으로 개발한다.	이 같은 온라인 교회 개척은 포스트 코로나 시대에 더욱 요긴한 것으로, 지속적 연구가 필요하다.
	③ SNS 등을 활용한 선교를 강화한다.		
	① 총회 행정을 디지털화하기 위해 지속적으로 투자하고 개선한다.	- 총회의 각종 보고서들을 위시한 모든 문건들을 정리하여 온라인상으로 소통하고 보관한다. - 총회 자료와 목회자료 및 기타 정보들의 공유를 위해 총회 차원의 아카이브를 구축한다. - 총회 회의록과 주요 문서들을 디지털화하여 보관하며, 총회와 노회의 회의를 온라인 방식으로 개선한다. - 총회 네트워크의 보안 기능을 강화한다.	아카이브를 운영할 전문인력과 훈련된 자원봉사 그룹을 육성한다. 일선 목회자들과 교회 구성원들이 아카이브의 자료들을 용이하게 사용할 수 있도록 사용자 중심의 체제를 만든다. 이를 위해 목회정보지원 센터와 교육훈련처를 연계한 효율적 체제를 구축한다.
	② 교단 내 방송사 및 매스컴들이 서로 연대한다.		
	③ 데이터베이스와 인트라넷을 적극 활용한다.		

	④ 총회가 매년 조사하는 통계들이 미래에 대한 예측을 가능하게 하는 데이터가 될 수 있도록 기획한다.	- 총회의 정책 결정을 뒷받침하는 기초 통계조사를 실시한다. - 교세통계의 정확도를 높이기 위한 연구를 시행하며, 교세통계를 해석하여 활용도를 높인다. 이를 위해 총회 통계부서를 강화한다. - 교세통계를 세분하고 집단별 분석방안을 마련하여 시행한다.	이를 위한 인터넷 서식들을 준비한다.
(2) 교단 행정의 효율화와 전산화를 위해 노력한다.	⑤ 각 노회 및 각 교회들의 홈페이지들을 총회와 네트워크한다.	- 총회행정의 효율화를 위하여 총회와 노회 간의 행정을 완전히 전산화한다. - 각 교회 행정 전산화를 위한 컴퓨터 프로그램을 총회가 만들어 보급하고, 각 교회의 컴퓨터 시스템을 총회의 컴퓨터 시스템에 연동하는 방안에 대해 검토한다.	
	⑥ 총회의 홈페이지를 영어로도 만든다.		세계 교회와 정보를 공유한다.
	⑦ 각 부서들의 활동 사항이 드러나는 홈페이지로 운영한다.		ERP(전사적자원관리) 시스템을 도입한다.
	⑧ 한국교회와 총회의 보안기능을 강화한다.		
	⑨ 교회 재정관리 컴퓨터 프로그램을 업그레이드한다.		
	⑩ 총회 전산팀의 역량을 강화한다.		
	⑪ 사이버훈련원의 역할을 강화한다.		

정책 과제 3) 지역 사회와 목회

"하나님은 다만 유대인의 하나님이시냐 또한 이방인의 하나님은 아니시냐 진실로 이방인의 하나님도 되시느니라."(롬 3:29)

2017년 대한예수교장로회 102회 총회(통합)는 '마을목회'를 정책 과제로 삼고 운동을 시작해왔다. 마을목회는 "그리스도의 진정한 사랑으로 마을을 품고 세상을 살리는 목회"로서, 정체기에 있는 각 교회들이 실천한 생존전략들을 이론화한 실천적 목회 전략이다. 마을목회는 이론을 먼저 세우기보다는 잘 운영되는 성숙한 교회들의 수백의 사례들을 수집하여 그로부터 정리한 목회의 실천방안인 것이다. 전도하기 위해서는 교회 밖의 사람들과의 접촉이 필요하며, 그들과의 관계 속에서 기독교의 복음을 전함으로 우리는 보다 효과적인 구원의 사역을 전개할 수 있을 것이다. 이에 우리 교회들은 주민 전체를 교인으로 생각하며, 마을 전체를 교회로 보아 그들을 주님께로 인도하는 선교적 교회의 사명을 다해야 할 것이다.

세부 정책 과제	상세 과제	설명	비고
(1) 현대 사회의 변화에 맞춰 목회를 다양화한다.	① 현대 사회의 변화에 따라 목회 모델의 다양화를 추구한다.	- 다양한 장소와 환경에 맞는 다채로운 목회를 창출해낸다.	
	② 사회적 자본 확충을 통한 사회적 영향력 강화를 도모한다.		
	③ 교회의 공동체성을 강화한다.		
	④ 소그룹을 활성화한다.		

(2) 교회 내 소통을 강화한다.	① 소통을 강화하고 갈등을 사전에 예방한다.		
	② 다양한 관계로서의 소통을 강화한다.	- 담임 목사와 당회원 - 남성 신자와 여성 신자 - 세대 간의 소통 - 항존직 간의 소통 - 교회 내의 기존 그룹과 새로운 신자 간의 소통	
(3) 마을목회를 통한 전도와 선교 역량을 강화한다.	① 하나님의 사랑으로 마을(도시)을 품고 세상을 살리는 마을목회 운동을 활성화한다.	- 행복하고 건강한 도시와 마을 공동체를 만들기 위한 교회의 역할들에 대해 광범위하게 연구한다.	지역의 교회들이 연합하는 지역 에큐메니즘(교동협의회)이 마을목회에 필수적이다.
	② 마을목회의 신학에 기반하여 각 영역별 사회봉사 매뉴얼을 만든다.	- 마을학교(마을에 기숙학교를 만들어 지원) - 마을복지(지역 사회복지, 커뮤니티 케어, 긴급구호) - 마을은행(신용협동조합) - 마을기업 - 마을병원 - 마을센터(동사무소) - 마을환경지킴이 - 마을문화 가꾸기 - 마을 호스피스 센터 지원 - 마을교회 - 공동육아 운동 - 교회의 여유 공간을 지역 사회와 공유한다. - 협동조합 운동 제고 - 마을목회에 기반한 세계선교	특히 코로나19 시대에 긴급구호나 목회 지원이 필요한 곳이 많아졌는데, 이에 대한 대책 수립이 요청된다. 코로나19로 말미암아 교회에 여러 어려움은 있지만, 교회가 하여야 할 일들은 더 많아지게 되었다. 이에 교회가 이런 일들을 잘 찾아 마을목회에 임하게 된다면 더 나은 미래를 기약할 수 있을 것이다.
	③ 교회와 연계할 수 있는 지역별 사회복지 기관들의 리스트를 책으로 엮는다.	- 청소년들의 자원봉사 프로그램을 교회가 마련한다. - 향후 10년 동안 노회나 시찰들이 구체적으로 지역 사회를 위해 실천할 수 있는 정책 과제들을 정리한다.	교인들의 사회를 위한 자원봉사를 활성화하며, 이를 위한 일들을 체계화한다.

(4) 총회의 사회 선교를 활성화한다.	마을목회의 개진과 함께 인권운동, 평화운동, 환경운동, 사회복지, 재해구호, 북한 선교, 사회적 이슈에 대한 교회적 응답 등, 사회 선교적 과제들을 보다 효율적으로 수행한다.		

정책 과제 4) 교회 학교 교육과 세대별 교육의 강화

"오늘 내가 네게 명하는 이 말씀을 너는 마음에 새기고, 네 자녀에게 부지런히 가르치며 집에 앉았을 때에든지 길을 갈 때에든지 누워 있을 때에든지 일어날 때에든지 이 말씀을 강론할 것이며, 너는 또 그것을 네 손목에 매어 기호를 삼으며 네 미간에 붙여 표로 삼고, 또 네 집 문설주와 바깥 문에 기록할지니라."(신 6:6-9)

다음 세대를 위한 교회 학교의 교육 또한 우리에게 당면한 주요 이슈 가운데 하나다. 특히 학교 교육과 가정교육을 포괄하는 교회 학교의 통합교육에 대한 연구가 필요하며, 이를 구현하기 위한 온오프 라인의 교재개발 또한 중요한 일이 될 것이라 생각한다.

세부 정책 과제	상세 과제	설명	비고
	① 총회가 교회 교육의 개혁을 위한 중장기 목표와 정책을 제시한다.		한국교회가 교회 교육 개혁에 대하여 공론화한다.
	② 교회 교육에서 예배와 예전에 대한 교육을 강화한다.		

	③ 교회 학교 교육을 디지털화하는 문제에 대해 검토한다.	- 교단 내 기독교 TV 등과 협력하여 디지털 교육교재 개발을 위해 노력한다.	코로나19로 다음 세대를 위한 교육이 여기저기서 붕괴되고 있다. 특히 작은 교회들은 더 어려움이 있는데, 이런 교회들을 위해 큰 교회들이 온라인 교육 컨텐츠들을 제공하는 것이 요긴하다 생각된다.
1) 교회 학교 교육의 활성화 방안을 제시한다.	④ 학교 교육에 연결되는 교회 학교 교육 프로그램을 개발한다.	- 원포인트 통합교육: 교회교육+학교 교육+가정교육	방과 후 학교를 통한 중고등학교 선교를 진작한다.
	⑤ 공과교재의 다양화를 추구한다.	- 검인 공과교재 제도를 두어 교재를 다양화한다.	교재 판매망을 넓혀 소비자가 쉽게 구매할 수 있도록 한다.
	⑥ 총회가 중장기 교육목표를 설정하고 정책을 제시한다.		
	⑦ 일인가구(싱글), 다문화가구 등을 고려하는 목회적이며 교육적 대안을 제시한다.		
	⑧ 예배 예전에 대한 교육을 강화한다.	- 유아성찬과 아동세례의 시행을 계기로 이에 대한 교육을 강화한다.	
	⑨ 미자립 교회의 교회 교육을 지원한다.		
2) 다음 세대, 2030세대, 중장년층세대, 실버세대 각각을 위한 세대별 목회와 교육을 강화하며, 교회학교와 가정과 학교를 통합하는 교육을 지향한다.	① 세대통합교육을 지향하며 가정의 신앙교육을 강화한다.	- 다음세대, 3040세대, 실버세대 등 각 세대에 적합한 교육과 목회를 실시한다. - 삼 세대 통합교육을 지향한다. - 세대 통합적 예배를 기획한다. - 가정과 학교를 연계한 교육을 강화한다.	세대별 목회와 교육을 강화한다. 다음세대 교육을 위한 노회 단위의 거점교회를 육성한다. 기존 구역을 세대 통합의 구역으로 재편한다. 세대별 전문사역자를 육성한다.

② 총회가 다음세대 교육에 역점을 둔다.	- 중고등학교의 청소년을 위한 새로운 문화공간을 만들어 준다. - 다음세대 신앙교육을 위한 멀티미디어 영상을 개발한다. - 총회 차원에서 학원 선교를 지원하는 기구를 만든다.	

정책 과제 5) 교육과 지도력 개발

"예수께서 나아와 일러 가라사대 하늘과 땅의 모든 권세를 내게 주셨으니, 그러므로 너희는 가서 모든 족속으로 제자를 삼아 아버지와 아들과 성령의 이름으로 세례를 주고, 내가 너희에게 분부한 모든 것을 가르쳐 지키게 하라 볼지어다 내가 세상 끝날까지 너희와 항상 함께 있으리라 하시니라."(마 28:18-20)

기독교의 복음 선포는 교육 및 양육과 함께 진행된다. 가르치는 일이 없인 복음에 대한 선교도 가능치 않다. 성령의 조명을 통해 하나님의 말씀을 가르쳐 지키게 함으로 우리의 구원은 진행되며 선교의 일도 진척된다. 이에 이 같은 가르침을 위해 우리는 가르칠 내용을 정리할 필요가 있으며, 또한 효율적으로 가르칠 방법과 매체를 잘 선택하는 것이 중요하다. 특히 오늘의 시대에 발전한 인터넷과 SNS 등의 IT 기술의 활용은 우리의 선교를 보다 효율적으로 변모시킬 것이다.

오늘의 지역선교를 위해선 평신도 역량의 활성화가 귀중한데, 평신도교육을 위한 다양한 콘텐츠와 교육방법의 모색이 필요하다. 목사후보생들의 교육과 목회자들의 계속교육도 다양한 접근을 통해 연구되어야 할 것이며, 이와 함께 본 교단 내의 신학대학들의 구조조정도 병행되어야 할 것이다.

세부 정책 과제	상세 과제	설명	비고
(1) 목사 후보생들의 양성과정과 교육을 개선한다.	① 목사가 되기 위해서 목회자 양성 기간 동안에 사명, 영성, 인간성 등을 훈육하며 특히 성경을 해석할 수 있는 역량을 키우도록 한다.	- 신학대학에서의 성경 교육을 강화한다. - 교회지도자들의 인문학적 소양을 강화한다.	목회자 양성을 위한 커리큘럼에 교단 정책에 대한 이해, 인성교육, 영성교육, 이단 이해, 리더십 교육, 마을목회 등을 포함하도록 개선한다.
	② 목회자 후보생의 선발을 적정화한다.	- 신학대학원 지원자의 70%만 모집하는 문제에 대해 검토한다. - 목회자 공급 과잉으로 인한 부작용 해소책으로 이중직 허용, 해외 선교사로 파송, 북한 선교 인력 양성, 특수목회지에 파송하는 등의 대안에 대해 고려한다.	목회자 후보생 선발을 지식 측정식에서 전인 측정식으로 변환 코로나19로 인해 신학대학의 신입생 수와 재학생 수가 격감하고 있는 상황이다. 이런 때 총회와 신학대학들은 특단의 대책을 세워야 할 것이다. 구조조정이 필요하며 아울러 신학대학을 활성화하기 위해 목회자 후보생들을 위한 일자리 창출도 힘써야 할 것이다.
	③ 신학교에서도 교회 목회와 특수목회 대상자들을 분리하여 교육한다.	- 선교사 지원생들도 별도로 교육하는 것이 바람직하다. - 특수목회를 담당할 목회 후보생들을 위한 추가적 교육과정이 필요하다.	입학 후 일정 기간은 공통된 신학 교육을 받은 후 사역의 방향을 정하게 한 다음 이에 맞는 교육을 한다.
	④ 필수과목 교과서들을 통일한다.	- 교단 내 신학대학 교수들이 힘을 합해 적절한 교과서를 만든다.	
	⑤ 온라인을 통해 7개 신학대학의 교육을 연계한다.	- 교단 내 신학대학들의 원격교육을 활성화하여 강의들을 적극 교류한다.	장신대 내에 7개 신학대학을 아우르는 방송국을 마련한다. 이를 위해 교단 내 방송국들을 교육에 이용한다.

	⑥ 외국에 있는 이민교회들과 선교사들의 교육을 지원하기 위한 원격교육 프로그램들을 개발한다.		
	⑦ 교단 내 신학자들의 책들을 일괄 출판하는 출판 시스템을 마련한다.		
	⑧ 신학대학원생들의 졸업논문을 의무화하는 문제를 재고한다.		
	⑨ 7개 신학대학들이 저렴하게 사용할 수 있도록, 제주도의 이기풍 기념관을 개편한다.		
	⑩ 7개 신학대학을 구조 조정한다.	- 신학대학들의 유연한 연합을 도모한다.	
	⑪ 7개 신학대학들을 각각 특성화하고 전문화한다.	- 각 대학교 내에 중점 연구소들을 육성	
	⑫ 해외 연구소들의 건립을 추진한다.		
	⑬ 신학생들의 단기선교 및 견습 선교 장려책을 모색한다.		
	⑭ 외국학생들을 위한 교육 프로그램을 개발한다.	- 국내 여행 - 국내 교회에서의 봉사 - 교회 방문 프로그램들의 개발	
	⑮ 목사고시 합격자 수를 조정한다.	- 목사고시 시험방법의 변경	
	⑯ 신학대학원의 하나됨을 위한 노력을 한다.	- 7개 신대원 졸업생들이 함께 하는 수학여행을 실시한다.	

(2) 목회자 계속 교육을 강화한다.	① 목회자 계속교육을 강화한다.	- 노회 임원과 총회 각 부서 임원들을 위한 직무교육과 훈련을 실시한다. - 각 지역의 (권역별)신학교와 연계하여 목회자 계속교육을 실시한다. - 온라인 목회자 계속교육 체제를 만든다. - 각 노회별 총대 모임을 통해 총회의 주요안건에 대한 이해를 강화한다.	목회자 계속교육을 노회원 수련회와 결합하여 발전시키는 방안을 마련한다. 설교, 영성, 신학, 성경 등 균형이 맞는 교육이 필요하다(인문사회학, 정신 건강 등).
	② 전도교육과 훈련을 강화한다.		
	③ 은퇴목회자 교육을 실시한다.		부교역자, 담임 목사, 은퇴 목사 등 목회자 생애주기에 적합한 목회자 계속교육을 강화한다.
	④ 무임목사 교육을 실시한다.		
	⑤ 목회자 계속교육을 원격 교육화한다.		목회자들의 설교 준비를 돕는 웹사이트 등을 마련한다.
	⑥ 여성 목회자들의 지도력을 육성한다.	- 여성 목회자를 위한 인큐베이팅의 기회를 제공한다. - 교회를 개척하는 여성 목회자를 위하여 다방면의 교육기회를 제공한다.	여성 목회자들이 담임목회자로 진출할 수 있는 길을 확대한다.

	⑦ 목회자 윤리강령을 강화하고 교육한다.	- 양성평등, 재정의 투명성, 담임 목사와 부목사와의 관계 등에 대한 교육 등을 강화한다. - 목회자 윤리를 제고하여 교회의 사회적 신뢰를 회복한다.	- 목회자 윤리 자가 점검표를 배부하여 시행한다. 목사안수 시, 목사 청빙 시, 부목사 계속 청원 시에 윤리강령에 따른 서약서를 의무적으로 제출하게 한다. - 목사안수나 목사 청빙, 신학교 추천 시에 범죄 기록을 조회하여 무흠 여부를 확인할 수 있도록 관련 규정을 개정한다. - 사고(범법) 목회자에 대한 관리(교육, 회복 포함) 방안을 마련한다. - 노회에서 의무적으로 성윤리 교육을 시행하게 하며, 개별적인 성윤리 교육을 사이버 공간에서도 받을 수 있도록 한다.
(3) 각 지역 신학대학과 연계하여 평신도 역량 제고를 위한 평신도 교육을 강화한다.	① 온라인 성경 교육을 강화한다.	- 이전의 통신 공과를 원격 교육 시스템으로 전환하여 실시한다.	기독교 TV와 협력하여 책별 성경 교육을 위한 동영상을 개발한다.
	② 세례자 교육 강화	- 교리문답 정비 - 어린이용 교리문답 만듦 - 교리문답 해설서 - 현대인을 위한 교리문답 등을 마련	본 교단의 신조들을 새로 번역한다. 신조들에 대한 해설집을 만든다.
	③ 장로임직 교육을 제도화한다.	- 장로 리더십 함양 위한 프로그램을 강화한다. - 장로 부노회장들을 위한 특별 교육 프로그램을 만든다.	장로 재교육을 의무화한다.
	④ 제직들의 교육과 훈련을 강화한다.	- 구역장 교육 프로그램을 마련한다. - 여성 리더십을 확대하는 방안을 마련한다. - 여성 장로를 위한 교육을 시행한다.	구역의 개념 전환이 필요하며, 이에 따른 소그룹 운영 방법 및 교재가 개발되어야 한다.

	⑤ 교사교육 프로그램을 마련하여 시행한다.		다음 세대에 대한 이해 및 적절한 교수 방법과 내용에 관한 교사교육이 필요하다.
	⑥ 찬양대원들을 위한 교육 방안을 마련한다.		
	⑦ 제자 훈련 교재를 마련한다.		
	⑧ 통일선교대학(장신대와 남북한 선교통일위원회), 평신도대학원(전장연), 여성계속교육원(여전도회전국연합회), 리더십아카데미(신학대학교 내) 등의 평신도교육을 지원한다.		
	⑨ 외국의 이민교회 신자들을 위한 원격교육 프로그램을 마련한다.		
	⑩ 평신도 전문직 선교사 교육과정을 만들어 시행한다.		
	⑪ '프런티어목회센터'를 총회와 신학대학들 내에 둔다.	이를 통해 기존 교회의 목회 외의 사역을 위해 목사 후보생들을 준비시키고 파송할 수 있도록 한다.	군선교사, 교목(방과 후 교사, 상담교사), 사목, 원목, 경목, 형목, 마을목회 사역자, 전문직 선교사, 기독교 관련 사회복지 시설 사역자, 카페 미니스트리 사역자 등의 훈련과 파송

정책 과제 6) 교회 체제 개혁과 교단 행정의 효율화

"몸은 하나인데 많은 지체가 있고 몸의 지체가 많으나 한 몸임과 같이 그리스도도 그러하니라."(고전 12:12)

우리 교단의 행정을 위해 중요한 것이 두 가지 있다. 조직과 규정이다. 이 두 가지 모두 조직 자체를 위한 것이 아니라, 교단의 목적을 원활히 수행하기 위한 방편들이다. 한 번 조직을 만들면 그 조직 자체를 유지하기 위한 노력들이 더 커지게 되는 데 이를 지양해야 할 것이다. 자체 내 조직체로 움츠러드는 것을 지양하여 다른 조직체들과 소통하고 협력하는 하나 됨을 위한 조직문화를 형성하는 것이 필요할 것이다. 무엇보다 지난 기간 동안 전체적으로 간과한 교단의 헌법과 규정들을 재정비하는 일은 중요한 일이 될 것이다. 21세기는 정말 많은 변화가 예상되고 있으므로 민주적 절차에 따라 의사결정을 하는 교단으로 발전해나가야 할 것이다.

세부 정책 과제	상세 과제	설명	비고
(1) 총회의 기능적인 측면을 제고한다.	① 총회의 사명과 비전을 담은 2030 정책 문서를 만든다.	- 한국교회 발전을 위해 2030 정책 문서에 대한 보급을 확산한다.	
	② 총회 본부에 대한 개혁을 추진한다.		
	③ 총회 총대의 숫자를 조정한다.	- 총대 수를 줄이는 방안에 대해 검토한다. - 여성 총대 의무 할당제를 실시한다. - 총대의 비례대표제(직능대표제)를 도입한다. - 총회 총대의 연령별 균형을 맞춘다.	총회 차세대 지도력 육성 방안을 마련한다.
	④ 총회 경계를 효율적으로 재조정한다.	- 모든 노회들을 행정구역별로 개편하는 문제에 대해 검토한다.	
	⑤ 총회 통계조사에 있어 전문화를 기한다.		

	⑥ 총회 재정의 안정적 확보 방안과 효율적 사용방안을 마련한다.	- 총회 재정의 건전성 유지 방안에 대해 검토한다. - 총회 재단들의 안정화를 기한다. - 한국교회100주년기념관과 총회회관(총회창립100주년기념관)을 비롯한 총회의 자산 관리 개선 방안을 마련한다.	교단의 재정과 유지재단의 체제를 정비한다.
	⑦ 총회 본부의 행정매뉴얼을 정비한다.		
(2) 총회의 제도를 전반적으로 개편한다.	① 시대의 변화에 따라 장로교회의 제도를 개선한다.		노회의 권한 강화
	② 선거제도를 개편한다.		
	③ 회의제도를 개편한다.		총회 시 문화 행사의 필요성
	④ 미자립 교회와의 동반성장을 위해 노력한다.	- 이를 위해 마을목회 차원에서의 이중직 문제를 검토해 볼 필요가 있다.	
	⑤ 예산제도를 정비한다.	- 총회 재정을 안정적으로 확보하기 위한 방안을 마련한다.	총회 재정 감소에 따라, 총회 회의비 및 인건비 등을 축소한다.
	⑥ 감사제도를 강화한다.		
	⑦ 목사고시 제도를 개선한다.	- 신대원 평점 40%, 교회 내 현장실습 평가 20%, 노회교육 평가 10%, 논문 10%, 10분 설교 평가 10% 등 - 청목 제도를 개선한다.	목사고시 합격자의 정원을 총회가 조정
	⑧ 총회 인사제도를 개선한다.		
	⑨ 총회 공천제도를 개선한다.		

	⑩ 치리 기능을 가진 대회제보다 선교와 교육 관련 기능을 가진 대회 제도를 개발한다.	- '정책 총회, 사업 노회, 총회 훈련원'의 슬로건을 '정책 총회, 사업 권역, 행정 노회'의 슬로건으로 바꾸고, 노회의 행정과 목회 지원, 훈련 기능을 강화한다. - 권역별 선교협의회를 운영하는 방안에 대해 연구한다. - 권역별 대회를 신학교를 중심으로 운영한다. - 지속적으로 총회, (권역별) 대회, 노회의 역할을 명료하게 하는 기구 개혁을 시행한다.	총회 노회 교회 간의 거버넌스를 개혁한다. 총회나 대회, 노회의 회의비를 줄여서 적정선을 유지하도록 조절한다.
	⑪ 원로목사제, 임시목사제의 폐지를 검토한다.	- 대신 연금제도를 강화한다.	
	⑫ 목사와 부목사 봉급을 호봉제로 운영한다.	- 목회자 생활비 평준화 방안에 대해 검토한다.	
	⑬ 특별위원회와 자문위원회를 축소한다.		남북한 선교통일위원회를 상임부서로 조정한다.
	⑭ 부목사 연임 청원 제도를 개선한다.	- 부목사 연임 청원 기간을 1년에서 3년으로 변경한다.	
	⑮ 교인들의 이명 제도를 합리화한다.		
(3) 총회의 법과 규칙을 정비한다. (총회헌법의 전면적 검토)	① 장로교회 제도와 장로교회 법에 대한 연구를 강화한다.	- 헌법을 새롭게 정비한다. - 총회 조직을 입법 사법 행정의 영역으로 분립하여 전문화한다. - 총회 중앙위원회 설치에 대해 연구한다. - 대의제로서의 장로교회 제도를 발전시킨다.	
	② 교단 내 규칙들을 재정비한다.		

	③ 교회표준정관, 교회 재정조례서 등을 마련한다.	- 총회헌법, 규정, 관례, 정책, 제도의 혁신과 일관성 유지 방안에 대해 검토한다. - 총회의 각종 매뉴얼들을 개편하고 이를 보급한다.	총회유지재단과 노회유지재단 운영 매뉴얼을 개편하고, 산하기관의 정관을 보완한다.
	④ 법리 부서들의 갱신: 교회 내 갈등을 중재하고 해소에 일조하는 기구들로 갱신한다.	- 총회는 교회 내 갈등 양상과 현황을 연구하고 대안을 모색한다. - 제1재심재판국, 제2재심재판국, 특별재심재판국, 기소위원회의를 폐지한다. - 재판국을 화해중재위원회로 대체한다.	교회 내 갈등을 줄이고 중재하려는 노력과 구조가 필요하다. 형사 사건은 사회법에 맡기고 신앙과 교리에 관한 건만 재판하도록 한다. 법리 부서의 위원들은 법률지식과 교회에 대한 이해를 갖춘 목사와 장로가 담당하도록 하며, 이를 위한 전문가들을 총회가 양성한다.
	⑤ 세례와 성찬 등의 교회 예전에 관한 규정들을 변경하는 문제에 대해 검토한다.		
	⑥ 교육목사 제도를 마련한다.		음악목사제 포함
	⑦ 총회 부서를 5개 처로 개편한다.		총회 직원의 처우를 개선한다. 임금피크제를 실시한다.
	① 유지재단의 운영을 원활하게 한다.		

(4) 총회 산하단체와 산하기관의 관계를 강화하며 혁신 방안을 마련한다.	② 연금재단의 운영을 원활하게 한다.	- 저출산 고령화 저이자 시대를 맞아 총회연금의 지속가능성을 확보하도록 지급률을 조정하는 등 제도를 개선한다. - 총회연금재단이나 연금가입자회에 부목사와 선교사의 의견을 수용할 수 있는 제도적 장치를 마련한다. - 총회연금제도에 대해서 매5년마다 평가하고 제도를 지속적으로 개선한다. - 전문가들이 중심이 되어 안정적으로 기금을 운용하는 장치를 마련하고, 위기관리 방안을 강화한다. - 기부를 통한 총회연금의 지속가능성 증대방안에 대해 연구한다.	총회연금의 안정적 운영과 연금 미가입 목회자와 미자립 교회 목회자의 노후 생활을 위한 안전장치를 마련한다. 고수익 고위험 투자를 금지한다. 직접투자를 금지한다. 연금 수급률 20% 삭감 등을 골자로 하는 총회연금제도의 정비를 추진한다.
	③ 7개 신학대학에 대한 구조조정을 실시한다.		신학대학교운영위원회를 일원화한다.
	④ 총회와 산하기관들의 유대를 강화한다.		
	⑤ 산하기관들의 정관을 정비한다.	- 총회 산하기관에 대한 총회 파송 당연직 이사 수를 늘린다.	
(5) 교회 내 갈등 중재와 갈등 예방 방안에 대해 모색한다.	① 교회 내 리더들 간의 갈등 중재 방안을 모색한다.		
	② 세대 간 소통을 강화하고 이를 위한 프로그램을 만든다.		
	③ 갈등을 중재할 수 있는 화해조정위원회 활동을 강화한다.		
	④ 총회는 교회 내 갈등을 예방하고 중재할 수 있는 방안들에 대해 연구 검토한다.		

(6) 기타	① 직원교육과 평가를 제고한다.	- 직원 업무 능력 강화 방안의 일환으로 연수, 교육, 세미나, 상담 등을 체계적으로 시행한다. - 역량평가 제도를 정비한다.	총회 직원들의 해외연수 방안을 마련한다.
	② 사회와 소통을 강화한다.	- 사회와의 소통을 위한 홍보를 강화하며, 총회 대변인제를 도입한다. - 목회자 윤리강령의 시행을 언론을 통해서 홍보한다.	언론대책, 총회 이슈 홍보, 안티기독교에 대한 대처, 사회이슈 등에 대해 효율적으로 대응한다.
	③ 교단발전을 위한 인재풀 제도를 마련한다.		기독실업인회의 조직
	④ 종교인 과세에 대해 검토한다.		
	⑤ 총회직원 수당제를 도입한다.		상임부서 수당지급, 특위 담당자 수당제 등을 정비한다.
	⑥ 한국기독공보를 관보화한다.		
	⑦ 노회보고서의 규격을 통일한다.		
	⑧ 원로목사와 원로장로 제도를 폐지한다.		
	⑨ 당회 운영을 민주적으로 한다.	- 정책 당회 시엔 각 부서장, 청년대표, 선교회장, 중고등부 회장 등이 참여토록 한다. - 여성대표가 당회원의 30%가 되도록 한다.	
	⑩ 목사 임기제와 장로 임기제에 대해 검토한다.		
	⑪ 위임목사 제도에 대해 재고한다.		

정책 과제 7) 선교와 전도 그리고 성도의 교제 강화

"좋은 소식을 전하며 평화를 공포하며 복된 좋은 소식을 가져오며 구원을 공포하며 시온을 향하여 이르기를 네 하나님이 통치하신다 하는 자의 산을 넘는 발이 어찌 그리 아름다운가."(사 52:7)

선교는 보통 M(mission, 선교)=E(evangelism, 전도)+N(nurture, 양육)+S(service: S.S.(social service, 사회봉사)+S.A.(social action, 사회적 행동)+F(fellowship, 교제)라는 공식으로 표현된다. 이에 있어 사회봉사는 구제 등의 교회가 하는 사회 사업을 의미하며, 사회적 행동은 사회의 구조악, 제도 등을 개선하기 위한 사회 정책적 측면의 관여를 말한다. 선교는 복음 전도뿐 아니라, 사회봉사 등의 여러 요소가 그 속에 포함된다. 이러한 요소들에 있어 어느 것이 우선(priority)적인 것인가라는 논의는 올바르지 못하며, 오히려 복음 전도가 선교의 중심(center)이고 핵심(core)이며, 나머지가 그 중심에 연관되는 것으로 보는 것이 바람직할 것이다. 아울러 선교를 위해서는 가르쳐 지키게 하는 것이 중요한 것으로, 이에 교육이 선교에 있어 필수적인 요소임을 확인하게 된다(마 28:20).

효율적인 선교를 하기 위해서는 복음의 전파와 함께, 하나님의 진정한 사랑을 이웃을 향해 구현할 필요가 있다. 이웃에 대한 사랑의 행실은 복음을 강력히 전달하는 길이 된다(마 5:16). 이 세상의 가난한 사람들과 약자들을 보호하며, 이 땅에 주님의 법과 정의를 실현하는 우리의 행위는 복음 선포의 귀중한 수단이 되는 것이다. 작금의 세계 선교도 하나님의 사랑을 전하는 곳에서 더욱 효과적으로 수행되고 있다. 선교는 말만의 전달이 아니며 사랑의 행동의 전달로서, 이 같은 하나님의 사랑을 실천적으로 전하는 것으로서의 실증전도(demonstration evangelism)가 위력을 갖고 있음을 우리는 많은 선교현장을 통해 경험하고 있다. 특히 금세기의 이슬람권 선교나 사회주의 국가에서는 직접적 선교의 어려움이 있어, '마을목회'의 중요성이 더욱 대두되고 있는 상황으로 우리는 이런 봉사를 통한 선교의 방법을 더욱 발전시킬 필요가 있다.

그간 우리 교단은 다양한 사회봉사와 함께 선교의 일을 추진해왔다. 지역의 공동체에 필요한 일을 찾아 성도들과 주님의 말씀을 전하는 일에 노력하여 온 것이다. 본 교단은 이런 통전적 선교의 일을 추진하며, 지난 동안 지역 사회 친화적 목회에 진력하여 온 것으로, 이와 같은 열린 교회의 모델을 더욱 발전시켜야 할 것이다.

세부 정책 과제	상세 과제	설명	비고
(1) 총회동반성장위원회의 체질을 개선하며 교회 개척을 적극 지원한다.	① 동반성장, 균형성장, 지속가능한 성장을 위한 전략을 강화한다.	- 동반 및 균형성장을 위해 500명 이상 교회는 미자립 교회와 연계하여 10명의 교인들을 미자립 교회의 예배자로 일정 기간 파송하며, 이를 통해 교회 간의 네트워크를 강화시킨다. - 동반성장 대상교회들과 목회정보를 공유한다. - 동반성장 대상교회 목회자를 지원하는 네트워크를 만들어 대화의 기회를 확대한다. - 미자립 교회의 교회 교육을 지원한다.	동반성장 전략의 동력이 약화되고 있음에 대비한다. 페이퍼 교회들을 관리한다. 자비량 목회를 인정하고 지원한다.
	② 미자립 교회 간의 연합과 합병이 필요하다.		
	③ 전략적이고 계획된 교회 개척 정책을 수립하여 시행한다.	- 인큐베이팅 시스템을 통해 교회를 개척하고 일정 기간 지원 관리한다. - 교회 개척을 위한 전문적인 매뉴얼을 만든다. - 신도시 지역의 교회 개척에 대한 특별대책을 수립한다. - 개척교회의 재개척 교육을 시행한다.	
	④ 전도목사의 전문역량을 강화하고 서로 간의 네트워크를 확대한다.		
	⑤ 도시개발지역에서 철거되는 교회에 대한 대책을 수립한다.		

(2) 국내 특수선교와 프런티어 목회에 대해 연구하고 이를 강화시킨다.	① 학원 복음화에 대해 연구하며 실천을 강화한다.	- 미션스쿨에 교목을 상시로 배치하는 것이 어려운 이때, 중고등학교 캠퍼스 선교를 위한 총회와 노회 차원의 조직적 체계가 요청된다. - 대학의 캠퍼스 선교를 체계적으로 기획한다. - 방과 후 활동을 통한 학원선교를 강화한다.	미션스쿨의 지원: 미션스쿨 교과서 마련, 중고등학교 기독학생회의 지원, 교회가 대학생 선교 단체들과 연대하는 등에 대한 실천방안들을 만든다.
	② 빠르게 늘어나는 국내 거주 외국인에 대한 목회적이며 선교적 대안을 마련한다.	- 이주민선교(북한이탈주민선교 포함)를 제고한다. - 다문화가정과 그 자녀들에 대한 목회적 교육적 대책을 마련한다. - 이주 노동자와 유학생들을 위한 선교적 방안을 마련한다.	
	③ 경찰선교의 발전방안을 마련한다.		
	④ 교정선교를 제고한다.	- 소망교도소 지원	
	⑤ 군선교 발전 전략과 지역 교회와 연계 방안을 검토한다.	- 군선교를 총회 및 지역 노회와 연계하여 체계화한다.	총회 차원의 군선교 체제를 만든다.
	⑥ 농어촌선교를 강화한다.	- 귀농 귀촌 센터를 활성화한다. - 협동조합 - 도시 농촌 교회 자매결연 - 농산물 직거래 - 농어촌 아동 센터 - 농어촌교회 현장 체험	귀농 귀촌 모범마을을 만든다. 농어촌선교(목회) 전략의 다양화가 필요
	⑦ 장애인 선교를 제고한다.	- 발달장애인 선교, 시각장애인 선교, 청각장애인 선교, 지체장애인 선교	
	⑧ 노숙인 선교를 강화한다.		
	⑨ 고령사회에서 노령층을 위한 노인 복지목회를 강화한다.	- 독거노인에 대한 선교 - 지역 경로당선교 - 빈곤노인층 선교	

⑩ 북한 선교에 대해 연구하고 실천한다.	- 마을목회를 통한 북한 선교 방안에 대해 연구하여 실천한다. - 북한교회를 연구하는 책을 출간한다. 북한교회사, 북한의 종교상황, 통일시대를 대비하는 선교와 목회, 외교 문제, 북한교회와 주민을 위한 경제적 지원 방안 등에 대한 연구를 한다.	
⑪ 직장에서의 일터신앙을 위한 교육 프로그램을 개발한다.	- 전문직 종사자들을 위한 윤리교육을 개발한다. - 직장 신우회를 도울 방안들을 검토한다.	총회 차원에서 사목 파송 체계를 만들어서 총회가 파송 지원하는 방안에 대해 검토한다.
⑫ 병원선교를 제고한다.		
⑬ 1인 가구 시대에 적합한 목회적 대안을 마련한다.	- 식탁 교제 활성화 - 공동체의 소속감 증대 방안 마련	나홀로(싱글) 라이프 목회에 대해 연구 실천한다.
⑭ 기타 사회변동에 따른 다양한 특수선교를 개발한다.	- 행복 취약층 선교에 대해 검토한다. - 이혼자 선교를 특성화한다. - 모바일 크리스천에 대한 선교를 모색한다. - 자살 위험이 있는 자나 자살자 유가족을 돌보는 선교를 제고한다. - 성소수자 선교에 대해 연구한다. - 30대 중반 이후의 미혼 청년들을 목회적으로 지원한다. - 저출산, 고령화 및 인구절벽 시대를 대비하는 교육을 실시한다. - 결손가정 자녀들을 목회적으로 배려한다.	

(3) 총회 세계 선교의 개선과 관련 기구의 정비 혹은 개선 방안을 마련한다.	① 해외 선교를 전략화한다: 기존의 선교사 선발, 훈련, 파송, 관리, 철수에 대한 매뉴얼을 개선한다.	- 해외 선교를 권역별로 추진하는 방안을 연구하여 시행한다. - 해외 선교가 해외 동역교회들과 협력하여 이루어지도록 조처한다. - 7개 신학대학 중 선교 분야를 특성화하는 대학을 육성한다.	파트너십(협력)과 참여 선교 모델로의 전환이 필요하다. 멤버 케어 지원행정 개선 등을 통한 세계 선교의 재편이 요청된다.
	② 해외 선교 활성화를 위해 웹사이트를 구축한다.		
	③ 선교사들을 위한 정기 교육 프로그램을 마련한다.		
	④ 전문인 선교사들의 교육과 체계적 관리를 제고한다.	- 전문인 선교를 포함한 새로운 선교수요를 검토하여 정책을 세운다.	온라인 교육체제를 마련한다.
	⑤ 은퇴선교사 등을 위한 출구 전략을 세운다.	- 은퇴선교사들을 위한 주거지를 마련한다.	선교지에서 추방된 해외 선교사들에게 국내의 다문화 선교를 맡긴다.
	⑥ 해외 선교를 권역별로 추진하는 방안을 연구 시행한다.		
	⑦ 해외 한인교회를 체계적으로 지원한다.	- 해외 이민교회들과 해외 선교에 있어 연대한다.	해외 미자립 교회 지원 해외 이민교회 성도 초청
	⑧ 마을목회로서의 해외 선교를 진작한다.	- 한아봉사회와 다일공동체의 밥퍼 사역 등을 지원한다.	해외 선교의 선택과 집중이 필요하다.
	⑨ 위기관리, 선교지 재산관리, 선교지 이양, 선교사 이임 문제 등을 포함하는 새로운 선교 행정을 모색한다.		
	① 4차 산업 혁명 시대에 공동체성을 강화하는 예배와 목회를 모색한다.		

(4) 변화된 21세기 선교에 적합한 다양한 목회 방식을 도입한다.	② 유튜브 등의 사이버 공간을 통해 기독교 메시지를 확산한다.		
	③ 가능한 한 기존의 교구를 세대 통합 교구로 재편하여 운영한다.	- 다음 세대, 3040세대, 실버세대들을 통합하여 구역을 구성한다.	
	④ 소그룹 사역을 통해 교인 간의 친교를 강화한다.		
	⑤ 홈페이지 없는 지역 교회들을 지원한다.		
	⑥ 증가하는 비출석 교인에 대한 대책을 마련한다.		
	⑦ 교회 성장을 위한 전도 전략을 마련한다.		

정책 과제 8) 에큐메니칼 운동과 세계화

"그에게서 온 몸이 각 마디를 통하여 도움을 받음으로 연결되고 결합되어 각 지체의 분량대로 역사하여 그 몸을 자라게 하며 사랑 안에서 스스로 세우느니라."(엡 4:16)

우리 교회는 세계화 시대에 한국교회를 세계 속의 교회로 발전시켜 나가야 한다. 홀로 움직이는 교회가 아니라, 세계 교회들과 연대하고 협력하여 주님의 복음을 전하는 교회가 될 필요가 있다. 세계 교회들과 소통하고, 이를 위한 인재들을 양성하며, 기구적으로 연대하는 등 우리 교회는 에큐메니칼 역량을 강화하기 위해 노력해야 할 것이다.

세부 정책 과제	상세 과제	설명	비고
(1) 세계 교회의 에큐메니칼 운동에 기여한다.	① 해외동역교회와 선교적 협력을 강화한다.	- 공교회 네트워크인 세계교회협의회(WCC), 세계개혁교회커뮤니언(WCRC), 아시아교회협의회(CCA)의 회원교회로서 에큐메니칼 단체 등에 지속적으로 참여한다. - 본 교단이 회원으로 가입한 선교 단체인 세계 선교협의회(CWM), 복음선교연대(EMS), 미션21(M21)의 회원교단으로서 이들 기관에 지속적으로 참여한다. - 미국 장로교회(PCUSA), 캐나다장로교회(PCC), 호주연합교회(UCA), 스코틀랜드교회(CoS) 등과의 전통적인 특별한 관계를 지속하며 상호 유대를 강화한다. - 아시아 대륙의 주요 교단과의 선교협력을 강화한다. 인도의 남인도교회(CSI), 북인도교회(CNI), 인도장로교회(PCI)와 협력하는 한인선교협의회를 지속한다. 인도네시아의 NKBP, 뉴질랜드의 뉴질랜드장로교회(PCANZ), 필리핀의 필리핀연합교회(UCCP) 등과의 전략적인 파트너 관계를 발전시킨다. - 중앙아시아지역에 새롭게 성장하는 교회(교단)의 '차이하나'를 지원하여 교단들이 에큐메니칼 관계를 유지하며 발전할 수 있도록 지원한다.	파송 선교사들이 현지 동역교회와 협력하여 일할 수 있도록 지원한다. 서구 교회와 삼각선교협력을 강화한다(예, 한독가 프로그램). 에큐메니칼 선교동역자를 양성하는 과정과 절차를 갖춘다. 미국 장로교회 아웃리치재단과 협력을 통하여 남반구 교회들과의 협력 방안을 모색한다. 아시아교회 지도력 형성을 위한 지원 방안을 마련한다. 아시아교회 지도력 형성을 위한 지원 방안에 대해 연구한다.

		- 아시아-아프리카-남아프리카의 개혁교회 네트워크를 발전시킨다. 전아프리카교회협의회(AACC)와 전략적인 협력의 가능성을 모색하며, 미국 장로교회 아웃리치재단과 협력을 통하여 남반구 교회간의 협력 방안을 모색한다.	
	② 이민교회들과의 관계를 유지 발전시킨다.	- 재일대한기독교회(KCCJ), 미국 장로교 한인대회(NCKPC), 해외한인장로교회(KPCA) 등 전 세계 한인교회 네트워크와의 특별한 관계를 유지 발전시킨다.	
	③ 세계 각국에 있는 선교사들의 보고체계를 정비한다.		해외 선교 웹사이트 구축
	④ 해외 선교지에 세워진 학교들의 관리를 체계화한다.	- 본 교단 파송 선교사들이 현지에 세운 모스크바장신대, 아태장신대 등의 신학교와 현지 교단의 발전을 지원한다.	선교사들이 세운 대학들과 연계
	⑤ 장신대 부근에 땅을 마련하여 선교 센터를 건립한다.	- 선교사들이 국내에 들어와 안식년을 보내며 신대원에서 가르칠 수 있도록 한다.	
	⑥ 외국 선교지에 대학, 병원, 방송국들을 설립하여 교류를 활성화한다.	- 점차적으로 각국의 선교지를 선택 집중시켜 운영한다.	
	⑦ 국내 외국인들을 목사로서 양육하여 해당 나라에 다시 파송한다.		
	⑧ 외국 이민 2세 중, 신학 교육을 받은 전도사들이 한국의 교회에서 목회경험을 할 수 있는 교류 프로그램 만든다.		

	⑨ 외국 학생들의 유치를 확대하는 방안을 마련한다.		
	⑩ 외국 교단들과의 교류를 확대한다.		이민교회들과의 협력을 강화하며, 해외 선교를 위해 동역한다.
	⑪ 에큐메니칼 선교동역자를 양성하는 과정을 마련한다.		에큐메니칼 선교동역자 교육 시스템 구성이 필요하다.
	⑫ 세계 교회연합기구들과의 협력을 강화한다.		
	⑬ 한국에서 전개되는 교회의 운동으로서의 마을목회와 새로운 교회 성장운동 등을 해외 교회에 소개하고 교류한다.		
(2) 한국교회 연합 운동을 강화한다.	① 한국교회 연합 운동의 공교회성을 강화한다.	- 한국기독교회협의회(NCCK)와 한국교회총연합(한교총)을 중심으로 한국교회연합사업을 전개한다. - 한교총을 통하여 한국교회의 전문 NGO와 언론기관 및 선교 단체(para-church)와의 연대와 협력을 강화한다. - 한국장로교총연합(한장총)을 통하여 장로교회의 교류를 지속하며, 대한예수교장로회 총회(합동)와의 협력을 강화한다.	한국교회 부활절 연합예배에 지속적으로 참여한다. 한국교회 주요 기념행사를 공교회가 중심이 되어 추진한다. 한국교회교단회의를 통하여 한국교회의 주요 교단 간의 의견을 정기적으로 소통하고, 대정부, 대사회 메시지를 일관되게 전달한다. 사이비 이단으로부터 자유롭고, 공교회 중심으로 운영하는 교단장회의를 토대로 하는 한국교회총연합(한교총)와의 협력을 강화한다.
	② 지역 에큐메니즘을 강화한다.		탑다운보다 다운탑 방식의 교회 연대를 강화한다.
	③ 공교회 중심으로 운영되는 NCCK로 체질을 개선한다.		

정책 과제 9) 대사회 전략

> "하나님을 찬미하며 또 온 백성에게 칭송을 받으니 주께서 구원받는 사람을 날마다 더하게 하시니라."(행 2:47)

교회가 사회로부터 신뢰를 받고 칭송을 받는 것이 선교의 첩경이다. 그러나 오늘의 우리 교회는 사회로부터의 염려의 대상이 되고 있다. 이런 상황 가운데 사회적 신뢰도를 높이고 사회에 유용한 교회가 될 수 있는 길을 찾기 위해선, 기독교의 고유한 영성을 강조하면서도 사회적 책임을 다하는 세상을 향해 열려 있어 소통이 원활한 교회의 이미지를 창출하는 것이 필요하다. 이러한 신뢰도를 제고하는 방안으로 먼저 우리는 사회와의 소통을 강화하여야 하며, 다음으로 십자가 이미지를 강화할 필요가 있다. 십자가 이미지는 수직과 수평의 영성을 아우르는 은유로서, 영성과 윤리, 기도와 행동, 관상과 투신, 수직적 영성과 수평적 영성, 개인적 경건과 사회 참여, 하늘과 땅, 예수 그리스도에 대한 복종과 이웃에 대한 섬김, 보수와 진보, 개인적 영성과 사회적 영성, 신앙과 삶을 포괄하는 바 오늘의 개신교에 대한 비판을 극복할 수 있는 창조적 대안일 것이다(마 6:9-13).

오늘 우리 사회와 교회의 가장 큰 문제는 개인주의적 행복론에 있다. 나만 성공하고 나의 자녀만 잘 되는 사회에서 모두가 함께 행복한 사회로의 전환이 필요하며, 그에 적합한 목회를 마을목회로 생각한다(고전 12:26-27). 그 같은 마을목회는 우리의 개교회주의 극복에도 유용한 것으로, 지역 사회 에큐메니칼 운동을 통해 마을 내의 교회들이 초교파적으로 연합하여 마을을 행복하게 하며 선교해 나가는 새로운 목회역량을 키울 필요가 있다.

이러한 상호 네트워크 생명망 운동으로서의 마을목회는 기독교의 삼위일체 속에 나타난 생명성을 이어받는 목회로 오늘과 같은 우리 사회의 한 대안일 것이다(요 17:21). 우리 교단은 그간 20년 가까이 생명운동을 펼친 바 있다. 생명살리기 운동과 생명 공동체 운동으로 이 운동이 지역 사회의 모든 사람들을 행복하고 건강하며 안전하게 하는 마을목회의 생명운동으로 더욱 활발하게 전개되어야 할 것이다.

세부 정책 과제	상세 과제	설명	비고
(1) 기독교의 신뢰도 제고하기 위해 사회와의 소통을 강화한다.	① 사회적 공신력의 재고를 위해 사회와의 소통 강화한다.	- 사회와의 소통을 위해 홍보를 강화한다.	안티기독교에 대한 대책을 세우고, 교회 안팎의 소통을 강화한다.
	② 교회 내 소통을 강화한다.	- 교회 내 갈등을 줄이는 방안을 마련한다.	
	③ 대사회 이슈에 대한 신속 대응 방안을 마련한다.		
(2) 사회변화와 지역 사회에 대한 이해를 함양하여 지역 교회가 '마을목회'를 적절히 수행할 수 있도록 한다.	① 사회적 자본 확충을 위해 교회가 노력한다.	- 사회 내 양극화와 갈등에 대한 중재를 위해 노력한다.	
	② 교회 차원에서 사회적 무브먼트를 담당하는 NGO 활동을 지속하며 강화한다.	- 안구기증 운동 - 헌혈운동 - 장기기증 운동 - 구세군 자선남비 - 월드비전 등의 NGO 지원	
	③ 교회의 사회봉사를 통하여 청소년들이 자원봉사 인증을 받을 수 있는 체제를 만든다.		

(3) 문화 선교 활성화를 위해 노력한다.	① 오늘의 사회를 분석하여 문화유형별 목회 계획 수립을 지원한다.		
	② 총회100주년기념관 내에 방송국 수준의 스튜디오(컴퓨터 작업실 포함)를 만든다.		교육훈련처에 영상기술자, 웹 디자인 전문가 등의 다매체를 다룰 수 있는 전문 요원들을 배치한다.
	③ 찬송가의 계속적 발전을 위한 연구가 필요하다.	- 예배와 음악의 관계에 대한 신학적 교육을 강화한다.	찬양곡 작곡의 지원을 확대한다.
	④ 복음성가, 영화, 연극, 기독교 미술 등의 문화 전반에 대한 연구와 기획이 필요하다.		여름방학 중 대학청년부를 위한 연합 복음성가(서던 가스펠) 페스티벌을 평창 등지에서 개최하도록 노력한다.
(4) 기독교 사회 백서 간행을 통해 한국 사회가 나아가야 할 방향을 제시하며, 교회 지도자의 사회변화와 지역 사회에 대한 이해를 함양한다.	① JPIC의 구현		
	② 건강도시(Healthy Cities)에 대한 연구		
	③ 녹색교회 운동	- 환경 문제, 특히 기후 문제(지구온난화)에 대한 대책	
		- 에너지 문제	
		- 물 부족	
		- 미세 먼지	
	④ 노숙인, 빈곤 노인층(특히 독거노인), 이주민, 북한 이탈 주민, 장애인, 행복 취약층, 이혼자 등 사회적 약자 돌봄을 주요 선교과제로 이해하고 이를 강화한다.	- 사회 양극화에 대한 극복	갈등 중재, 지역 사회복지 문제
		- 노인복지 문제	고독사 문제
		- 아동 청소년 복지	
		- 1인 가족 시대의 선교	가정 회복 운동 필요

	⑤ 국제(세계화) 문제	- 세계화에 따른 세계 윤리(global ethics) 정립	
		- 남북문제와 핵 위기	
		- 테러	
		- 난민 문제	
		- 문명 충돌	
		- 이주여성과 외국인 근로자의 보호	
		- 다문화 사회에서의 선교 문제를 검토한다.	다문화가정 자녀를 위한 모임을 가질 수 있는 프로그램을 제시한다.
	⑥ 과학	- 컴퓨터 윤리의 문제	
		- 인공지능	
		- 코로나19 팬데믹 시대의 온라인 활용	**4차 산업 혁명 시대에 맞춰 교회와 목회를 갱신한다.**
		- 생명 과학과 윤리 문제	
	⑦ 변화하는 사회 트렌드에 대해서 연구하고 선교적인 대안을 모색한다.	- 1인 가구, 나홀로 라이프, 모바일 크리스천, 자살, 자살자 유가족 등 새롭게 대두하는 사회 문제에 대한 선교 방안을 마련하여 시행한다.	
		- 이혼과 재혼	특히 이혼율을 줄이는 것에 대한 대책을 마련한다.
		- 출산율 저하에 대한 대책이 필요하다.	
		- 결혼 포기 문제에 대해 연구하고 대안을 마련한다.	
		- 결손가정 자녀들을 위한 대안을 모색한다.	
	⑧ 동성애 문제에 대한 입장을 분명히 하여, 그들의 목회와 선교를 위한 연구를 한다.	- 총회의 동성애 문제에 대한 입장과 국내 신학자들의 입장 및 해외 동역 교회의 사례들을 종합하여 바람직한 의견을 모은다. - 신학적 입장과 동성애자에 대한 목회, 교육, 선교의 방안을 연구하여 시행 방안을 제안한다.	세대별로 동성애 문제에 대한 이해가 다른 점을 감안하여 세대 간 대화를 증진한다. 성폭력과 성적 문란의 문제에 대해서도 동일한 관심을 갖는다.

		- 사형제도	
		- 자살문제	
		- 교정제도	
		- 기독교 시민 단체의 역량 강화	
		- 종교간 갈등	
	⑨ 기타	- 폭력 극복 십년(DOV)	가정폭력, 성폭력, 전쟁, 핵 전쟁의 문제, 자연에 대한 폭력 등의 문제
		- 안락사와 장기이식	
		- 전문직 윤리(professional ethics)에 대한 논의	
		- 교육 문제	사교육 문제
		- 여성과 청소년 문제	
		- 부동산 투기	
		- 중독	
		- 질병	인수전염병
		- 동물보호	
		- 민주주의	주민 자치의 실현
(5) 총회사회 정책연구팀을 가동한다.	① 기독교적인 가치관에 기초하여 한국 사회의 나아갈 방향을 백서로 만들어 제시한다. ② 목회자와 교회 지도자들의 사회이해를 고양시킨다.		가칭 '총회사회 정책연구팀'을 설치한다. 변화하는 사회지표에 대해 조사하고 분석한다.

정책 과제 10) 평화와 통일

    기독교는 평화를 하나님의 선물로서 하나님께서 주시는 것이라 이해한다(엡 2:14; 시 29:11). 그러나 그 말이 평화에 대한 인간의 책임과 의무를 경감시키는 것은 아니다. 평화는 하나님의 선물이며 하나님 안에 있는 가능성이지만, 그것은 또한 인간의 책임과 과제이기도 하다.
    평화에 대한 신념을 가지고 그것을 위해 일하는 자에게 하나님께서는 화해와 통일의 큰 축복을 내리실 것이다. 이사야 52:7은 "좋은 소식을 전하며 평화를 공포하며 복된 좋은 소식을 가져오며 구원을 공포하며 시온을 향하여 이르기를 네 하나님이 통치하신다 하는 자의 산을 넘는 발이 어찌 그리 아름다운가."라고 선포한다. 이에 있어 우리가 당면하고 있는 평화에 대한 주요 과제와 염원은 다음과 같다.

- 하나님께서는 남한 백성과 북한 백성 모두를 사랑하신다는 것을 깨닫는 우리 되게 하소서.
- 국제사회와 협력하여 6·25와 같은 민족상잔의 전쟁이 다시는 이 땅에 일어나지 않게 하소서.
- 인간의 힘으론 평화를 지키기 어렵다고 할지라도 성령의 힘으론 가능함을 알게 하소서.
- 우리 모두 평화의 도구가 되어 남북 간에 증오보다는 사랑을, 갈등보다는 화해를, 분열이 있는 곳에 하나 됨을, 다툼이 있는 곳에 용서를 전하게 하소서.
- 한반도에 평화를 일궈 동아시아와 세계평화에 기여하는 우리 되게 하소서.
- 핵무기 없는 평화를 위해 노력하는 우리 민족 되게 하소서.
- 온 국민이 하나 되어 평화를 위한 역량을 키우게 하소서.
- 정의롭고 하나 된 복지사회 만들어 폭력전쟁의 빌미를 주지 않게 하소서.
- 우리 모두 한 목소리로 기도함으로 한반도의 평화통일을 앞당기게 하소서.

이사야 2장 4절은 다음의 말씀을 선포한다.

"그가 열방 사이에 판단하시며 많은 백성을 판결하시리니 무리가 그들의 칼을 쳐서 보습을 만들고 그들의 창을 쳐서 낫을 만들 것이며 이 나라와 저 나라가 다시는 칼을 들고 서로 치지 아니하며 다시는 전쟁을 연습하지 아니하리라." 아멘!

세부 정책 과제	상세 과제	설명	비고
(1) 평화목회와 평화교육을 강화한다.	① 동북아시아의 평화를 위해 연구하고 실천한다.		
	② 평화를 위한 교육을 강화하며, 회복적 정의에 기초한 평화교육을 실시한다.	- 다음세대, 3040세대의 평화통일에 대한 이해를 증진한다.	남한 청년들 탈북 청년들이 함께 하는 통일교육 실시
	③ 평화통일 기도 운동을 확산한다.	- 다른 교파나 교단과 함께 평화통일 기도 운동이나 세미나를 갖는다.	
	④ 탈북민(새터민) 목회자를 양성하고 목회를 위한 모니터링과 지원 활동을 강화한다.		국내에 있는 탈북 공동체의 지원 강화
	⑤ 평화통일을 위한 국제네트워크에 참여한다.		
(2) 평화통일을 위한 연대와 활동을 강화한다.	① 한반도 돌발 사태 발생에 대한 대비계획을 마련한다.		
	② 민족공동체의 치유와 화해를 위한 대북 인도적 지원과 북한 지역 사회 개발을 지원한다.		북한의 작은 도시에 소규모 병원 설립 운동을 전개

③ 평통연대 등의 건전한 통일논의에 참여하며 이를 지원한다.		
④ 한국교회의 평화통일을 위한 정책 로비방안을 마련한다.		
⑤ 조선그리스도교연맹(조그련)과의 전통적인 교류 협력을 유지하며, 북한의 정부 사회단체와 협력을 확장하여 남북의 교류 협력을 증진시킨다.		
⑥ 평화통일을 위한 정책을 체계적으로 시행한다.		

7. 기본 전략(strategy)

1) 기본 전략

우리는 앞의 내용을 통해 우리가 앞으로 수행하여야 할 정책 과제와 그를 기반으로 한 세부 정책 과제들을 상정하였다. 우리는 여기서 앞에 제기한 세부 정책 과제들을 응축시켜 다음의 기본되는 전략으로 다시 모을 수 있다.

(1) 오늘의 시대를 향한 복음의 내용을 간추려 우리의 삶과 사회에 적용될 수 있도록 재편함
(2) 평신도를 깨워 일하는 교회로 변화함

(3) 교회성숙을 위해 필요한 인재들을 양성하는 교육의 강화

(4) 마을을 품고 세상을 살리는 마을목회의 진작

(5) 신학대학-총회-지역 교회의 삼각 구도 형성과 7개 신학대학들의 역량 강화

(6) 정보화 시스템 및 새로운 미디어들을 적극적으로 활용하여 총회의 사역을 위해 활용

(7) 대사회 이미지의 개선을 위한 노력

(8) 한국교회의 세계화

(9) 총회 행정의 효율화

2) 핵심 정책 과제

우리는 앞장의 많은 세부 정책 과제들 가운데 핵심적인 것들을 아래와 같이 간추려보았다. 아울러 본 정책을 수행하기 위해서는 교단 운영 시스템의 정비와 연차적 전략이 필요할 것이다.

총회-신학대학-지역 교회를 삼각구도로 하여 총체적 기획을 하는 것이 좋을 것 같다. 전도와 선교의 활성화에 집중하는 전체적 전략들이 되어야 유용할 것이라 생각된다. 중요한 것은 이런 것들을 포함하는 교단 총회의 장기 기획을 세부적으로 하는 것이 필요하며, 그 일을 위해서 총회 내 인력들을 가동하여 연구케 하는 것이 좋을 것이다. 이미 언급한 정책 과제 중 우리가 역점을 두어야 할 것들에 대해 다시 한번 정리하였다.

정책 과제	핵심 과제	예상되는 담당 부서
1) 신학 영성 예배	- 교단 **신학의 정체성을 확립**하며 목회생태계 회복을 위해 노력한다. - 말씀 선포의 효율화를 위한 **성경 교육을 강화**한다.	교육훈련처와 신학대학교
2) 4차 산업 혁명과 정보화 시대의 교회와 목회	- 교단 행정의 효율화와 **전산화**를 위해 노력한다.	행정재무처
3) 지역 사회와 목회	- **마을목회**를 통한 전도와 선교역량을 강화한다.	총회한국교회연구원 외 총회의 모든 기관
4) 교회 학교 교육과 세대별 교육의 강화	- 다음세대, 2030세대, 중장년층세대, 실버세대 각각을 위한 **세대별 목회와 교육**을 강화하며, 교회 학교와 가정과 학교를 **통합하는 교육**을 지향한다. - 교회 학교 교육을 **디지털화**하는 문제에 대해 검토한다.	교육훈련처
5) 교육과 지도력 개발	- **목회자 계속 교육**을 신학대학 중심으로 강화한다. - 각 지역 신학대학과 연계하여 평신도 역량의 제고를 위한 **평신도 교육**을 강화한다.	교육훈련처
6) 총회와 한국교회(교회 체제 개혁과 교단 행정의 효율화)	- **총회 재정**의 안정적 확보 방안과 효율적 사용방안을 마련한다. - **미자립 교회와의 동반성장**을 위해 노력한다. - **총회의 법과 규칙을 정비**한다.(총회 헌법의 전면적 개정) - **7개 신학대학에 대한 구조조정**을 실시한다.	행정재무처 국내와 군 특수선교처 행정재무처 신학 교육부
7) 선교와 전도, 그리고 성도의 교제 강화	- 국내 특수선교에 대해 연구하고 이를 강화시킨다.	국내와 군 특수선교처
8) 에큐메니칼 운동과 세계화	- 세계 교회의 **에큐메니칼 운동**에 기여한다. - **지역 에큐메니즘**을 강화한다.	에큐메니칼위원회
9) 사회와 국가: 대사회 전략	- 기독교의 신뢰도 제고하기 위해 사회와의 **소통을 강화**한다. - **4차 산업 혁명과 코로나19 시대**에 맞춰 교회와 목회를 갱신한다. - **기독교 사회백서** 간행을 통해 한국 사회가 나아가야 할 방향을 제시하며, 교회 지도자의 사회변화와 지역 사회에 대한 이해를 함양한다.	도농사회처 국내와 군 특수선교처 총회한국교회연구원
10) 평화와 통일	- **평화통일을 위한 연대와 행동**을 강화한다.	북한 선교위원회

8. 본 교단의 노회나 시찰들이 향후 10년간 시행하여야 할 구체적 실천 내용

여러 실천적 구조를 만들 수 있겠으나, 시찰 단위로 향후 10년간 이 일을 추진하는 것이 가장 효율적일 것이다. 시찰은 대도시의 경우 동 단위 정도가 될 것으로 생각한다. 농촌의 경우에는 면 몇 개를 합해 인구 2만 명 정도로 한 단위를 만들면 좋을 것 같다.

오늘 우리 교단의 사업 시스템은 총회가 벌이는 사업 위주로 되어 있다. 또한 개교회주의가 강해 교회가 연대하여 어떤 선교의 일을 하기보다는 각 교회들이 각각 자기 교회 나름의 사업을 하는 경향이 농후하다. 그러나 이런 시스템에는 한계가 있는 것으로, 미래의 한국교회는 시찰 단위로 그리고 때로는 노회 단위로 서로 연대하여 마을목회를 진작시키는 것이 바람직할 것이다.

예전 우리 교단은 정책 총회, 사업 노회 시스템을 강조하였으나 별 효과를 내지 못했다. 이에 시찰 단위의 조직을 하여 일부의 실천적 일들을 시찰 단위로 맡겨 일을 추진하여 보는 것도 하나의 대안일 것이다. 물론 이와 같은 일을 할 때에는 목회자뿐 아니라 평신도들이 그 일에 많이 참여하여야 하는 것으로, 이를 추진하기 위해선 강한 교육 프로그램이 뒷받침하여야 하며, 이에 대한 교육내용은 총회 차원에서 개발하여야 할 것이다.

코로나19 팬데믹 시대에 지역 사회를 품어 섬기는 일을 하기 위해선 먼저 교동협의회와 같은 협의체의 발족이 중요하며, 이런 협의체가 잘 되기 위해서는 사전에 시찰 내 교회들의 친교와 비공식적인 모임들이 중요하다. 평소 서로 간의 사귐이 없이는 지역 내 교회들의 연대가 불가능한 것으로 시찰 내의 규모가 큰 교회들이 솔선하여 지역의 교회들을 아우르는 지도력이 중요할 것이다.

본 교단은 향후 10년간의 시찰 단위의 실천 내용 15가지를 선정하였다. 물론 여기에 포함되지 않은 사항들도 시찰 나름의 상황을 고려하여 할 수 있을 것이다. 노회나 시찰 내의 교회들이 초교파적으로 이러한 일들을 합심하여 실천할 때, 한국교회는 더욱 든든해지고 사회적 신뢰도도 향상될 것이다.

9. 2030년의 미래 교회상

이 같은 2030 정책 문서를 시행한 다음의 2030년대의 한국교회 미래 교회상을 그려보면 아래와 같다.

1) 코로나19 시대에 복음과 주님의 생명이 더욱 충만된 교회
2) 공동체적 행복과 공존의 가치를 구현하는 교회
3) 사회와 원활히 소통하며 민주적으로 운영되는 교회
4) 한국 사회에 긍정적인 영향을 미치며 이 사회가 나아가야 할 방향 제시하는 교회
5) 소외된 자들에 대한 복리와 남북통일을 위해 공헌을 하는 교회
6) 마을을 품고 지구생명체를 살리는 지역 사회 친화적인 글로컬한 교회
7) 동반성장, 균형성장, 지속가능한 성장을 계속적으로 추구하는 교회
8) 무너진 가정들과 다음 세대를 세우며, 교회의 다양한 리더십을 양

육하는 체제를 공고히 한 교회
9) 다양한 선교방식과 목회 패러다임을 수용하는 교회
10) 에큐메니칼 세계 선교와 세계 교회의 바람직한 발전에 기여하는 교회
11) 제4차 산업 혁명과 정보화 시대에 잘 적응하는 교회
12) 갈등을 극복하여 통합된 사회를 만드는 일에 적극 노력하는 교회

10. 구체적 시행 계획을 세움

사업에 대한 정의, 사업의 이유와 배경, 기간, 단계적 전략, 투입 재정과 인력(책임자), 예상되는 장애와 타개책, 시행 후의 모습 등을 담은 세부 정책 과제에 대한 구체적 실행 계획을 세운다.

총회에서 재정 소요를 분석한 후 재원 마련에 대해 검토한다. 필요한 재정을 주요 교회들에 맡겨 지원받도록 한다. 이에 이 같은 정책 과제들을 위해 총회의 수익사업 정비와 확대가 필요할 것이다.

우리가 기획하는 본 2030 정책 문서는 연구, 기획, 이행, 피드백의 단계를 거쳐 실천될 것이다. 이 각 단계에 재정과 인력이 필요한데, 이에 대한 구체 기획을 할 필요가 있다. 또한 이를 잘 시행하기 위해서는 총회의 의사결정기구들이 합의를 잘 해주어야 하는 바, 이를 위해 총회 전체에 대한 확실한 동의를 구할 필요가 있을 것이다.

어떤 조직을 개혁하고 새롭게 한다는 것은 지난한 일로서, 나름의 뚜렷한 비전이 없인 성취하기 힘든 일이므로, 일을 추진하는 사람들이 분명한 목적의식을 갖고 기도하며 이 일을 추진해나가야 한다고 생각한

다. 우리 교회의 일은 영적인 일들로서, 인간적인 기획이나 인간적 노력으로 이 일이 성공적으로 추진되는 것이 아니며, 영적인 바탕하에서 성취되는 일들로서, 우리는 일을 하기에 앞서 하나님 앞에 바로 서기 위해 최선을 다해야 할 것이다.

실천 내용	1	2	3
1) 시찰 내 교회들이 초교파적으로 연대하여 **교동협의회**를 설립함	교동협의회 설립, 공동으로 드리는 부활절 연합예배 실천	1년에 한 번 연합 성가제, 가스펠 라이브 카페와 같은 마을공연장을 만듦(이곳에서 동네 청년들이 연극 등을 공연할 수 있도록 함)	매년 시찰 내 장로들의 연합 수련회 가짐, 마을목회 세미나 개최
2) 시찰 내 **약한 교회 후원**	2020-2023년 기간 내 한 건	2024-2027년 기간 내 한 건	2028-2030년 기간 내 한 건
3) 시찰 내 **호스피스 센터** 지원	시찰 내 호스피스 센터와 자매결연, 자원봉사 체제 마련	호스피스 센터 운영 모델 만듦	호스피스 센터 시설들을 지원함
4) 구청 등이 벌이는 **마을 만들기 공모 사업에 참여**(총회가 기획서 작성하는 것을 교육함)	TF Team 만듦, 시찰 내 재정을 마련하여 마을 만들기 사업을 벌임	구청 등에서 하는 마을 만들기 사업에 참여	또 다른 마을 만들기 사업에 도전
5) **협동조합과 신용협동조합** 운동의 확장	도농 직거래 형식의 협동조합 체제의 마련	신용협동조합을 시찰 내 만듦	농촌 교회가 중심으로 생산협동조합 체제의 마을기업을 만듦
6) **청소년 자원봉사 체제** 마련(학교와 연계)	보람이 있고 안전한 기관들과 결연하여 학생들로 하여금 자원봉사케 함	공적 기구들과 연계하여 자원봉사 조직을 시찰 내에 만듦	교회에 안 다니는 학생들도 참여케 한다.
7) 시찰 단위로 연대하여 세계 선교를 함(시찰별 NGO를 만들어도 좋음)	어느 지역을 선택하여 선교할 것인가를 리서치(선택과 집중)	한 시찰 한 지역 해외 선교 운동을 벌임	각 지역에 선교 센터 만들어 교회, 마을학교, 마을병원, 마을기업 등을 세운다.

8) 시찰마다 하나의 **푸드뱅크**를 설립하여 밥퍼 운동을 전개함	작은 규모로 시행	푸드뱅크 설립	지역의 기업들과 협력
9) 시찰별로 **마을도서관** 하나씩을 만들어 운영	작은 영어도서관을 만들어 운영하는 것도 한 방안임	도서관을 건축하여 예쁜 이름을 붙임	도서관에 여러 프로그램을 만들어 운영함
10) 동네별로 **마을체육관**이나 **마을운동장** 만들기 운동 벌임	기획의 단계	구청과 연계하여 종합체육시설을 만듦	교회가 이런 시설을 관리 운영함
11) 함께 운영하는 **중고물품 가게**(아름다운 가게)	중고 옷부터 시작(아기 옷, 교복 등 포함)	가게 건물 마련, 중고 품목을 확대	생태영성 및 신학과 접목하여 실천을 확대함
12) 함께 운영하는 **동네 어린이집**	시찰 내 기존 어린이집을 공동육아 형태로 운영함	시찰 내 어린이집을 한 곳에 건축하여 통합하는 것도 좋은 방안이 될 것임	동네 어린이집 운영 매뉴얼, 사례집, 교육교재 등을 개발함
13) 동네(시찰)가 함께 만드는 **동네신문**(그 신문에 교회에 대한 홍보도 같이 하여 전도지 역할을 하게 함)	신문사를 설립하여 동네의 소식을 정리한 주간 신문을 만들어 지하철 등에 가판대를 설치하여 배포	지역의 발전을 제안하는 신문으로 발전시키며 신문사와 연계하여 시찰 내 출판사를 설립함	마을의 역사, 문화, 사회 문제 등을 다루는 책들을 발간
14) 시찰 단위로 **마을 환경 가꾸기 운동**을 전개함	'마을환경지킴이'란 기구를 설치하고 사무실 마련하여 활동함	정부 기관과 협력하여 환경 가꾸기 운동을 펼침	아름다운 도시(농촌) 기획에 대한 연구와 실천을 함
15) 교회들과 학교가 연계된 **마을학교** 구조를 만듦	시찰 내의 학교들에 대한 관심을 가지고 체육활동, 방과 후 교육 등을 지원함	마을 주민들이 학교의 운영에 참여함	마을학교를 기숙학교로 발전시킴
16) **군선교, 학원선교, 직장선교**를 총회와 노회적으로 **체계**를 만들어 조직적으로 운영	노회와 시찰 내 군이나 경찰, 학교와 직장 선교를 위한 체제를 구축한다. 이러한 기관에서 사역하는 목회자들을 총회 차원에서 교육하고 지원함	중대형 교회들이 재정적 지원을 하는 '프런티어 목회 센터'를 설립	군선교, 학원선교, 직장선교 등을 위한 선교 매뉴얼과 교육교재들을 개발하여 보급함

7장

기독교 사회봉사 실천, 무엇을 해야 하는가?

7장 기독교 사회봉사 실천, 무엇을 해야 하는가?

1. 앞의 내용에 대한 간단한 요약

1) 해석학적 과제를 갖는 교회의 사회봉사 실천

앞에서 필자는 교회의 사회봉사 실천방법론으로서의 해석학적 방법에 대해 설명하였다. 해석학의 핵심적 과제는 텍스트와 컨텍스트를 연결하는 일이다. 컨텍스트로서 저자 당시와 오늘의 교회와 사회의 상황을 분석하고, 그에 대한 성경이라는 텍스트의 견지를 확인한 후 행동의 실천에 옮기는 것이다.

먼저는 사회 과학을 통해 오늘의 상황을 분석한 다음, 그에 대한 성경적, 신학적, 철학적 반성을 하고, 이를 통해 오늘의 상황 속에서 교회가 하여야 할 일을 찾아, 기획하고 이행하고 평가하는 전략 기획의 과정을 거쳐 실천을 하게 된다. 이에 있어 실천에는 크게 두 가지가 있는데, 목회적 실천과 사회적 실천이다. 목회적 실천을 위해서는 실천신학적 접근이 중요할 것이며, 사회적 실천을 위해선 사회 과학적 입장이 중요할 것이다. 교회의 실천은 교회 내적 실천과 교회 외적 실천으로 일차적으론 구별할 수 있겠으나, 실제 실천을 해보면 그 두 부분이 섞여 있는 경우들이 많음을 알 수 있을 것이다.

우리 교단에선 여러 가지 책자를 만들 때 나름의 원칙이 있다. 먼저는 사회 과학적이며 통계적인 처리에 의해 상황을 분석하는 것이며, 다음으로 이 분석의 내용을 성서신학적, 조직신학적, 역사신학적, 기독교 윤리적 관점에서 반성한 다음, 실천신학적으로 구체적인 행동에 들어가는 것이다. 여기 실천신학적 고찰을 위해서는, 기독교 교육, 기독교상담학, 선교학, 설교와 예배학 등 여러 응용신학 분야의 논의가 게재될 수밖에 없다.

2) 상황 분석(situation analysis)의 중요성

교회가 오늘의 사회 속에서 사회봉사의 일로 어느 과제를 선택하여야 하는가의 문제를 정하는 것은 쉬운 일은 아니다. 많은 목회자들이 이런 저런 사회봉사를 한 교회들이 더욱 성장하게 되었다는 말을 듣고 그 일을 동일하게 하려고 하는 때가 있다. 어느 신흥 주택가에서 어린이집을 하여 동네에 좋은 반응이 있었다고 하면, 많은 교회들이 그 일을 따라 하고자 하는 것이다. 자신의 교회가 오래된 동네에 노인들이 많이 사는 지역임에도 어린이집 아이템을 가지고 나름의 노력을 해보고 나선, 그렇게 따라 하는 것이 잘못 정위된 일임을 알게 된다. 자신의 동네의 특수한 상황을 고려하지 않은 채 다른 교회가 잘 했다 하여 그 일을 할 경우에는 낭패를 당할 때가 많다.

이에 교회가 대사회를 위해 할 일을 정하는 데에 있어, 그 지역의 나름의 상황을 철저히 분석해보는 일이 선행되어야 한다. 우리 동네의 인구학적 분포, 경제적인 상황, 맞벌이 부부의 비율, 동네 주민들의 교회에 대한 인식, 동네 주민들이 교회가 해주었으면 바라는 일들 등 여러 가지 사항들에 대한 분석이 필요하다. 그런 의미에서 교회의 사회봉사는 철저히 로컬적이어야 한다. 교회의 사회봉사 실천은 그 지역의 특수한 상황을 세밀히 분석한 후 진행될 필요가 있는 것이다.

이를 위해선 동사무소에 가서 싱글족이 많은지, 결혼한 사람들의 비율은 어떤지, 한 집에 식구 등의 구성은 어떻게 되어있는지 등의 '통계조사'를 할 필요가 있으며, 아울러 그 지역 사람들에 대한 '설문 조사'를 통해 그 지역의 요구에 대해 분석하는 것도 필요하다. 교회에 나갈 시간적 여유는 있는지, 다른 종교를 가진 사람들의 분포는 어떤지, 교회에 대한 희망 사항은 무엇인지, 교회가 지역 사회를 위해서 어떤 일을 해주었으면 하는지 등에 대한 구체적인 설문 조사는 교회가 하여야 할 일을 더 정확히 결정할 수 있게 할 것이다.

그러나 이런 상황에 대한 분석은 한 마을의 상황에 대한 분석만으로 마무리되지 않는다. 한 마을의 경제적 번영과 안전과 행복은 그 나라의 번영 및 안전과 연결되어 있으며, 더 나아가 세계 경제와 정치적 상황의 변화와도 긴히 연관되어 있다. 4차 산업 혁명이란 기술적 진보에 대해서, 코로나19로 인한 세계의 위기에 대하여, 한반도를 중심으로 한 동북아 평화 질서의 변화에 대하여, 지구의 자연환경 추이 등에 대하여 잘 알게 되면 알게 될수록, 우리는 우리가 하여야 할 일에 대한 더 명확한 판단을 할 수 있게 된다. 특히 미래 인류의 종교에 대한 인식이 어떻게 변할 것인가에 대한 예단은 우리 교회의 미래를 정하는 데에 있어 매우 중요한 문제로, 우리는 이에 대해 말하는 미래학자들의 언급에 귀를 기울여야 할 것이라 생각한다. 이상과 같이 오늘의 상황이 어떤지를 더 정확히 알면 알수록, 우리의 실천에 대한 방향이 더 명확해질 것임에 분명하다.

3) 반성(reflection)의 과정

다음으로 해석학적 방법론으로서의 중요한 단계는 그 상황을 반성하고 성찰하는 일이다. 동일한 상황이라도 그 상황에 대한 이해가 사람마다 다를 수 있다. 그가 가지고 있는 가치관과 신앙에 따라 그 상황을 읽는 방향이 전혀 다를 수 있기 때문이다. 특히 성경에 기반해 세계관을 형성한 사람과 그렇지 않은 사람의 상황파악과 실천에 대한 이해는 전혀 같지 않다.

이에 있어 우리 신앙인들은 우리가 믿고 있는 바를 분명히 하여 그 상황에 조명해볼 필요가 있는 것으로, 그러기 위해서는 우리의 신앙적 내용이 무엇인지를 먼저 그려보는 것이 중요하다. 오늘의 상황을 성경 몇 구절을 통해 조망해보는 것에 앞서, 오늘의 시대에 우리가 고백하는 성경의 교리를 전체적으로 잘 정리하는 조직신학적 일이 선행되어야 한다. 21세기에 사는 우리를 위해 성경은 과연 무슨 의미를 갖는 것인지를 전체적으로 이해하고 있는 사람들은 오늘의 상황을 보다 유리하게 반성해낼 수 있다. 그러한 오늘의 시대를 향한 말씀을 조망하기 위해선 각 시대가 말하고 있는 성경해석의 전통들을 잘 이해할 필요가 있는데, 우리는 그러한 내용을 역사신학적 정리를 통해 파악하게 된다. 더 나아가 기독교 윤리학은 그 교리를 오늘의 시대에 구체적으로 어떻게 실천할 수 있는가의 문제를 우리에게 설명한다. 우리의 신앙은 하나의 교리적 진술로 마무리되어서는 안 되며 그 신앙에 따른 행동으로 구현되어야 하는데, 그러한 실천과 행위의 문제가 기독교 윤리학의 주요 과제가 된다.

4) 실천신학적 과제

다음으로 중요한 것은 위와 같이 이해한 내용을 실천에 옮기는 일이다. 이런 일을 위해선 실천신학적 탐구가 요청되는데, 교회의 목회적 실천에는 크게 다섯 가지의 영역이 있다. 헬라어로는 케리그마, 디다케, 레이투르기아, 코이노니아, 디아코이나로, 선포, 교육, 예배, 교제, 봉사의 다섯 가지를 말한다. 이런 각각의 과제를 위해선 설교학과 선교학, 기독교 교육학, 예배학, 기독교상담학과 목회학, 교회의 사회봉사 등의 학문적 노력이 요청된다. 이중 특히 교회의 사회봉사 영역은 우리가 사는 사회와 연관이 많은 것으로 그 범위가 사뭇 넓다. 이러한 교회의 사회봉사는 사회 정책적인 관여로서의 사회 참여를 포함하게 되는데, 그것은 우리 사회를 정치적으로 변혁하는 일과도 연결된다.

2. 전략 기획 방법

어떤 일을 하려면 인력과 재정이 필수적이다. 인력과 재정이 투여되지 않고는 아무 일도 이룰 수 없다. 교회가 하는 일도 마찬가지다. 교회는 그가 하는 일을 위해 어느 과제에 어느 정도의 인력과 재정을 투여할 것인가를 결정해야 하는데, 이 일을 정하는 것이 전략 기획의 과정에 있어 중요한 일이 된다.

전략과정은 앞에서 설명하였듯 크게 세 가지 단계로 구분된다. 기획과 이행과 평가다. 먼저 무엇을 할 것인지의 계획을 세운 후, 그 계획에 따라 실천에 옮기고, 마지막으로 피드백 곧 평가를 하는 세 개의 과정이 이 전략 기획 속에 포함된다. 우리 한국 사람들은 행동으로 실천하는 이행의 과정엔 열심이지만 기획과 평가하는 일엔 약한 것 같다. 그러나 일이 잘 되려면 기획의 과정이 충실해야 하며, 아울러 일을 마친 후의 평가의 과정도 중시되어야 할 것이다. 대개 평가의 과정엔 두 가지의 내용이 포함되는데, 먼저는 그 일이 주변에 어떤 영향을 미쳤나 하는 것이며, 다음으론 그 일을 통해 우리가 배운 점은 무엇인가 하는 것이다.

전략 기획에 있어 계획의 단계는 무엇보다 중요하다. 이에 있어 이런 기획의 과정이 잘 수행되려면 그 단체가 가지고 있는 미션과 비전에 대해 잘 정리하고 있어야 한다. 교회의 목적과 사명을 분명히 알지도 못한 채 교회가 어떤 일을 한다면, 그 일은 본질에서 멀어지는 것이 되기 쉽다. 그러므로 우리가 어떤 계획을 세울 때 먼저 신경을 써야 할 부분은 우리의 가치관, 우리의 사명, 우리의 비전을 분명히 하는 것이다. 성경이 말하는 신자의 사명과 교회의 목적에 대해 잘 이해하면 할수록 우리는 더욱 바른 실천을 할 수 있게 된다.

이에 있어 비전에 대한 이해가 필요한데, 그를 위해선 먼저 사명(mission)과 비전(vision)에 대해 구분하는 일이 중요하다. 사명이란 신자나 교회의 변치 않은 목적이라고 한다면, 비전은 어느 기간 동안 우리가 목표로 할 일을 언급한다. 예를 들어 성경은 하나님 사랑과 이웃 사랑이란 가치관을 중시하는데, 이를 위해 교회에 주어진 가장 중요한 미션은 복음 전도라 할 수 있다. 우리는 이러한 복음 전도를 위해 교회를 활성화하여야 하는 것으로, 그러한 활성화 중 오늘의 시대에 있어 가장 중요한 방향은 '마을목회'가 중시되어야 함을 앞에서 언급하였다.

다음으로 비전은 이런 것이다. 우리 교회는 현재 100명의 교인으로 구성원으로 있는데, 그 수를 앞으로 5년간 1,000명으로 늘리고자 한다면, 그런 5년 동안의 우리의 과제를 우리는 비전이라 할 수 있다. 아울러 신자의 영적 성숙을 위해 향후 5년 동안의 제자 훈련 방안을 세우고 그를 위해 성도들을 훈련 시키려 했다면 그것 또한 하나의 비전이 된다. 이와 같은 비전이 수립되려면 먼저 오늘의 상황에 대한 분석이 선행되어야 하며, 이를 바탕으로 하여 우리가 어느 기간 동안의 할 일들을 정할 때 우리의 비전이 수립되게 되는 것이다.

이 같은 비전이 세워지면 그 큰 비전에 따른 세부 목표들이 정해지게 된다. 성도들의 신앙 성숙과 교회의 성장을 위해 전도, 교육, 예배와 봉사, 성도 간의 친교 등을 어떤 식으로 발전시킬 것인가에 대한 목표를 각각 세워야 하는 것으로, 이런 목표를 세울 때 중시할 점이 있는데 일종의 단계적 접근이라 할 수 있겠다. 10년 동안 우리 교회가 100명에서 1,000명이 되는 교회가 되려고 하는 계획을 세웠을 경우, 2년 후엔 200명, 5년 후엔 500명, 10년 후엔 1,000명과 같이 기간을 나눠 단계적으로 접근해 나가는 전략적 계획을 세울 필요가 있을 것이다.

3. 상황 분석을 기초로 우리가 할 일을 찾음

앞에서 필자는 우리가 할 일을 찾기 위해 상황 분석이 중요함을 여러 번에 걸쳐 강조하였다. 오늘의 상황 분석을 하며 여러 설명들을 한 바 있는데, 그 내용들을 간추려보면 다음과 같이 될 것 같다.

1) 제4차 산업 혁명의 도래
2) 생명 과학의 발달에 따른 기회와 위기
3) 기후 변화와 생태계 위기
4) 화석 에너지 자원 고갈과 대체 에너지의 개발
5) 코로나19 팬데믹으로 인한 비대면 사회로의 진입
6) 코로나19로 인한 경제력 약화와 실업의 증가와 경제적으로 어려운 사람들의 양산
7) 북한의 핵위기와 한반도 평화 진작의 어려움
8) 미중 관계의 악화와 한반도 안보 위기
9) 한국 사회의 경제적이며 이념적 양극화
10) 출산율 감소와 고령사회로의 진입
11) 싱글(나홀로) 가족의 증가, 이혼율 상승 그리고 가족 개념의 변화
12) 복지 부분 증대로 인한 국가 재정의 악화
13) 윤리 의식의 퇴락
14) 교회의 대면 예배 축소와 한국교회의 쇠락
15) 젊은 목회자들의 일자리 감소
16) 한국교회의 대사회 이미지 악화와 신뢰도 추락

위와 같은 한국 사회와 한국교회의 전환기에 우리 교회는 이 사회를 위해 무엇을 하여야 할 것인가? 그리고 이에 대해 기독교 복음은 무엇을 말하는가? 질문하게 된다. 무엇보다 코로나19로 인해 한국교회의 할 일

은 더 많아진 것 같다. 어려운 사람이 양산되는 상황에서 국가적으로 재정을 풀고 있지만 이를 극복하기엔 역부족이다. 앞으로 경제적 붕괴가 가속화되면서 어려운 사람들이 더 많아질 것인데, 이에 대한 긴급구조 체계를 교회적으로도 만들어야 하지 않을까 생각한다. 무엇보다 자살을 생각하는 사람들이 많아지고 있어, 이들이 그들의 생명을 잘 지탱할 수 있도록 돕는 시스템이 필요할 것이다. 특히 고령층이 경제적으로 큰 곤란함 가운데 있는 상황에서 이들에 대한 고충을 잘 이해하고 적극 도울 수 있는 방안을 마련해야 한다.

다음으로 코로나19로 비대면 사회로의 전환이 가속화되고 있다. 학교들이 수업을 정상적으로 하기 어려운 때가 되었으며, 회사들의 재택근무 시간도 점점 늘어나고 있다. 교회 예배당에 20%만이 앉을 수 있도록 하여 교회 출석률도 급감했다. 이런 시대에 비교적 규모가 있는 교회들은 온라인 예배 등의 대체적 수단을 만들어 대처하고 있지만, 작은 교회들은 그것에 대한 대응 방안을 마련하지 못하는 처지다. 이에 큰 교회들이 작은 교회들의 온라인 목회를 도와줄 방안을 마련해야 할 것이라 생각한다. 온라인 교회 개척 플랫폼도 만들어 새로운 교회의 출발을 도모할 수 있어야 하겠다. 특히 온라인 교회 개척을 하며 이를 카페 미니스트리와 연결하는 기획을 하고 있는 중인데, 이에 대한 노력들도 잘 결실하였으면 한다.

한국교회의 성장이 지체되면서 젊은 목회자들이 갈 곳을 찾기가 쉽지 않은데, 후배들을 위한 목회의 길을 찾아주어야 할 것이다. 본 교단 총회도 '프런티어목회센터'를 만들어 학교에 필요한 교목, 군선교사, 경목, 사목, 형목, 원목, 마을목회 전문가 등으로 훈련하여 일자리를 마련하고자 하는 시도를 하고 있다. 작은 교회들이 붕괴되고 있는 현 상황에서 목회자의 이중직 문제를 거론하였으며, 이런 이중직의 직종으로서 본 교단은 마을목회에 관한 일자리를 권장하고 있다. 어린이집, 노인 보호시설, 방과후 학교, 공동육아, 마을기업 등을 본당 외의 교회 건물들을 사용하여 운영하면서 이에 대한 정부 기관의 지원을 받는 방안도 검토하면 좋을 것 같다.

오늘 한국 사회와 한국교회의 병폐 중 개인주의적 행복론의 만연을 들지 않을 수 없다. 나만 성공하면 되고 내 자식만 잘 되면 된다는 생각들이 당연시되는 세상이다. 이런 세상에서 공동체적 행복에 대한 강조가 필요하며 이를 위해 마을목회에 대한 운동이 촉발되기도 했다. 이 같은 마을목회는 공공성과 공유의 개념을 강조하기도 한다.

교회의 남은 공간들을 이웃과 나누어 쓰는 '교회 공간 나눠쓰기 운동'을 벌임으로 교회가 지역 사회에 공헌을 할 수 있을 것이다. 주일만 사용하는 주차장, 교육관, 봉사관 등을 평일에는 마을 사람들을 위해 빌려주는 제도를 만들어 이를 운영하면 한다. 최근 '스페이스클라우드'란 앱이 만들어져 공간을 저렴한 가격으로 임대하는 사이트들이 있는데, 이런 사이트들을 함께 사용할 수도 있을 것이다. 오늘의 교회들은 이런 공공 디자인과 공공건축에 대해 깊이 생각해 볼 필요가 있다. 교회의 한 방을 도서관과 카페, 그리고 회의실 등으로 개조하여 지역 주민들이 저렴한 비용으로 사용할 수 있게 한다면 교회가 마을과 더욱 친숙해질 수 있을 것이라 생각한다. 다 나아가 최근엔 코로나19로 작은 교회들이 폐쇄되면서 예배실을 공유하는 공유교회 개념이 출현하게 되었다. 주일 시간을 달리하여 교회들이 예배실을 공유하는 방식이다. 기존 교회당을 더 사용할 수 없게 된 목회자들이 카페 목회를 하는 분들에게 공간을 공유할 수 없겠느냐는 문의들이 많다고 하는데, 이에 대한 적극적인 고려도 필요한 때라 생각한다. 공유주차장, 회의실, 체육관, 쉐어링하우스, 나눔카, 공구와 장난감 대여, 공공 데이터 공유, 사회적 기업, 공유공터, 어르신과 청년들의 공동주거, 공유서재와 도서관, 공유문화, 공유오피스 등 우리는 함께 행복한 세상을 만들기 위해 공동으로 사용할 수 있는 많은 공간들을 창출해야 할 것이다.

금년 들어 통합 교단의 마을목회위원회에서는 "복음으로, 교회를 새롭게 세상을 이롭게!"라는 2022년 총회 주제의 실천지침으로 아래의 운동을 하기로 정하였는데, 오늘의 시대에 무엇을 할 것인가에 대한 하나의 좋은 실례가 될 것이다.

1) 총회의 실천 과제들

실천 사항	실천 방법	보충 설명
1) 포스트코로나19 시대의 올(All)라인 사역 및 방역 매뉴얼 만듦	비대면 및 대면 목회 매뉴얼을 제작하여 포스트코로나19시대의 목회를 지원하고, 방역모범 교회의 매뉴얼을 소개한다.	향후 올(All)라인 사역 시대에서 실천적 목회 매뉴얼을 제작하고, 경기도 선정 방역모범 교회의 방역 매뉴얼을 소개하여 교회에서 활용토록 한다.
2) 총회의 언론대책 수립	한국교회의 이미지 추락을 대응하기 위해 대사회 신뢰도 회복을 위한 언론 대책을 수립하고, 이미 제작된 언론홍보 및 커뮤니케이션위원회의 매뉴얼을 소개한다.	향후 한국교회 언론대응 방침에 대해 연구하며, 제작된 언론대응 매뉴얼의 활용방안을 모색한다.
3) 프런티어목회센터 설립을 통한 새로운 목회 방향 모색	작금의 신학대학교의 위기 상황을 분석하고, 기존의 교회 목회 위주의 목회자 양성으로부터 다양한 사역자들의 양성을 위한 기획을 수립한다.	총회 내 '프런티어목회센터'를 설립하여 이를 지원한다. 군선교사, 교목(방과 후 교사, 상담교사), 사목, 원목, 경목, 형목, 마을목회 사역자, 전문직 선교사, 기독교 관련 사회복지 시설 사역자, 카페 미니스트리 사역자 등의 훈련과 파송을 담당시킨다.

4) 목회와 교회 교육을 지원하는 **온라인 플랫폼** 만듦	코로나19와 4차 산업 혁명 시대를 맞이하여 작은 교회들의 목회와 교회 교육을 지원하는 온라인 플랫폼을 기획하고, 이를 활용하여 목회의 확장 가능성을 모색한다. 온라인 교회 개척 방안 마련을 위해서도 총회적 노력을 한다.	총회 교육훈련처의 교육 내용들과 큰 교회들의 교육자료들과 목회자료들을 온라인화하여 공유할 수 있도록 하며, 여타의 자료들도 올려놓는다. 또한, SNS (페이스북, 인스타그램 등)를 활용한 목회의 활성화 방안을 모색한다.

2) 노회의 실천 과제들

실천 사항	실천 방법	보충 설명
1) 노회별 **마을목회지원센터** 설립	코로나19 시대 이후 교회가 지역 사회를 위해 할 수 있는 일들은 더 많아졌다. 오늘의 마을목회를 위해선 네트워크가 중요하다. 중앙 부처와 지방 자치 단체와의 협력을 통해 지역 사회 공동체를 섬기는 교회가 될 수 있는 방안을 만들며 이를 지원하는 '마을목회지원센터'를 노회별로 설치한다. 노회가 중심이 되거나, 지역 교회연합회가 지역 사회를 위해 봉사할 수 있는 다양한 방안을 찾아서 실천한다.	특히 이를 위해 마을목회지원센터가 활용할 수 있는 간단한 교육교재를 만들 필요가 있다. 또한, 한국 사회의 급격한 다문화사회로의 변화에 대응하여 노회와 교회 차원의 다양한 이주민 사역 가능성을 모색한다.
2) 노회별 **기독교자살예방센터** 설립	오늘날 한국 사회는 많은 위기에 직면해 있다. 고령화, 이혼율의 증가, N포세대와 1인 가족의 증가, 실업률의 증가, 경제적 양극화, 북한 핵위기 등 여러 위기가 있지만 가장 심각한 문제는 자살률의 증가다. 우리는 이 문제의 심각성을 깨닫고 이에 적극 대처하는 교회가 되어야 할 것이다. 이에 노회 단위로 '기독교자살예방센터'를 두어 연구하고 실천한다.	자살률이 증가하는 원인을 분석하고, 이를 줄일 수 있는 구체적 방안을 마련할 필요가 있다. 이를 위해 '기독교자살예방센터'를 만들어 조직적인 대처를 하여야 한다.
3) 공동재(common goods) 확산으로서의 **공유교회**	4차 산업 혁명 이후 다가올 공유사회로의 전환 속에 공유교회의 필요성 및 사례를 알아본다. 비대면 시대에 상가교회 운영과 교회 개척에 어려움이 있기에 교회의 예배처소 공유에 대한 신학적 접근 및 사례를 찾아본다.	다양한 공유 사용을 모색해본다. 주차장, 회의실, 체육관, 주거공간(쉐어링 하우스 저렴하게 임대), 나눔카, 공구, 아이옷, 장난감 대여, 공공 데이터 공유, 공유기업(사회적 기업), 공유공터, 어르신과 청년 공동 주거공간, 공유서재(도서관), 공유문화, 공유오피스, 호스피스 센터

4) **지역에큐메니칼운동**의 확산	지역에큐메니칼운동에 대해 연구하고, 지역 교회들의 연합을 통한 지역 사회를 섬기는 공동의 봉사 활동을 기획 실천한다.	노회별 지역 교회 연합활동을 검토해보고 실천할 수 있도록 격려한다.

3) 지역 교회의 실천 과제들

실천 사항	실천 방법	보충 설명
1) 교단 내 지역 교회들의 **마을심방** 실천	교단 내의 모든 교회들이 **마을심방**(춘계, 추계)을 실시한다. 구역장을 통해 교인을 포함한 지역 주민 모두를 대상으로 하여 지역의 어려운 이웃들의 상황을 조사하며, 교인만 심방하는 데서 벗어나, 교회 밖의 어려운 사람들도 심방하며 그들을 섬기며 기도해 주도록 한다.	마을심방 시 간호사를 대동하면 더 좋을 것이다.
2) 어려운 지역민들을 위한 **장례식** 지원	장례예식에 대해 연구하고 모델적인 장례예식 매뉴얼을 개발한다. 이를 통해 지역 주민 중 어려운 사람들의 장례식을 지원한다.	노회 차원에서 납골당을 만드는 문제에 대한 관심을 갖는다.
3) 교단 내 지역 교회들의 **정관** 제정 및 활용	현재 지역 교회의 목사 청빙 및 은퇴시 여러 어려움들이 많다. 지역 교회의 갈등 예방을 위해 청빙 및 은퇴 절차 등을 잘 검토한 정관을 만들고, 지역 교회 목회지원을 위한 노회의 역할을 모색해 본다. 또한 총회에서 만든 '**지역 교회 표준정관**'에 기초하여, 각 교회들이 나름에 맞는 정관을 구비할 수 있도록 한다.	지역 교회의 분쟁 원인을 예방할 수 있는 각 교회에 맞는 정관들을 제정하여 지역 교회에서 적극 활용할 수 있도록 한다. 교회의 규모별 적용지침을 만드는 것도 필요할 것이다.
4) 다음세대들이 참여하는 **교회 내 자원봉사센터**의 설립	다음세대들이 보다 효율적인 자원봉사 시스템하에서 그리스도의 봉사와 섬김 정신을 배울 수 있도록, 교회 내 '**자원봉사센터**'를 설립하여 운영한다.	봉사 및 섬김의 기독교적 가치를 통해 자원봉사의 가치를 제시하여 학생들이 보다 보람 있게 자원봉사를 할 수 있도록 한다. 또한, 봉사 가능 기관들의 리스트와 매뉴얼을 정리하여 편찬한다.

4. 사역을 연구하고 기획하는 초교파적인 팀을 마련하여 운영

한국교회는 그간 연합 운동을 통해 많은 일을 해왔다. NCCK, 한기총, 한교총, 한장총 등 여러 연합 기관들이 대사회적이며 봉사의 일을 조율하여 오기도 하였다. 하지만 그러한 연합체들 내에 이런 대사회적인 봉사를 실천에 대해 연구하고 실천하는 기구들이 활성화되지 못하여 이런 일을 전문적으로 해오지 못했다. 이에 이 같은 교회의 사회봉사 실천을 위한 교회 연대를 만들어 이런 일을 기획하고 실천하며 평가하는 일을 맡길 필요가 있다. 한국교회는 재난이 있을 때마다 여러 봉사의 일에 앞장서서 한 경험이 있는데, 그런 경험들을 잘 살려 대사회적인 일들을 실천해 나간다면 보다 성숙한 교회로 성장할 수 있을 것이다.

한국교회에 이런 기구가 생겨 일할 때 생각할 수 있는 하나의 방향이 있다. 충분한 연구와 논의를 통해 이런 일을 추진하는 것이다. 이 기구 속의 회원교회들의 대표가 모여 무엇을 어떻게 할 것인가를 의논한 다음 이런 일들을 실천에 옮기는 것이 좋다. 먼저 사회의 어려운 일이 발생할 경우 그런 문제들에 대해 충분히 검토하고 교회로서 무슨 일을 할 수 있을 것인지를 깊이 숙고한 다음 실천에 옮길 필요가 있다는 것이다. 먼저 몇몇의 목회자들과 신학자들과 해당 분야의 학자들이 모여 그 문제를 진단 연구하고, 그 연구 결과를 많은 회원들 앞에서 발표한 다음, 그에 대한 회원교회들의 반응을 듣고, 그 일을 어떻게 할 것인지를 결정하는 것이 바람직할 것이다.

그러므로 이전과 달리 이 모임에 참여하는 목회자들은 보다 많은 시간을 할애하여 모여 의논하고 연구하는 것을 즐겨할 필요가 있다. 이를 통해 서로 토론하고 일의 방향을 정해나가는 것이 보다 능숙해질 필요가 있는 것이다. 이에 이 일을 위해서는 회원 간의 친밀함이 있어야 하며 이 기관은 연대와 친교를 기반으로 운영되는 것이 바람직하다.

다음으로 이런 일을 실시할 시 먼저 작은 단위로 실시하여 인큐베이팅 단계를 거치며, 그 내용에 대해 평가한 작은 책자를 만들고, 이를 여러 교회들에서 실시해 본 다음 성공적인 프로젝트에 대해서는 회원교회 전체로 확산하는 것이 바람직할 것이라 본다. 마지막으로 전국의 많은 교회들이 이 일에 동참하여 같이 실천해나가는 단계이다.

이와 같이 이 일을 실천한 후 피드백을 하여 논의한 다음, 하나의 완성된 방안으로 한국교회에 제시하고 한국의 전 교회들이 이 일에 참여할 수 있도록 하는 것이 이 일의 최종 단계일 것이다. 물론 급작스런 재난으로 교회의 속한 도움이 필요할 시는 이런 단계를 거칠 수 없는 것으로, 그때에는 본 기관이 전체적으로 모여 할 일을 긴급히 정하는 것이 좋을 것이다.

예를 들어 한국교회가 남북의 통일과 평화 진작을 위해 무엇을 하여야 할 것인가에 대해 생각할 시, 우리는 이 문제를 목회자, 신학자, 그리고 이 분야의 전문가들을 초청하여 세미나를 열고 그를 통해 전체 모임에서 이 연구 결과를 발표한 다음, 실천의 방향을 정하는 단계가 필요할 것이라 생각한다. 아울러 오늘과 같은 코로나19 시대에 어려운 교회와 어려운 가정들이 많은데, 이를 효과적으로 도울 수 있는 길도 먼저 연구를 통해 의견을 내고, 그 연구 결과를 회원교회들 사이에 충분한 논의를 거친 후, 하여야 할 일을 정하여 나갈 필요가 있다.

이에 새로 설립될 기관은 많은 재정을 거두어 봉사 실천하는 옛 방식을 일면 지양한다. 회원교회 모두가 참여하여 할 수 있는 일들을 찾아 나가며, 그것을 실현할 방법을 함께 모색하고, 그것을 실천하는 중 주님의 뜻을 깨달아 모든 교회들이 주님께서 기뻐하시는 일을 할 수 있도록 함께 연구하고 실천하는 기관이 되는 것이 우선이다. 함께 생각하고, 함께 논의하며, 함께 실천하고, 함께 평가하는 중 주님의 목소리를 들어 그 일을 확대해 나가고자 하는 것이다. 그러나 일면 한국교회가 재정을 모아야만 할 수 있는 일이 있는 것으로 그런 일을 위해서는 대단위의 모금이 필요할 것이라 생각한다.

이러한 새로운 방식은 보다 참여적인 운영 방식을 강조하는데, 회원교회들이 제안하는 일들을 서로 협의하면서 일을 추진해 나가는 방식이다. 이를 위해서는 회원교회들의 제안을 신학적이며 과학적으로 분석하는 매개적인 학자 그룹이 필요하며, 이 양자의 협력에 의해 일을 추구해 나가는 것이 바람할 것이다. 그러므로 이 방식은 현장과 학문의 만남을 강조한다.

이런 모임이 잘 운영되려면 회원교회 간의 긴밀한 친교가 있어야 하며, 시간을 내어 자주 공부하고 의논하는 모임을 가질 필요가 있다. 이에 이러한 기관에 필요한 또 다른 하나의 주요한 과제는 교육과 출판의 일이라 생각한다. 연대와 협력, 봉사와 실천의 일도 중요하지만, 회원 모두의 역량을 강화하는 교육과 출판의 일이 이 사역의 성공적인 추진을 위해 필수적인 것이 될 것이라 생각한다. 회원들의 시간 절약을 위해 많은 경우 온라인으로 자료들을 공유하며, 온라인을 통해 서로 논의하는 시간을 갖는다면 이런 일들이 더 효과적으로 진행될 수 있을 것이다.

5. 사회봉사 과제 결정과 이행의 과정

몇몇 사람이 사회봉사의 일을 정하기보다 그것을 정함에 있어 광범위한 의견을 듣기 위해서는 다음의 과정이 요청된다.

1) 먼저 시대적 과제와 오늘의 상황 및 각 마을이 처한 상황에 대한 이해가 선행되어야 한다. 이를 위해서는 일반 학자들과 특히 사회 과학자들의 현실 진단에 대한 견해를 듣는 것이 필요하다.

2) 다음으로 그러한 상황 분석을 바탕으로 신학적 반성을 한다. 이 같은 신학적 반성을 위해서는 성서학자, 역사신학자, 조직신학자, 기독교 윤리학자, 철학자들의 검토가 필요하다.

3) 다음으로 이 같은 상황 속에서 무엇을 할 것인지에 대해, 회원교회들과 구성원들이 아래 각 분과에 해당하는 일들을 10가지 이내로 제안하여 목록을 만든다. 우리는 다음의 위원회들을 둘 수 있다: 긴급구호위원회, 통일선교위원회, 해외 사역위원회(해외 선교), 마을목회위원회, 목회지원위원회를 두며 위원회에선 하여야 할 일들의 목록들을 만들어 임원회로 올린다.

4) 위의 제안된 안들을 수합하여 '임원회'가 다섯 위원회가 할 일들을 각각 5가지 정도로 간추려 회원총회에 올린다.

5) 회원총회에서 각 제안자들의 과제들에 대한 설명을 검토한 후, 이

에 대해 회원들이 투표하여 각 위원회가 5년간 추진할 3가지 정도의 과제들을 결정한다.

6) 이후 '임원회'에서 이 과제 3가지의 우선순위를 정한 다음, 순서대로 자세한 전략 기획을 세워 실천에 옮기며, 이를 위한 '전략 기획팀'을 마련한다. 이 일들을 실천하는 데에 필요한 재정과 인력에 대해 자세히 검토한 다음, 이러한 자원의 조달에 대해 임원회가 논의하여 정한다.

7) 이러한 일을 실천에 옮길 시엔, 인큐베이팅 단계(처음 한 곳을 정하여 실천하여 본다.) → 다음으로 5교회 정도로 확산한다. → 이후 회원교회 전체가 참여하여 실천한다. → 한국교회 전체가 이런 일에 동참할 수 있도록 매뉴얼을 만들어 보급한다. → 이행 후 이에 대한 평가를 하여 책으로 발간하는 단계를 거친다. 평가는 NGO '연구소'에서 담당해야 할 것이다.

8) 일이 긴박한 경우, 3)-6)까지의 과정을 생략하고, 하여야 할 과제를 '임원회'가 직접 정할 수도 있을 것이다. 이 경우 위의 3)-6)의 과정을 생략하기보다 온라인으로 의견을 수합하는 것도 가능할 것이라 생각한다.

6. 하나님의 사랑을 나타내어 주님의 복음을 전파하는 일에 재정을 효율적으로 사용하기

마지막 글은 요한복음 1장 14절로 시작해야 할 것 같다. "말씀이 육신이 되어 우리 가운데 거하시매 우리가 그의 영광을 보니 아버지의 독생자의 영광이요 은혜와 진리가 충만하더라." 하나님께서 인간이 되셨다는 것은 예수 그리스도로 볼 때 엄청난 하강이셨다. 신이 인간이 되는 수모를 당하시며 그는 이 땅에 오신 것이다. 세상을 이처럼 사랑하신 하나님의 마음이 없었다면 이러한 일은 가능하지 않았을 것이다. 말씀이 육신이 되었다는 말은 하나님께서 인간이 되셨다는 말임과 동시에 그 하나님의 말씀이 오늘의 우리의 삶에서 현실화되었음을 의미한다. 성경은 줄곧 우리에게 하나님께서는 우리 인간을 사랑하시는 분으로 말한다. 그러나 하나님께서 우리에게 오시지 않았다면 우리는 그 사랑을 확실히 깨달을 수 없었을 것이다. 그는 이 세상에 오셨을 뿐 아니라 우리를 위해 십자가에 달리시는 희생적 사랑을 온 인류에게 나타내셨다. 그러한 그리스도의 행동은 우리로 하여금 사랑의 하나님을 믿게 하며 그 사랑을 경험케 한다. 말씀이 행동으로 나타날 때 우리는 그 말씀을 더 확실하게 깨닫게 되는 것이다.

우리의 복음 전파도 그렇다. 하나님은 사랑이시다라는 말을 백 번 설명하는 것보다, 사람들에게 행동으로 하나님의 사랑을 경험케 하는 것이 더 효과적이다. 백문이 불여일견이란 말이 있다. 백 번 듣는 것보다 한 번 보는 것이 더 확실하다. 하나님의 사랑도 그렇다. 말로 설명함을 통해 진리에 다다르는 것보다 그 사랑을 경험케 하는 것이 더 빠르다. 우리가 하나님의 사랑을 가지고 이웃에게 그 사랑을 행동으로 드러낼 때, 주님의 복음은 더 확실히 전파될 수 있다. 우리는 이런 전도를 실증전도(demonstration evangelism)라 하는데, 그 사랑의 말씀을 오늘의 삶에서 드러내는 데 앞장서는 우리가 되어야겠다.

예수 그리스도께서는 이 세상에 오셔서 정말 험한 삶을 사셨으며, 종국에서는 십자가에서 그의 모든 피를 쏟으시며 운명하셨다. 비참한 최후셨다. 그러나 우리는 그 십자가에 달리신 그리스도를 보며 하나님의 영광과 사랑을 느끼게 된다. 사랑 속에 주님의 영광과 구원이 있다.

오늘 우리 기독교인에게 가장 필요한 것은 이러한 하나님의 뜨거운 사랑의 재현이라 생각한다. 사랑하면 행동하게 된다. 우리가 행동해보면 복음의 역동성을 감지하게 된다. 우리의 사랑의 희생을 통해 불행한 사람들이 행복해지고 멸망의 구렁텅이 있는 사람들이 구원받게 된다면, 그러한 어려움을 마다할 일이 없다. 주님께서 피를 쏟으며 뼈가 부서지도록 이 땅의 삶을 사신 것과 같이 우리도 그렇게 못할 것이 없는 것이다. 우리의 이 같은 사랑의 수고를 통해 주님의 복음은 더욱 널리 전파될 것이며, 하나님께서는 더 높이 영광을 받으실 것이라 확신한다.

이에 우리의 사회봉사는 그리스도와 하나님의 사랑을 전하는 일과 연결되는 바, 사회봉사의 실천을 하며 그리스도의 복음을 전하는 일을 병행하는 것이 바람직하다. 이를 위해 '빌리 그래함 전도협회'(Billy Graham Evangelistic Association)에서는 이 양자를 잘 조화하여 사업을 하고 있는데, 이를 벤치마킹할 필요가 있다고 생각한다. 빌리 그래함 전도협회는 신속대응팀(긴급구호, 고통당하는 사람들과 함께 하는 일), 아웃리치, 전 세계적인 대형 전도집회와 후속 사역, 인터넷 전도, 빌리 그래함 도서관(은퇴 목사들이 가지고 있는 책과 기념물들을 한 자리로 모아 도서관과 온라인 아카이브를 만든다.), TV 등의 미디어 사역, 1년에 한 번씩 하는 God Loves You Tour(동일 지역을 돌며 음악인들과 함께 여행하며 전도집회함), 영화(My Hope 시리즈 등의 고품질의 다양한 영화를 홈페이지상에서 쉽게 볼 수 있도록 함)를 통한 전도, 기타 서적을 통한 문서전도, 제자훈련 프로그램(온라인 교육), 빌리 그래함 교육센터의 상시 운영(다양한 강사들이 활동), 기도 행진 등 다양한 봉사와 전도 프로그램을 가지고 있다.

이 전도협회는 이런 사역을 위해 모금도 활발히 하고 있는데, 사역을 위한 재원은 모금으로 92.1%, 빌리 그래함 교육센터를 통해 2.6%, 서적 등과 DVD 판매를 통해 1.8%, 기타 수입으로 3.5% 정도를 충당한다. 사역보고와 재무보고는 항상 공개원칙이다.

우리나라의 NGO들은 대부분의 사역 과제들을 스스로 정하여 하고 있지만, 서구의 기독교 NGO들은 프로젝트를 공모하여 지원하는 방법을 통해 일을 하는 경우들이 적지 않다. 우리가 잘 아는 기독교 NGO 중 유명한 CWM이나 EMS 등은 매해 이런 프로젝트를 공모하는데, 나름의 공모 분야를 정하여 세계 교회에 고지한 다음, 응모한 프로젝트들을 심사하여 재정을 지원하고 있는 것이다. 이에 국내 교회들의 마을목회 프로젝트 및 해외 선교사들이 기획하고 있는 선교 프로젝트들을 공모하여 이런 봉사의 일을 추진한다면 더 좋은 결과를 낼 수 있을 것이라 생각한다. 이때의 공모된 프로젝트에 대한 심사를 위해 '공모심사팀'을 두며, 이를 통해 선발 프로젝트를 배수로 정한 다음, 최종 결정은 '임원회'에 맡기면 될 것이다. 이에 매년 전국교회와 선교사들을 대상으로 프로젝트 공모를 실시하면 좋을 것 같다.

오늘날 한국의 NGO에 있어 기부자 자문 기금(donor-advised funds) 형태의 모금 방식을 확대해 나갈 필요가 있다. 이 '기부자 자문 기금'은 여러 방식으로 운영되는데, 필자는 그중 한 가지 내용을 강조하려 한다. 그것은 기부자가 자신이 원하는 일을 위해 자신이 개설한 계좌의 펀드를 통해 지원하는 방식이다.

우리는 이 같은 기부자 자문 기금의 내용에서 힌트를 얻어, 다음과 같은 기부 방식을 생각해 볼 수 있다. NGO는 웹사이트를 개설하여 그곳에 자신들이 지원하고 싶은 프로젝트에 재정을 지원하게 할 수도 있을 것이며, 더 나아가 자신들이 어떤 프로젝트를 제안하여 그 프로젝트에 동조하는 사람들이 모이게 한 다음 NGO와 협력하여 그 일을 추진할 수도 있을 것이다. 이때 재정의 지출은 NGO 본부와 그 프로젝트의 참여자들이 함께 논의하여 결정할 수 있는 공유 플랫폼(shared platform) 방식, 곧 기금의 운영을 중앙의 기구가 대신하는 방식을 취할 수 있겠다. 여러 회원에 의해 제시된 프로젝트들을 플랫폼에 걸어놓고 그를 위한 재정후원을 하게 하는 모금방식을 취하는 것도 좋은 방안이 될 것이다.

이러한 DAF 방식은 NGO가 내부 프로젝트를 직접 구성하여 수행하는 전략적 프로그램(strategic programs) 운영 방식을 지양하고, NGO 플랫폼을 통해 기부자들이 프로젝트에 직접 참여하게 할 수 있다는 장점을 갖는다. 일종의 기금을 운영하는 전문적인 지원 시스템을 구축하여 작은 단위의 모금 단체들의 관리를 대신 해 주는 방식이라 생각해도 될 것이다.

레위기 25장의 희년법은 우리에게 빈민의 구제 이상의 내용을 언급한다. 추수 시 낙수를 모조리 거두어 들이지 않고, 휴경지의 소산을 가난한 사람의 몫으로 주며, 밭의 모퉁이까지 전부 추수하지 않는 등, 구약성경은 빈민구제를 위한 방안들을 마련해 놓고 있다. 그러나 희년법은 그에서 더 나아가 그러한 빈곤을 야기하게 된 근본 원인에 대한 치유 방안을 우리에게 강조한다. 토지의 재분배와 빚의 탕감 및 주택문제에 대한 사회보장적 대책 등, 백성들이 가난의 비참함에 빠지지 않게 하는 제도적 조처들을 취하고 있는 것이다. 그간 한국교회는 빈민구제를 위한 많은 봉사의 일들을 하였다. 무료급식소, 탁아방의 운영, 가난한 사람들을 위한 김장 및 반찬봉사, 무료병원의 운영 등 가난한 자들을 구제하기 위한 여러 사회적 활동들을 벌인 바 있다. 그러나 이런 일만으론 부족하고 더 나아가 사회 정책적 관여가 필요함을 희년법에 대한 검토를 통해 분명히 알게 된다. 실업한 사람들을 위한 사회안전망, 취업의 안정적인 보장, 주택문제에 대한 지속적인 대책, 범죄로 감옥에 있는 사람들이 그들의 삶을 회복할 수 있도록 하는 노력 등 다양한 사회 정책적 행동들을 위해 한국교회가 앞장서야 할 필요가 있을 것이다. 이와 같은 자활적 사회복지가 요청되는 것으로, 이에 우리는 자본투자방식의 NGO의 자금운영에 대한 깊은 검토가 있어야 할 것이라 생각한다.

7. 과연 우리는 무엇을 해야 하는가?

위와 같은 고찰을 통하여 우리는 오늘의 시대에 기독교인과 교회가 할 일들을 다음과 같이 정리하여 제안해 보았다. 왜 다음과 같은 일들을 과제로 정하였는지를 설명하려면 상당한 분량의 설명이 있어야겠지만 앞 부분에서 상당 부분 언급된 것 같아 여기서는 생략하였다. 이것들은 하나의 제안으로서 우리가 하여야 할 일을 정하는 데 참고가 될 수 있겠다. 물론 이러한 제안을 바탕으로 하여 논의하면 더 좋은 과제들을 찾을 수 있을 것이라 생각한다.

필자는 기독교 사회봉사를 하는 기관들이 그와 함께 대상을 달리하여 복음 전도를 함께하는 것이 좋다고 생각한다. 봉사자들로서의 목회자들과 평신도들, 그리고 복음에 관심이 있는 사람들이 함께 기도하고,

선교여행을 하며, 부흥회를 하고, 같이 제자 훈련의 과정에 참여함을 통해, 우리는 우리의 봉사 활동을 더 강화해 나갈 수 있을 것이다. 이와 같은 일을 위해 어떤 기획들을 할 수 있을 것인가에 대해선 더 깊은 숙고가 필요한 것으로, 참여하는 분들의 광범위한 의견 수렴이 있어야 할 것이라 사료된다. 이미 언급하였듯 기독교의 사회봉사는 예배의 경축을 통해 수렴되어야 하며, 하나님께 드리는 그러한 축제적 예배에 의해 우리의 사회봉사 실천은 더 힘을 얻게 될 것이라 확신한다.

<2021-2025 한국교회 사회봉사 실천 과제 제안>

위원회	사회봉사 실천 과제
1. 긴급구호위원회	코로나19 시대를 맞이하여 긴급구호 플랫폼 만듦(공모)
	호스피스 센터들을 위탁하여 지원함(공모)
	청년 공유 주택 운동 확산(장학관 설립 운동 등)
2. 통일선교위원회	북한의 중소도시에 소규모 병원 설립 운동
	남북의 청년들이 함께 하는 통일교육
	탈북민 교회와 공동체 지원사업(공모)
3. 해외 사역위원회	해외 선교지를 위한 공모 사업(공모)
	캄보디아 프놈펜에 동남아시아 거점 선교 센터 만듦
	이스라엘에서 '사해포럼' 개최
4. 마을목회위원회	마을주민과 교회 공간 나눠쓰기 운동
	마을주민과 함께 하는 공동육아 운동(공모)
	마을심방 운동
5. 목회지원위원회	'프런티어목회센터' 건립(파송 지원 등)
	부활주일 헌금으로 어려운 교회 목회지원 운동(공모)
	기독교 교양 365 프로젝트